KB210682

날기새 3 : 예수님 식대로 살기

날마다
기막힌
새벽 3

김동호 지음

날기새 3

3

예수님 식대로 살기

규장

I.

동양의 선조들은 도(道)를 닦았다.

사람답게 잘사는 길이 있다고 생각했다.

2.

서양의 선조들은 철학을 하였다.

철학의 궁극적인 관심은 진리였다.

진리는 삶의 이치를 말하는 것이다.

3.

사람답게 잘사는 식(이치)이 있다고 생각한 것이다.

길과 식을 무시하고 욕심을 따라

자기 마음대로 막 살면 절대로 잘살 수 없다.

행복할 수 없다.

4.

길은 찾는 것이 아니다. 묻는 것이다.

진리도 마찬가지다.

우리는 내비게이션에 길을 물으며

그녀가 가르쳐주는 대로 운전하여
모르는 길도 척척 찾아다닌다.
생판 모르는 길을 아무런 도움 없이
무조건 찾아 헤매는 사람은 세상에 없다.
길과 식은 묻는 것이다.
길과 식을 아는 사람에게 묻는 것이다.

5.

예수님은 요한복음 14장 6절에서
"내가 곧 길이요 진리요 생명"이라고 말씀하셨다.
그런데 예수님은 그 길과 진리와 생명이라는 단어 앞에
'the'라고 하는 정관사를 쓰셨다.
'a way, a truth, a life'가 아니라
'the way, the truth, the life'라고 말씀하셨다.
예수님만이 유일한 길이요, 진리요, 생명이기 때문이다.

6.

우리 아이들이 어렸을 때 이 말씀을
유언처럼 주고 싶다고 이야기한 적이 있었다.

둘째 아이가 그것을 어떻게 알 수 있느냐고 질문하였다.
예수님이 길이라는 걸, 진리라는 걸, 생명이라는 걸
어떻게 알 수 있냐고.
나는 "아빠가 가봤잖아?"라고 대답해주었고
둘째는 감사하게도 그것을 인정해주었다.
"맞네, 아빠가 가본 거 맞네."
그날 참 기쁘고 감사했다.

7.

세상의 식이 있고 길이 있다.
많은 사람이 그 식대로 살고 그 길을 따라 산다.
안타까운 것은 예수를 믿는다는 사람들도
우르르 몰려가는 사람들을 따라 그들의 방식대로 산다.
예수님의 식과 길대로 살다간 안 된다는
감추어진 본능이 우리에게도 있다.
그래서 엄두를 못 낸다.

8.

'제주 한 달 살아보기', '호텔 한 달 살아보기',

'치앙마이 한 달 살아보기' 같은 것들이 유행이다.
좋다고 하던데, 얼마나 좋은지 어떻게 좋은지
내가 직접 가서 살아보는 것이다.
살아본 사람은 안다. 가본 사람은 그 길이 맞다는 것을 안다.

9.
규장에서 '날마다 기막힌 새벽'에서 설교한 요한복음을
《날기새3 : 예수님 식대로 살기》란 제목으로 출판해주었다.
옛날엔 지도를 가지고 길을 찾았다.
그래서 차 안에 전국지도책이 있곤 했었다.
지도를 보고 지도를 따라 길을 찾아가는 재미가 있었다.
이 책을 인생의 지도책 삼아
정말 그 길과 식을 따라 살아보기를,
꼭 한번 살아보기를 여러분에게 유언하듯 부탁해본다.
설교를 책으로 엮는 수고를 기꺼이 감당해준
규장에 감사드린다.

김동호

프롤로그

PART 1

예수 안에 길이 있다

PART 4 그 길이 닿는 곳

날마다
기막힌
새벽 3

예수 안에 길이 있다

예수 안에서 길을 찾다

요한복음 1:1-5

1 태초에 말씀이 계시니라 이 말씀이 하나님과 함께 계셨으니 이 말씀은 곧 하나님이시니라 2 그가 태초에 하나님과 함께 계셨고 3 만물이 그로 말미암아 지은 바 되었으니 지은 것이 하나도 그가 없이는 된 것이 없느니라 4 그 안에 생명이 있었으니 이 생명은 사람들의 빛이라 5 빛이 어둠에 비치되 어둠이 깨닫지 못하더라

I.

요한은 예수님이 누구이신가를 밝히고 정의하는 것으로 요한복음을 시작한다. 한마디로, 예수님은 하나님이시다!

2.

요한은 아주 특별한 단어를 가지고 이 명제에 접근한다. '말씀'이란 단어다. "태초에 말씀이 계시니라." 요한은 예수님을 '하나님의 말씀'이라고 정의하면서 요한복음의 문을 여는데, 그 이유가 있다.

3.

당시는 헬라 철학이 세상을 지배하고 있을 때라고 할 수 있다. 헬라 철학자들의 궁극적인 관심은 '진리'였는데, 그들은 그것을 '로고스'라고 표현했다. 그런 자들을 향해 요한은 "너희들이 그렇게 중히 여기며 찾는 로고스가 바로 예수님이야. 예수님이 바로 그 말씀이야"라고 선포하고 있는 것이다.

4.

동양의 선조들은 도(道)를 닦았다. 도는 길이다. '사람답게 사는 길이 있다'고 생각하고, 그 길을 찾는 것이 일이었다. 사람만이 할 수 있는 일이다. 사람 외에 어떤 피조물이 길을 생각하겠는가? 밤낮 먹을 것만 생각할 뿐이다.

5.

뉴질랜드에 가보면 양이 많다. 양들을 보면, 격하게 표현해서 하루종일 땅에 머리 처박고 풀 뜯어 먹는 것 말고는 아무것도 안 한다. 그게 양들의 궁극적인 관심이고 삶의 전부이다. 어느 양이 '양답게 사는 길' 같은 것을 생각하겠는가? 그저 레일을 달리는 기차처럼 본능에 의해 살 뿐이다. 오직 사람만 도를 생각한다.

6.

'밥만 먹는다고 사는 것인가? 사람답게 사는 길이 있는데 그

법도를 알아야지. 그 법도를 알고 법도대로 살아야 사람답게
사는 것이지.' 이것은 인간만이 할 수 있는 굉장히 인간다운
일이라고 할 수 있다.

7.

동양은 도를 이야기하고, 서양은 진리를 이야기한다. '진리
가 무엇인가'라고 했을 때, 나는 그것을 '삶의 이치'로 풀었
다. 삶의 문제를 푸는 식(式), 삶의 방정식을 푸는 공식과 같
다. 아무리 어렵고 복잡한 문제가 있어도 식을 알면 풀린다.
아무리 험한 산길이라도 길을 알면 내려올 수 있다.
그래서 길과 진리는 통하는 맥락이 있다. 길은 영어로 'way'
인데, 방식, 방법도 'way'이다. 결국 동양의 도와 서양의 진리
는 같은 것을 추구한다.

8.

그렇게 진리(로고스)를 추구하는 헬라 사람들에게 요한은 쾅
대포를 쏘듯이 "너희들이 찾는 진리가 예수님이야. 예수님
이 바로 그 로고스야"라고 선포하고 있는 것이다.

9.

내가 쉰세 살이 되었을 때 뜬금없이 곧 죽을 것 같은 느낌이
들었다. 그래서 아들 셋을 불러놓고 유언을 했다. 성경 구절
로 유언을 하고 싶어서 오랫동안 기도하면서 유언을 준비했

는데, 그때 찾은 말씀이 요한복음 14장 6절이다. "예수께서 이르시되 내가 곧 길이요 진리요 생명이니 나로 말미암지 않고는 아버지께로 올 자가 없느니라."

10.

아이들을 불러놓고 이렇게 말했다. "아버지가 유언으로 꼭 주고 싶은 성경 구절이 있어. 요한복음 14장 6절이야. 예수님이 길이야. 예수님이 진리야. 예수님이 생명이다."
그때 둘째 아이가 물었다. "어떻게 알아요? 예수님이 길이라는 걸 어떻게 알아요?" 그 질문에 내가 기가 막히게 대답했다. "아빠가 가봤잖아."
참 감사하게도 둘째 아이가 그 대답을 인정해주었다. "맞아. 우리 아빠가 가봤지."

11.

나는 예수님을 믿는다. 그래서 이해 안 되는 것이 많았지만 예수님의 말씀이면 순종해보려고 애는 조금 썼다. 그런데 가봤더니 맞았다. 솔직히, 왜 예수님을 믿으려고 애를 쓰는가? 잘 믿어지지 않으니 애쓰는 것 아닌가? 믿어지는 말씀이라면 왜 애써서 믿으려 하겠는가. 그냥 다 아는 것인데.

12.

예수님의 길이 정말 이해가 안 되고 엉뚱해 보였지만, 어느 순간에 하나님이 은혜를 주셔서 '나는 하나님이 옳다고 믿어'라는 마음이 생겼다. 그렇게 믿었지만, 여전히 이해는 안됐다. 모르는 길이니까. 하나님의 식은 우리의 식과는 달랐다. 그러니 가보지 않은 길을 가는 것이 두려웠다. 불안했다. 그래도 하나님을 믿기로 해서, 알고 간 게 아니라 믿고 갔다. 갔더니 맞았다. 믿고 간 길마다 맞았다. 그리고 우리 아이들에게 "아빠가 해봤잖니. 아빠가 가봤잖아"라고 했을 때, 아이들이 인정해주었다.

13.

예수님이 길이요 식 맞다. 세상에도 수많은 길이 있다. 넓은 길, 더 빠른 길, 더 힘 있는 길처럼 보이는 것들이 많다. 그런데 그것은 길이 아니다.

세상의 식이 하나님의 식보다 더 빨라 보인다. 확실해 보인다. 그러나 그것은 식이 아니다. 그 식으로 풀면 인생이 꼬인다.

14.

우리가 날마다 하나님의 말씀도 듣고 설교도 듣고 묵상도 하면서 훈련하고 배우고 익히려고 하는 게 무엇인가? 하나님의 말씀대로 살아보겠다는 것 아닌가? 하나님의 식과 법대로 살아보겠다는 발버둥 아닌가?

15.

그런 우리에게 예수님도 말씀하신다.

'내가 길이야. 내가 너희들이 찾는 길이야. 너희들이 찾는 그 진리야. 나를 따라오면 그 길을 찾을 수 있어. 나를 믿으면 그 식을 발견할 수 있어.'

16.

하나님을 믿자. 그냥 믿자. 믿고 가자. 믿고 그 식대로 살자. 죽는 것 같아도, 바보 되는 것 같아도, 손해 보는 것 같아도, 아니다. 그 길이 맞다. 딴 길로 가지 말자. 세상에 딴 길이 너무 많다. 다 틀린 길이다. 예수님만이 길이다. 예수님만이 식이다.

17.

독일 뤼백교회의 돌판에 작자 미상의 시가 쓰여 있다고 한다. 참 찔림이 있는 시다.

너희는 나를 주라 부르면서 따르지 않고
너희는 나를 빛이라 부르면서 우러러보지 않고
너희는 나를 길이라 부르면서 따라 걷지 않고
너희는 나를 삶이라 부르면서 의지하지 않고
너희는 나를 슬기라 부르면서 배우지 않고
나를 깨끗하다 부르면서 사랑하지 않고

너희는 나를 부하다 부르면서 구하지 않고

나를 어질다 부르면서 오지 않고

나를 존귀하다 부르면서 섬기지 않고

나를 강하다 부르면서 존경하지 않고

너희는 나를 의롭다 하면서도 두려워하지 않으니

그런즉 너희를 꾸짖을 때에 나를 탓하지 말라

18.

예수님을 믿는다고 "믿습니다" 소리만 지르고 실제로는 믿지 않고 딴 길로 가는 우리에게 주시는 말씀에 귀를 기울이자. '예수님이 길이야. 예수님은 말씀이야. 그 안에 빛이 있어. 그 안에 생명이 있어!'

그 길을 좇아갈 때 우리의 어두운 삶은 빛으로 바뀔 것이고, 그 길을 좇아갈 때 모든 죽음은 생명으로 뒤바뀌게 될 줄 믿는다.

●

예수님은 하나님이십니다.

예수님은 말씀이시며, 진리이십니다.

세상의 모든 문제를 푸는 방식입니다.

참 이치이십니다.

길이십니다.

예수님을 영접하고 그 말씀대로 좇아 살면
어두운 삶은 빛이 되고
모든 사망은 변하여 참 생명이 역사할 줄을 믿습니다.

우리가 예수님을 말씀으로, 내 삶의 길로
순종하고 믿고 따름으로
어두운 세상에서 빛을 보며
죽음의 세상에서 생명의 복락을 누리며 살게 하옵소서.

2

자녀의 권세

요한복음 1:12,13

12 영접하는 자 곧 그 이름을 믿는 자들에게는 하나님의 자녀가 되는 권세를 주셨으니 13 이는 혈통으로나 육정으로나 사람의 뜻으로 나지 아니하고 오직 하나님께로부터 난 자들이니라

I.

'예수를 영접한다'는 건 뭘까? 앞에서 살펴보았듯이 '나는 예수님을 하나님으로 믿어'라는 게 영접이다. 다시 말해 '나는 예수님이 길이라고 믿어. 그 길로 갈 거야. 그 식대로 살 거야'라고 받아들이는 것이다.

2.

내가 높은뜻숭의교회에서 목회할 때 '하나님을 주인 삼는 교회'라는 큰 목표를 세우고, 그것을 실천하기 위해 여섯 가지 방안을 마련했다. 그중에 하나가 '하나님의 식과 법을 고집하는 교회'였다. '이해가 가든 안 가든 예수님을 믿고 그 식

대로 한번 살아보자'는 뜻으로 그렇게 했는데, 이것이 예수님을 영접하는 것이라고 생각했다. 내가 주님을 따르겠다고, 하나님의 식대로 살아보겠다고 결심하고 "예수님, 내 삶의 주인이 되어주시옵소서"라고 고백하는 것이 영접이고 믿음 아닌가.

3.

사도 요한은 본문에서 이렇게 예수님을 하나님으로, 진리로, 삶의 길로 믿기로 결심하고 영접하는 자에게 하나님이 주시는 축복을 이야기하는데, 그 내용이 참 우주적이다. 어떻게 이렇게 간단한 말로 그 큰 것을 다 정의할 수 있을까?

"하나님의 자녀가 되는 권세를 주셨으니."

4.

요한은 하나님의 자녀가 되는 것을 '권세'라는 말로 표현했다. 자녀의 권세는 엄청나다. 아버지 것이 내 것이다. 아이들이 학교에 갔다가 집에 오면서 이렇게 얘기한다. "야, 우리 집 갈래?" '우리 집'이라니, 순 도둑놈들 아닌가? 집 살 때 십원 한 장 안 보태놓고 말이다.

그런데 아이들이 친구에게 "야, 우리 아빠 집 갈래?" 하면 친구들은 아마 이렇게 물어볼 것이다. "너희 부모님 이혼했어? 아빠 집 따로 있고 너희 집 따로 있어?" '우리 집'이지 어떻게 '아빠 집'이겠는가? '아빠 집'이니까 '우리 집'이다.

5.

꽤 오래전에 TV에서 본 어느 코미디언의 이야기다. 그 코미디언이 어릴 때 친구가 집에 전화를 했다. "거기 ○○ 집이지요?" 그랬더니 전화를 받은 아버지가 "아니다. 내 집이다" 하셨다는 것이다. 그 이야기를 듣고 얼마나 웃었는지 모른다.

6.

아버지 집이니까 아들 집이다. 그것이 자녀의 권세이다. 예수님을 믿으면 우리는 하나님의 아들, 하나님의 딸이 된다. 하나님나라, 하나님의 집이 나의 집이 되고 나의 삶이 되는 것이다. 왜 하나님이 "나를 따르라. 나를 믿으라"라고 하시는가? 하나님나라를 주고 싶으셔서 그러신다. 자신의 집을 우리에게 상속시켜주고 싶으셔서 그러신다.

7.

마태복음 16장 13절 이하로 보면, 베드로의 신앙고백이 나온다. 예수님이 제자들에게 물으신다. "너희는 나를 누구라 하느냐?" 그러자 베드로가 기가 막힌 고백을 한다. "주는 그리스도시요 살아 계신 하나님의 아들이시니이다."
베드로의 이 고백이 내 신앙생활에 있어서도 가장 중요한 신앙고백이 되었다.

8.

베드로가 이렇게 고백하자 예수님이 너무너무 좋아하셨다. 그러면서 그에게 많은 축복과 상을 약속하셨다. 그중의 하나가 이것이다. "내가 천국 열쇠를 네게 주리니 네가 땅에서 무엇이든지 매면 하늘에서도 매일 것이요 네가 땅에서 무엇이든지 풀면 하늘에서도 풀리리라." 예수님은 베드로에게 천국의 열쇠를 말씀하셨다.

9.

천국은 하나님의 나라고, 천국의 열쇠는 다시 말하면 '자녀의 권세'이다. 그 열쇠를 우리에게 주셨다는 것이 무슨 뜻인가? '하나님나라는 네 나라야. 다 너 주려고 만들었지.'
이렇게 말씀하시는 것이다. 천국의 열쇠를 주시겠다는 것은 천국의 주인이 되게 해주시겠다는 말씀이고, 그것이 곧 자녀의 권세 아니겠는가?

10.

나는 목회를 하면서 집회를 참 많이 다녔는데, 집회 갈 때마다 첫날엔 꼭 요한복음 1장 12,13절로 설교했다. 〈자녀의 권세〉라는 제목으로 설교했는데, 꼼꼼히 세어보진 않았지만 지금까지 최소 600번은 더 설교한 것 같다. 그 설교에서 사용한 예화인데, 큰아이가 대학에 입학했을 때의 일이다.

II.

큰아이가 포항에 있는 한동대에 입학했는데, 집에서 멀리 떨어져 살아야 하니 갑자기 돈이 떨어지면 당황할 것이 염려되어 신용카드를 주었다. 큰아이가 카드를 사용하면 내 통장에서 돈이 나가는 것이다. 아내는 아이가 아직 어린데 벌써 카드를 주면 어떻게 하냐고 걱정했지만, 나는 '대학생이 됐으면 이제 어른인데 돈 다스릴 줄도 알아야지' 하는 생각에 카드를 주었다.

1년 남짓 아내는 아이가 돈을 어떻게 쓰나 지켜봤다. 그러더니 한 날은 내게 이렇게 말했다. "애가 철이 들었어요. 돈을 꼭 필요한 데 쓰고 허투루 안 써요."

I2.

철들었다는 말은 굉장히 중요한 말이다. 철든 자식은 부모가 믿는다. 그다음부터는 카드를 어디에 썼는지 그렇게 유심히 보지 않았다. 믿는 자식을 뭘 그리 지켜보겠는가? 어느 날 돈이 많이 나갔으면 '필요한 데가 있었나 보다' 했다.

만약 큰아이가 카드 받았다고 자기 멋대로 아무 데나 돈을 썼으면 아마도 카드를 회수했을 것이다. 그런데 아이가 철이 들고 부모가 아이를 믿게 되니 카드를 주고는 신경을 안 쓰게 됐다.

13.

자식을 믿으니까 카드도 주고 싶고, 내 돈도 다 주고 싶다. '내 것이 어디 있니? 다 네 것이지' 하는 마음이다. 그때 깨달았다. '자식을 믿으니까 카드를 주는구나. 예수님이 베드로를 믿으시니까 열쇠를 주시는구나.'

만약 베드로가 철이 안 들었으면 못 주셨을 것이다. 아까워서가 아니라 타락할까 봐 열쇠를 못 맡기는 것이다. 그런데 철든 자식에게는 카드를 맡길 수 있다. 그래서 내가 우스갯소리로 이런 말을 한 적이 있다.

"아, 그때는 카드가 없어서 열쇠를 주셨구나. 만약 지금 성경을 쓰셨다면 이렇게 쓰실지도 모르겠다. '내가 천국 카드를 네게 주리니 네가 땅에서 그으면 하늘에서 나가리라.'"

장난처럼 생각했지만, 장난이 아니었다. 그것이 복음이며, 그것이 자녀의 권세이다.

14.

아무리 우리가 "주여, 주여" 외쳐도 하나님을 믿고 따르지 않으면, 하나님이 우리를 믿으실 수가 없다. 철 안 든 자식에게 어떻게 카드를 맡기겠는가?

부모가 돈이 아까워서 안 주는가? 카드가 아까워서 안 맡기겠는가? 아니다. 아이가 아까워서 카드를 못 준다. 중요한 건 철드는 것이다. 부모로부터 신뢰를 얻는 것이다.

우리가 하나님을 믿으면 하나님이 우리를 믿으신다. 하나님이 우리를 믿으시면 하나님은 아까운 게 없으시다.

15.

나는 내가 예수 잘 믿는 사람이 되면 좋겠다. 얼마큼 잘 믿는 사람이 되면 좋을까? 하나님이 나를 믿으실 만큼 잘 믿으면 좋겠다. 그래서 하나님이 나에게 천국 열쇠를, 천국 카드를 맡기시고도 조금도 염려하지 않으시고 자녀의 권세를 누리라고 허락하는 그 복의 증인이 되고 싶다.

●

예수님으로 하나님 삼고, 예수님으로 삶의 길을 삼고,
예수님으로 삶의 식(式)을 삼아
그 식과 법을 고집하고 살면 하나님께서 우리에게
'천국의 열쇠를 주마. 자녀의 권세를 주마' 약속하셨습니다.
하나님, 우리가 다 이 권세를 받게 하옵소서.
하늘의 열쇠를, 하늘의 카드를 받게 하옵소서.
그리하여 땅에 살면서도 하늘의 영광을 누리게 하옵소서.
자녀의 권세를 누리게 하옵소서.

사람들이 날 보고 예수 믿었으면 좋겠다

요한복음 1:14-18

14 말씀이 육신이 되어 우리 가운데 거하시매 우리가 그의 영광을 보니 아버지의 독생자의 영광이요 은혜와 진리가 충만하더라 15 요한이 그에 대하여 증언하여 외쳐 이르되 내가 전에 말하기를 내 뒤에 오시는 이가 나보다 앞선 것은 나보다 먼저 계심이라 한 것이 이 사람을 가리킴이라 하니라 16 우리가 다 그의 충만한 데서 받으니 은혜 위에 은혜러라 17 율법은 모세로 말미암아 주어진 것이요 은혜와 진리는 예수 그리스도로 말미암아 온 것이라 18 본래 하나님을 본 사람이 없으되 아버지 품 속에 있는 독생하신 하나님이 나타내셨느니라

I.

하나님은 천지만물을 창조하실 때 말씀으로 창조하셨다. 성경은 하나님의 말씀이 이 땅에 임하기 전에 땅은 "혼돈하고 공허하며 흑암이 깊음 위에" 있었다고 설명한다. 그 세상에 하나님의 말씀이 임하자, 공허하던 세상은 아름다운 세상이 되었다. 그리고 무질서하고 혼돈하던 세상은 질서 있는 세상이 되었다.

흑암이 깊은 위에 있던 캄캄한 세상은 밝은 빛의 세상이 되었고, 생명이 없던 세상은 생명으로 충만한 세상이 되었다. 그 질서와 아름다움과 빛과 생명을 만들어낸 것은 '하나님의 말씀'이었다.

2.

오늘날도 마찬가지라고 생각한다. 하나님의 말씀과 그 정신이 임하지 않는 곳에는 혼돈이 있고, 공허가 있고, 흑암이 있고, 죽음이 있다. 그러나 하나님의 말씀이 살아 역사하는 곳엔 아름다움과 질서와 생명과 밝음이 있다. 그러므로 주의 말씀은 길이요 진리요 생명인 것이다.

3.

그런데 문제가 있다. 말씀 속에 생명이 있고 구원의 도리가 있는데, 우리가 그 말씀을 이해할 수 없다는 것이다. 하나님은 무한하신 분이다. 그런데 우리는 유한한 존재 아닌가? 유한한 존재가 무한한 존재를 이해한다는 것은 논리적으로 맞지 않는다.

그러므로 말씀 속에 생명이 있는데 우리는 그 말씀을 들어도 알 수 없고, 깨달을 수 없고, 살 수 없다. 그런 우리가 하나님의 말씀을 깨닫고, 받고, 알아들을 수 있는 길이 있다. 바로 '계시'이다.

4.

유한한 우리가 하나님을 알려 하면 알 수 없는데, 무한하신 하나님이 자신을 계시하시면, 즉 우리에게 하나님 자신을 드러내 보여주시고 우리의 말로 말씀해주시면 우리가 알아들을 수 있다. 그것을 우리는 '계시'라고 한다. 계시를 영어로 'reveal'이라고 하는데, 그 말은 '베일을 벗는다'라는 뜻이다. 그러므로 생명은 말씀 속에 있고, 그 말씀이 생명이 되기 위해서 우리에게 꼭 필요한 것은 하나님의 계시이다.

5.

하나님이 스스로 하나님 자신의 베일을 벗으시는 것, 유한한 인간의 세계로 무한한 자신을 들여보내는 것, 그 계시의 통로를 통해서만 우리는 하나님의 말씀을 깨달을 수 있고 받아들일 수 있다.

6.

하나님이 그 일을 위해 하신 일이 무엇인가? 하나님이 사람이 되신 것이다. 말도 안 되는 일이다. 요한은 예수님을 "태초에 말씀이 계시니라"라고 '하나님의 말씀'으로 풀었다. 예수님은 사람의 몸을 입고 이 땅에 오신 임마누엘의 하나님이시다. 그 사건이 계시의 사건이다. 하나님이 사람이 되신 것, 예수님이 이 땅에 오신 것이 계시이다.

사람이 되신 예수님이 사람의 언어를 말씀하기 시작하셨으니까 우리는 그 예수님을 보고, 예수님이 하신 말씀을 듣고, 예수님을 통하여 하나님의 말씀을 깨달을 수 있게 된 것이다.

7.

그래서 전체 66권의 성경이 있지만 예수님이 직접 하신 말씀과 예수님 생애의 사건들을 기록한 것을 가리켜 특별히 '복음서'라고 하지 않는가? 예수님의 말씀이 복음, 즉 복된 소리, 복된 말씀이기 때문이다.

8.

예수님이 계시이시다. 예수님이 이 땅에 오신 것은 하나님의 말씀을 우리에게 계시해주신 사건이다. 그래서 우리는 예수님을 통해 하나님의 말씀을 깨달을 수 있고, 그 예수님을 통해 삶의 길을 찾으며, 삶의 식을 깨닫고, 생명의 길을 얻을 수 있게 되었다.

9.

나는 형제 없이 자라서 개와 고양이 같은 동물들을 참 좋아한다. 개랑 나랑 둘이 있는데 밥이 한 그릇밖에 없으면, 그 밥은 당연히 개가 먹는다. 날 믿고 사는 놈인데, 그 놈을 굶길 수 없다.
손주들이 태어나기 전에는 내가 설교할 때 하도 개 얘기를 많이 하니 우리 교회 청년들이 놀리곤 했다. "우리 목사님 오늘도 개 소리 하셨다." 그래서 얼마나 웃곤 했는지 모른다. 내가 개를 얼마나 좋아하는지 아는 사람들은 나를 보고 "김 목사는 개 아비야, 개 아비"라고 하기도 했다. 나는 그 말이 하나도 싫지 않았다. 나는 개 아비다.

10.

실제로 우리 집에서 기르던 개들의 이름을 지을 때, '김 씨' 성을 붙여주었다. 우리 둘째네가 예쁜 강아지를 기르고 있는데, 이름이 '별'이다. 그런데 우리 둘째도 그냥 '별'이라고 부르지 않고 성을 붙여서 '김별'이라고 부른다. 그리고 개한테 얘기할 때마다 "아빠가~"라고 하니, 아들도 개 아비가 맞다. 그렇게 개를 좋아하고 사랑하기에 나는 내가 기르는 개를 거의 사람 취급은 한다. 그런데 내가 아무리 개를 좋아해도 내가 개가 될 수는 없다.

11.

하나님이 사람이 되셨다는 것은, 내가 개가 되는 것보다 더 말이 안 되는 일이다. 그런데 하나님은 그 일을 하셨다.

12.

나는 예수님이 우리를 구원하시기 위해 감당하신 가장 고통스러운 사건이 '십자가'라고 생각하지만, 그 십자가보다 더 엄청난 사건은 '사람이 되신 것'이라고 생각한다. 왜 하나님이 사람이 되셨을까? 하나님의 말씀을 우리에게 계시해주시기 위해서다. 그래서 요한은 본문에서 이렇게 선포한다.

"말씀이 육신이 되어 우리 가운데 거하시매 우리가 그의 영광을 보니 아버지의 독생자의 영광이요 은혜와 진리가 충만하더라."

13.
하나님이 그렇게 자신을 계시해주시지 않으셨다면, 우리는 그 속에 있는 은혜와 진리와 생명을 얻을 수 없었다.

14.
이 교훈을 통해 우리가 예수님을 어떻게 믿어야 하는지에 대해서도 알 수 있다. 우리가 매일 설교를 듣고, 성경을 읽는 이유가 무엇인가? 하나님의 말씀을 배우는 것이다. 메시지를 듣고, 머리로 이해한다.

하지만 거기서 끝나서는 안 된다. 우리가 깨달은 하나님의 말씀은 육신이 되어야 한다. 우리의 삶 속에 나타나야 한다. 그것이 하나님을 모르는 사람에게 '계시'가 될 것이다. 세상 사람들이 하나님과 하나님의 말씀을 볼 수는 없지만, 우리가 하나님의 말씀대로 살려고 발버둥치는 모습을 통해 하나님을 보게 될 것이다. 우리의 모습을 통해 하나님을 인정하게 될 것이다.

15.

교회 생활을 하다 보면 예수 믿는 사람에게 낙심이 되어 교회를 그만 다니겠다고 하는 사람이 있다. 그럴 때 우리가 흔히 하는 말이 이것이다. "하나님 보고 믿지, 사람 보고 믿냐." 그 말이 맞기도 하다. 하지만 틀린 말이다.

16.

사람들이 어떻게 하나님을 보고 하나님을 믿을 수 있겠는가? 하나님이 보인다면 그럴 수 있겠지만, 하나님은 보이지 않는다. 저들이 하나님을 믿을 수 있는 길은 우리가 '말씀이 육신이 되는 삶'을 살아낼 때다. 그럴 때 그들이 우리를 보고 하나님을 믿게 될 것이다. 본문 18절도 이렇게 말씀하고 있다. "본래 하나님을 본 사람이 없으되 아버지 품 속에 있는 독생하신 하나님이 나타내셨느니라."

17.

예수님은 "나를 본 자는 아버지를 보았다"라고 말씀하셨는데, 우리의 삶 속에 하나님의 말씀이 녹아 우리의 삶이 또 다른 하나님의 작은 계시가 되기를, 그것을 통하여 많은 사람이 하나님을 읽고 하나님을 보고 하나님을 들어서 은혜와 진리가 충만한 삶을 살아가게 하는 예수님의 제자요 하나님의 자녀로 살아가는 우리가 되었으면 좋겠다.

말씀 속에 생명이 있고 빛이 있고
길이 있고 구원이 있어서,
하나님이 그 말씀을 주시기 위해 사람이 되셨습니다.
말씀이 육신이 되어 계시하심으로
우리가 말씀을 알게 되고, 보게 되고, 깨닫게 되어
그 말씀을 통해 은혜와 진리가 충만한
세상을 경험하게 되었습니다.

우리도 말씀을 듣기만 하는 자 되지 말게 하시고
머리로 아는 자 되지 말게 하시고
말씀이 육신이 되는 삶을 따라 살게 하셔서
세상 사람들이 우리를 보고 하나님을 믿을 수 있는
그런 삶을 살아내게 하옵소서.

4

좋은 소리를 내는 좋은 스피커처럼

요한복음 1:19-23

19 유대인들이 예루살렘에서 제사장들과 레위인들을 요한에게 보내어 네가 누구냐 물을 때에 요한의 증언이 이러하니라 20 요한이 드러내어 말하고 숨기지 아니하니 드러내어 하는 말이 나는 그리스도가 아니라 한대 21 또 묻되 그러면 누구냐 네가 엘리야냐 이르되 나는 아니라 또 묻되 네가 그 선지자냐 대답하되 아니라 22 또 말하되 누구냐 우리를 보낸 이들에게 대답하게 하라 너는 네게 대하여 무엇이라 하느냐 23 이르되 나는 선지자 이사야의 말과 같이 주의 길을 곧게 하라고 광야에서 외치는 자의 소리로라 하니라

I.

나는 1984년도에 담임목사가 되었다. 사직 공원 쪽에 있는 작지만 아주 예쁜 예배당을 가진 교회였다. 교회 뜰 안에 오래된 은행나무들이 꽤 여러 그루가 심겨 있어서 도심지에 있지만 꼭 숲속에 있는 교회 같아서 좋았다.

2.

그때 목회할 때 설교하면서 조금 힘들었던 것이 기억난다. 그때는 지금처럼 교회에 에어컨이 많지 않았다. 우리 교회에도 에어컨이 없었다. 에어컨 없는 삼복더위에 가운까지 입고 설교하면, 설교 한 번 할 때마다 땀으로 목욕을 하곤 했다. 에어컨 없이 설교하는 것 못지않게 힘들고 어려운 것이 있었는데, 그것은 음향 시스템이었다. 나는 웅변조로 큰 소리 내며 설교하는 설교자가 아니라 앞에 있는 사람에게 조곤조곤 얘기하듯이 설교하기 때문에 좋은 마이크 시스템과 스피커가 없으면 설교를 도저히 해낼 수가 없다. 지금은 많이 좋아졌지만, 당시에는 마음에 드는 소리가 나는 음향 시스템을 갖추기가 어려웠다. 그래서 설교 한 번 하고 나면 목이 다 쉬어버려서 힘들었던 기억이 있다.

3.

설교하는 목사들은 대개 음향에 민감하다. 내가 동안교회를 건축할 때 건물에 돈을 많이 들이지는 말자는 생각을 가지고, 꽤 크게는 지었지만 호화롭게는 짓지 않았다. 그런데 이해하지 못하는 사람들에게는 욕을 먹을 만큼 돈을 많이 쓴 부분이 있는데, 하나는 설계비이고 하나는 음향이었다.

4.

그때 사람들이 이런 말을 했다. 명필이 붓 가리냐고. 나는 이렇게 대꾸했다. "나는 명필이 아니니까 붓을 가려야 해." 하지만 모르긴 몰라도 명필들도 붓을 가리지 않을까?

악기 연주하는 사람들이 악기에 얼마나 예민한가? 별 차이 없어 보이지만, 그 작은 차이가 중요한 영향을 끼친다고 생각한다. 음향 시스템이 좋아서 편안한 소리가 나면 설교할 때 커뮤니케이션이 더 잘되는 것을 느낀다.

5.

본문을 보면 사도 요한이 세례 요한에 대해 "광야에서 외치는 자의 소리"라고 했다. 기가 막힌 설명이다. 내가 소리에 민감하다 보니 세례 요한을 '소리'라고 표현한 것이 귀에 탁 들어왔다. 어떻게 저런 표현을 썼을까 감탄이 절로 나왔다.

6.

요한은 소리였지, 말씀은 아니다. 말씀은 예수님이시다. 명확히 구분된다. 예수님은 말씀, 세례 요한은 소리. 말씀이 중요하지만, 소리도 중요하다.

보통 설교자를 스피커라고 하지 않는가? 나 같은 목사는 말씀이 아니라 스피커다. 그런데 예수님의 마음에 드는 스피커가 없으셨던 것 같다. 전달이 잘 안 되고, 이상하고 갑갑한 소리가 나고, 삑삑 소리가 나는 것처럼. 그래서 '어디 좋은 소리 없나' 하고 찾으시다가 예수님이 좋은 스피커를 만나셨다. 그게 세례 요한이었다.

7.

나는 늘 시가 쓰고 싶었다. 시 쓰는 게 그렇게 부러웠다. 하지만 내 머리로는 논리적으로 설명하는 설교는 써져도 시는 잘 안 써졌다. 그런 내가 '세례 요한'이라는 제목으로 시를 썼다.

세례 요한 그에게서는 소리가 났다.

이게 끝이다. 한 줄 시이다. 나는 이 한 줄을 쓰고 참 기뻤다. '그에게서는 소리가 났다'는 말이 그렇게 마음에 와닿았다. 이 한 줄에 좀 더 붙여서 쓰고 싶어서 몇 년을 기다렸는데, 써지지 않았다. 나중에 '세례 요한'이라는 시는 그 한 줄로 충분했기 때문이라는 걸 알았다. 더 갖다 붙일 필요가 없었다.

8.

나는 평생 목회하면서 목사로 살았다. 설교를 엄청 많이 했다. 은퇴한 지금도 매일 '날마다 기막힌 새벽'을 통해 설교하고 있는 셈이다. 예수님에게 인정받는 좋은 스피커가 되었으면 좋겠다. 좋은 소리 나는, 하나님의 말씀을 잘 전달하는, 좋은 스피커로 살다 가면 좋겠다.

9.

어떨 때 좋은 소리가 나는가? 세례 요한은 왜 좋은 소리였을까? 여러 가지 면을 찾을 수 있는데, 중요한 사실 하나를 깨달았다.

예수님이 활동하시기 전에 세례 요한이 먼저 활동을 시작했
는데, 당시 세례 요한의 인기가 좋았다. 많은 사람이 그를 따
랐고 사람들은 '세례 요한이 메시아가 아닐까?'라고까지 생각
했다. 그때 사람들이 세례 요한에게 "당신이 메시아 아니냐?"
라고 물었을 때 그가 "맞다. 내가 메시아다"라고 사기를 쳤으
면 사람들은 그를 메시아로 평생 떠받들었을지도 모른다.

IO.

사람들이 하도 '메시아, 메시아' 하니까 보통 사람 같으면 자
신도 속았을 것 같다. '내가 메시아인데 나만 몰랐나?' 그러
나 세례 요한은 단호하게 "나는 아니라"라고 했다. 이 말이
굉장히 중요하다. "나는 아니라." 자기부인이다.

"누구든지 나를 따라오려거든 자기를 부인하고 자기 십자가
를 지고 나를 따를 것이니라"(마 16:24).

II.

지금까지도 내가 나 자신과 싸워야 할 것이 뭔가 하면 자꾸
'나, 나, 나' 하는 것이다. 하나님을 등에 업고 나를 과시하고
나를 자랑하고 나를 드러내려 하는 것. 내가 메시아인 척, 내
가 스타인 척 헛된 영광을 도둑질하려고 하는 유혹이 얼마나
센지 모른다. 그런데 세례 요한은 단호히 얘기한다. "나는 아
니다. 내 뒤에 오시는 분이 바로 그분이다."

12.

예수님의 선을 결코 넘지 않았다. '예수님이 말씀이야. 예수님이 메시아야. 예수님이 하나님이야. 나는 그의 신발끈 풀기도 감당하지 못해. 나는 그분의 앞길을 예비하러 온 소리야.' 이렇게 자기를 알고 하나님의 자리를 넘어서지 않고 자기를 부인할 때, 그 삶 속에서 가장 좋은 소리가 나지 않을까 생각했다.

13.

내가 앞으로 얼마나 더 살지는 모르겠지만, 끝까지 자기 부인하는 삶을 놓치지 않고 살아봐야겠다. "나는 아닙니다. 나는 그냥 소리입니다. 나는 말씀이 아닙니다. 나는 하나님의 말씀을 울리는 스피커일 뿐입니다." 자기 한계를 정확히 알고 자기를 부인하는 삶을 살 때에 내 삶 속에서도 하나님이 기뻐하시는 좋은 소리가 나지 않을까 기대하면서.

14.

나는 어릴 때 음악을 하고 싶었다. 그래서 아이들 셋을 낳고 아이들이 초등학교에 입학하면서부터 중학교 3학년 때까지 악기 하나씩 선택해서 레슨을 받게 했다. 큰아이는 피아노, 둘째 아이는 플루트, 막내는 바이올린을 배웠다. 9년 정도 레슨을 시켰으니 아마추어치고는 악기를 곧잘 다룬다. 나도 욕심이 나서 플루트를 하나 사서 몇 년 간 열심히 불었다. 사실 벌써 안 분 지 오래 되었고 제대로 레슨도 받지 못했지만, 그래도 '도레미파솔라시도' 소리는 낼 줄 안다. 문제는 좋은 소리가 나지 않는다. 좋은 소리를 내려면 얼마나 피나는 노력을 해야 하는지 모른다.

서당 개 3년이면 풍월을 읊는다고 하는데, 평생 예수 믿고 살았는데 서당 개 풍월하듯이 그 정도 소리야 못 내겠는가? 그런데 좋은 소리는 그렇게 내는 게 아니다. 자기를 부인하고 말씀이 육신이 되어 말씀을 입이 아닌 삶으로 전하는 사람이 될 때, 내 삶에서도 좋은 소리를 낼 수 있으리라. 세례 요한과 같이 좋은 소리이고 싶다. 그 욕심 내면서 살아가고 싶다.

●

하나님, 세례 요한이 부럽습니다.
세례 요한은 예수님이 마음에 들어 하는
좋은 소리였습니다. 좋은 스피커였습니다.
그 좋은 소리는 자기를 부인할 줄 아는
믿음에서 나왔습니다.

우리는 자꾸 자기를 드러내려고 합니다.
'내가, 내가, 내가.'
자기를 드러내고 자기를 자랑하고 싶은
마음이 칠십이 넘어도 사라지지 않습니다.

예수님의 영광을 가리고 도둑질하려는

무의식적인 본능이 있는데

그러면 좋은 소리가 날 리가 없습니다.

예수님 잘 믿게 하여주시옵소서.

철저히 자기를 부인하게 하옵소서.

예수님만 드러내는 삶 살게 하옵소서.

그리하여 부족한 저의 삶 속에서도

세례 요한과 같은 좋은 소리가 나게 하옵소서.

5

간사함이 없는 사람

요한복음 1:43-51

43 이튿날 예수께서 갈릴리로 나가려 하시다가 빌립을 만나 이르시되 나를 따르라 하시니 44 빌립은 안드레와 베드로와 한 동네 벳새다 사람이라 45 빌립이 나다나엘을 찾아 이르되 모세가 율법에 기록하였고 여러 선지자가 기록한 그이를 우리가 만났으니 요셉의 아들 나사렛 예수니라 46 나다나엘이 이르되 나사렛에서 무슨 선한 것이 날 수 있느냐 빌립이 이르되 와서 보라 하니라 47 예수께서 나다나엘이 자기에게 오는 것을 보시고 그를 가리켜 이르시되 보라 이는 참으로 이스라엘 사람이라 그 속에 간사한 것이 없도다 48 나다나엘이 이르되 어떻게 나를 아시나이까 예수께서 대답하여 이르시되 빌립이 너를 부르기 전에 네가 무화과나무 아래에 있을 때에 보았노라 49 나다나엘이 대답하되 랍비여 당신은 하나님의 아들이시요 당신은 이스라엘의 임금이로소이다 50 예수께서 대답하여 이르시되 내가 너를 무화과나무 아래에서 보았다 하므로 믿느냐 이보다 더 큰 일을 보리라 51 또 이르시되 진실로 진실로 너희에게 이르노니 하늘이 열리고 하나님의 사자들이 인자 위에 오르락 내리락 하는 것을 보리라 하시니라

1.

예수님이 빌립을 제자로 부르셨다. 제자로 부름을 받자마자 빌립은 나다나엘에게 예수님을 소개했다. 자기가 만난 예수님이 자기들이 기다리던 바로 그 메시아라는 사실을 전파했다. 그로 인해 나다나엘도 결국 예수님의 제자가 되었다.

2.

나다나엘은 바돌로매로 더 잘 알려져 있는데, 나다나엘이 바돌로매이다. 예수님은 나다나엘을 보시자마자 기가 막힌 말씀을 하신다. "이는 참으로 이스라엘 사람이라." 그러면서 왜 그런지 이유를 말씀해주셨는데, "그 속에 간사한 것이 없도다"라고 하셨다.

3.

앞에서 세례 요한에 대해 "광야에서 외치는 자의 소리"라고 표현한 것을 부러워하며 살펴보았는데, 이 말씀도 너무 욕심나는 말씀이다. 요즘 말로 하면 "넌 간사한 것이 없구나. 넌 진짜 예수 믿는 사람이 맞다"이다. 얼마나 큰 칭찬인가?

4.

간사하다는 게 뭘까? 겉과 속이 다른 것을 '간사하다'고 한다. 속으로는 딴 생각을 갖고 있는데 겉은 달리 말하는 것, 그것이 간사한 것이다. 쉽게 말하면 표리부동한 것, 그래서 신뢰할 수 없는 사람, 겉 다르고 속 다른 사람, 앞에서는 웃고 뒤에서는 찌르는 사람이 간사한 사람이다. 그런 사람들이 세상에 얼마나 많은지 모른다.

그 간사함으로 사람은 속일 수 있을 것이다. 하지만 하나님은 속일 수 없다. 하나님은 다 아신다. '넌 참 간사한 놈이구나. 넌 겉과 속이 다른 놈이구나.'

5.

하나님의 마음에 드는 사람 되기 위해 우리가 해야 할 중요한 메시지를 본문을 통해 배울 수 있다. 그것은 '간사함이 없는 삶'을 사는 것이다. '간사하지 않다'는 말은 '죄 없다'라는 말과는 조금 다른 뉘앙스다.

하나님은 물론 죄 없는 사람, 죄 안 짓는 사람을 좋아하신다. 하지만 그게 어떻게 가능하겠는가? 하나님은 "죄짓지 말라"라고 하시면서도 죄지을 수밖에 없는 우리에게 '죄짓지 않은 사람만 사랑할 거야'라고 하지 않으시고 '간사하지 않은 사람을 나는 좋아해'라고 하신다. 여기에 굉장히 중요한 의미가 있다.

6.

간사하지 않다는 것, 곧 겉과 속이 다르지 않다는 것은 죄와 허물과 실수가 없다는 뜻이 아니다. 실수했으면 '하나님, 제가 실수했습니다'라고 그걸 감추지 않는 것이다. 실수했을 때 실수한 것을 감추지 않고 '하나님, 실수했습니다'라고 고백하면 겉과 속이 똑같지 않은가? 하나님은 그걸 참 좋아하신다. 죄를 지으면 그 죄를 은폐하고 다른 사람에게 뒤집어씌우거나 모함하지 않고 '하나님, 제가 죄를 지었습니다. 제가 바로 그 죄인입니다'라고 할 때에 하나님이 기뻐하신다. '너는 겉과 속이 똑같구나. 감추고 싶은 것, 숨기고 싶은 것, 변명하고 싶은 것을 드러내어 고백하는구나.'

7.

이것이 간사하지 않은 것이다. '정직함'이라고 얘기할 수 있다. 사람이니 죄도 지을 수 있고, 실수도 할 수 있고, 잘못도 할 수 있을 것이다. 하지만 그것을 늘 인정하고 자백하고 회개하면 하나님이 사랑하시고 기뻐하시는, 간사함이 없는 사람이 될 수 있으리라 생각한다.

8.

할 수 있으면 죄짓지 않기 위해 애쓰고, 실수하지 않기 위해서 발버둥치고, 잘못하지 않기 위해서 노력하지만, 실수했을 때는 감추거나 은폐하지 않고 '하나님, 잘못했습니다. 제 속에 이런 악한 생각이 있습니다. 잘못된 일을 했습니다'라고 자기를 드러내고 고백할 때 하나님이 기뻐하시는 사람 될 줄 믿는다.

9.

예수님은 바리새인을 참 싫어하셨다. 이유가 무엇인가? 겉과 속이 달라서 그렇다. 그들도 똑같은 죄인이기 때문에 그들 속에도 죄가 있는데, 자기는 죄 없는 것처럼, 의인인 것처럼 행동하고, 세리는 나쁜 사람인 것처럼 여기고 정죄하며 '나는 저 사람과 다르다'라고 하니 하나님이 싫어하셨다.

10.

초등학교 수학 공식에 '마이너스 곱하기 마이너스는 플러스', '마이너스 곱하기 플러스는 마이너스'라는 게 있다. 우리 인간은 마이너스의 존재다. 그런 내가 실수하고 죄를 지었을 때, '하나님, 제가 마이너스예요. 실수했어요. 제가 죄인입니다'라고 하면 속도 마이너스인데 겉도 마이너스라고 쓰니 '마이너스 곱하기 마이너스'가 되어 답은 '플러스'가 된다.

11.

우리가 다 마이너스인 존재인데 바리새인이라고 죄가 없겠는가? 그런데 죄 없는 척 겉모습을 포장하니 '회칠한 무덤 같다'라고 하시지 않는가? 속은 마이너스인데 거기다 대고 플러스인 척하며 플러스를 곱하니 결국 마이너스가 된 것이다. 나다나엘은 겉과 속이 똑같은 간사함이 없는 정직한 사람이어서 하나님의 사랑을 받았는데, 우리도 그런 복을 받을 수 있었으면 좋겠다.

I2.

한 가지 더 생각해볼 게 있다. 나다나엘도 간사함이 없었다
는 것이지 완벽한 사람은 아니었다. 예수님이 나사렛 사람이
라는 사실을 알고 예수님을 전하는 빌립에게 나다나엘이 이
렇게 얘기한다. "나사렛에서 무슨 선지자가 나겠느냐? 나사
렛에서 무슨 선한 것이 나겠느냐?" 나다나엘에게 편견이 있
었던 것 같다. 그럴 때 빌립이 굉장히 중요한 얘기를 한다.
"와서 보라."
남의 소리 듣지 말고, 근거 없는 얘기에 휩싸이지 말고 와서
보고 네가 판단하고 생각하란 말이다.

I3.

요즘 시대에도 이 말씀이 굉장히 중요한 교훈을 준다고 생
각했다. 요즘은 SNS 시대이다. 개인이 다 방송국이 된다. 그
러니 얼마나 많은 가짜 뉴스들이 돌아다니는지 모른다. 가
짜 뉴스를 만드는 사람들도 참 문제지만, 더 큰 문제는 그 가
짜 뉴스에 휩쓸리는 사람들이 많다는 사실이다. 사실 확인
도 안 하고, 가서 보지도 않고 누가 하는 말만 듣고 믿는 사
람들이 많다. 그럴 때 "와서 보라. 네가 보고 말하라"라고 하
고 싶다.

I4.

나를 향해서도 북한에서 지령을 받아 움직이는 주사파라고,

동성애 지지자라고 비난하는 사람들이 많았다. 그렇게 말하는 사람들도 마음이 아팠지만, 내가 정말 마음 아프고 신경 쓰였던 것은 그런 사람들의 말만 듣고 확인해보지도 않고 그 말에 동조하는 사람들이다. 그럴 때 나도 이 말을 하고 싶다. "와서 보라."

나는 거의 일 년 내내 글을 쓰고 일 년 내내 설교하는 사람이다. 그 설교에 내가 북한을 찬양하고, 동성애를 지지하는 내용이 있었는지 한번 보라고 말하고 싶다. 만약 내가 전하는 설교에 그런 내용이 은연중에라도 담겼다면 나는 그런 비난을 피할 수 없을 것이다. 그러나 와서 보지도 않고 함부로 단정 짓고 편견에 사로잡히면 진리를 파악할 수 있는 능력이 없어진다.

15.

우리가 나다나엘에게서 두 가지를 배우면 좋겠다. 실수할 수 있고, 잘못할 수 있고, 죄를 지을 수도 있지만 정직한 것, 겉과 속이 똑같은 사람이 되어 간사한 사람이 되지 않는 것이다. 위선자가 되지 않는 것이다. 하나님은 겉과 속이 똑같은 사람을 좋아하신다. 또 하나는 편견을 갖지 않는 것이다. 남의 말을 듣고 쉽게 동조하지 않는 것, 가서 보고 판단하고 확인한 후에 조심스럽게 행동하고 말하는 사람이 되기를 기도하면 좋겠다. 우리가 이 말씀을 통해 나다나엘처럼 간사함이 없는 사람이 되기를, 그리고 가서 보고 확인하고 확실한 것

만 얘기하는, 편견 없는 사람이 되기를 주님의 이름으로 축
원한다.

●

하나님, 나다나엘 같은 사람 되게 해주시옵소서.
간사함이 없는 사람, 속과 겉이 똑같은 사람,
잘못하면 잘못했다고 고백하고
실수하면 실수했다고 인정하고
그래서 표리가 똑같은 사람,
표리가 부동하지 않는 사람 되게 하여주옵소서.

또 편견에 사로잡히지 않게 하옵소서.
'나사렛에서 무슨 선한 것이 나겠느냐'라는 편견이
사람에 대한 정확한 판단과 이해를 망칩니다.
쉽사리 남의 말만 듣지 말고
"와서 보라"라는 말씀 잘 들어서
큰 실수하지 않고 하나님의 영광 가리우지 않고
진리에서 멀어지지 않는 사람이 되게 하여주옵소서.

6

무슨 말씀을 하시든지 그대로 하라

요한복음 2:1-12

1 사흘째 되던 날 갈릴리 가나에 혼례가 있어 예수의 어머니도 거기 계시고 2 예수와 그 제자들도 혼례에 청함을 받았더니 3 포도주가 떨어진지라 예수의 어머니가 예수에게 이르되 저들에게 포도주가 없다 하니 4 예수께서 이르시되 여자여 나와 무슨 상관이 있나이까 내 때가 아직 이르지 아니하였나이다 5 그의 어머니가 하인들에게 이르되 너희에게 무슨 말씀을 하시든지 그대로 하라 하니라 6 거기에 유대인의 정결 예식을 따라 두세 통 드는 돌항아리 여섯이 놓였는지라 7 예수께서 그들에게 이르시되 항아리에 물을 채우라 하신즉 아귀까지 채우니 8 이제는 떠서 연회장에게 갖다 주라 하시매 갖다 주었더니 9 연회장은 물로 된 포도주를 맛보고도 어디서 났는지 알지 못하되 물 떠온 하인들은 알더라 연회장이 신랑을 불러 10 말하되 사람마다 먼저 좋은 포도주를 내고 취한 후에 낮은 것을 내거늘 그대는 지금까지 좋은 포도주를 두었도다 하니라 11 예수께서 이 첫 표적을 갈릴리 가나에서 행하여 그의 영광을 나타내시매 제자들이 그를 믿으니라 12 그 후에 예수께서 그 어머니와 형제들과 제자들과 함께 가버나움으로 내려가셨으나 거기에 여러 날 계시지는 아니하시니라

I.

'예수는 믿어도 사람은 안 변해'라고 말하는 사람들이 많다. 그런데, 아니다. 예수님은 그렇게 우스운 분이 아니시다. 사람도 못 바꾸는 예수님을 믿어서 뭐 하겠는가? 물론 사람이 변하는 것은 쉬운 일이 아니다. 인간적으로 얘기하면 불가능한 일이 맞다. 나도 안다. 그런데 그 불가능한 일을 가능하게 하시는 이가 하나님이시고 예수님이시고 성령님이신 줄을 나는 믿는다. 또 그것을 눈으로 보았다.

2.

본문의 '가나의 혼인 잔치'는 예수님의 첫 기적인데, 물로 포도주를 만든 사건이었다. 사람은 포장은 바꿀 수 있다. 그래도 물은 물이고, 포도주는 포도주다. 그런데 예수님은 물을 모양만 바꾸어서 내놓으신 게 아니라 물의 화학적 성분이 아예 달라지게 만드셨다.

3.

사람이 변하여 새사람이 되는 것이 물이 포도주가 되는 것 아니겠는가? 그것이 성령으로 거듭나는 것 아니겠는가? 예수님을 그냥 믿으면 변하지 않지만, 예수를 제대로 정통으로 만나고 믿으면 물이 변하여 포도주가 되듯이 물과 성령으로 거듭나서 딴사람이 되는 줄 믿는다.

4.

어떻게 하면 이런 기적을 일으킬 수 있는가? 어떻게 이 기적이 이루어졌을까 생각해보니 해답이 하나 있었다. 예수님은 사실 처음 요청을 받으셨을 때는 사양하셨다. 어머니인 마리아가 부탁하는데 "아직 내 때가 아닙니다"라고 하셨다. 그런데도 예수님의 어머니 마리아는 예수님의 말씀에 상관치 않고 하인들에게 "무슨 말씀을 하시든지 그대로 하라"라고 당부한다.

5.

무슨 말씀을 하시든지 그대로 하는 것, 이것이 매우 중요한 키포인트다. 놀라운 것은 그 집 하인들이 그 말에 순종했다는 것이다. 예수님이 하신 말씀은 사실 말이 안 되는 소리였다. 포도주가 떨어졌는데 하인들에게 항아리에 물을 가득 채우라고 하신다. 나라면 순종 안 했다. 나름 똑똑한 나는 이렇게 말씀드렸을 것 같다. "예수님, 물이 떨어진 것이 아니라 포도주가 떨어졌습니다. 저 항아리는 물 항아리가 아니고 포도주 항아리입니다. 저기다 물을 채우면 안 됩니다."

그런데 하인들은 묻지도 따지지도 않고 포도주 항아리에 물을 가져다 붓는다. "무슨 말씀을 하시든지 그대로 하라"라는 요청에 순종했다.

6.

그런데 예수님이 그보다 더 엄청난 말씀을 하신다. 그 물을 떠다가 손님에게 가져다 주라는 것이다. 나라면 진짜 못 갖다 준다. 물을 붓는 것은 부을 수 있다고 쳐도, 손님에게 가져다 주지는 못할 것 같다. 포도주를 찾는 손님들에게 맹물을 내다주다니, 맞아 죽을 일 아닌가? 아무리 취했기로 물과 포도주를 구별 못 할 사람이 어디 있겠는가? 사람 희롱하냐고 생명이 오락가락할 일이다. 그런데 하인들은 물을 떠다 주었다. 왜? "무슨 말씀을 하시든지 그대로 하라"에 순종한 것이다.

7.

하나님을 믿는 것은 이런 것 같다. 도무지 이해가 안 될 때가 많다. 우리의 생각과 하나님의 생각이 다를 때가 많기 때문이다. 그런데 하인들처럼 포도주가 떨어진 항아리에 물을 채우라면 물 채우고, 포도주를 달라고 하는 귀빈들에게 물을 떠다 주어라 하면 물 떠다 주는, 그런 정도의 순종을 하면 물이 변하여 포도주가 되는 기적이 우리 삶에도 나타나지 않을까? 거듭나 새사람이 되는 그런 기적 말이다.

8.

나는 이해하는 과정이 굉장히 중요한 사람이다. 따지는 것 좋아하고, 논리가 맞고 조리가 맞아야 한다고 생각하는 사람이다. 그게 안 되면 '무슨 말을 저렇게 하나? 이해가 안 되네.

앞뒤가 안 맞아' 하면서 상대를 안 한다. 하지만 하나님께 대해서만큼은 그러지 않았다. '하나님, 그냥 말씀하세요. 제가 어떻게 하나님을 다 이해하겠어요? 이해되면 이해하고 믿고, 이해가 안 되면 그냥 믿고 볼게요.'

9.

매사에 다 그러진 못했겠지만, 그런 정신을 가지고 살았더니 간증할 만한 기적과 변화들을 많이 경험했다. 물이 변하여 포도주가 되는 것은 하나님께는 아무렇지도 않은 일이다. 내가 중학교 다닐 때 친구들에게 전도하면 애들이 나를 놀렸다. "야, 예수님이 물 위로 걸어갔다며? 왼발 빠지기 전에 오른발 놓고 오른발 빠지기 전에 왼발 놓냐?" 그러면 나는 이렇게 얘기했다. "네가 얘기하는 건 사람, 내가 얘기하는 건 하나님. 사람이 물 위로 걸어갔다면 그건 말이 안 되지. 그런데 세상에 물에 빠지는 하나님이 어디 있냐? 하나님이 물 위로 걸어가시면 가시는 거지."
이런 믿음을 가지고 고집부리며 살아왔더니, 진짜 물이 변하여 포도주가 되고, 예수님이 바다 위로 걸어가시는 것과 같은 기사와 이적이 내 삶 속에도 일어났다.

10.

우리는 예수 믿는 사람 아닌가? 예수님을 믿는다고 할 때, 예수님이 무슨 말씀을 하시든지 묻지도 말고 따지지도 말고

'항아리에 물을 가져다 부어라'라고 하시면 물 갖다 붓고, 포도주를 달라는 손님들에게 '물을 떠다 주어라' 하면 물을 떠다 주는 그런 믿음을 가지고 살아서 물이 변하여 포도주가 되는 놀라운 기적의 증인이 다 되기를 바란다.

●

"예수 믿어도 성격은 안 변해.
예수 믿어도 사람은 안 변하지."
그렇게 말하고 그렇게 생각하는 사람들이 많습니다.
그러나 그렇지 않습니다.
세상에 어떤 것으로도 사람은 변하지 않지만,
하나님은, 주님의 말씀은, 성령님은 우리를 변하여
새사람이 되게 하는 능력이신 줄을 믿습니다.
물이 변하여 포도주가 되는 그 기적이
우리의 삶 속에도 날마다 있게 하여주시옵소서.
"무슨 말씀을 하시든지 그대로 해라"라는 말씀에 순종하여
포도주 항아리에 물 갖다 채우고
포도주 달라는 사람에게 물 떠다 주는
그런 순종과 믿음이 우리에게 있게 하시사
세상에서는 이루어질 수 없는 놀라운 하나님의 기적들을
이 땅에서도 맛보며 살게 하여주옵소서.

교회에서 세상 욕심 채우려는 사람

요한복음 2:13-17

13 유대인의 유월절이 가까운지라 예수께서 예루살렘으로 올라가셨더니 14 성전 안에서 소와 양과 비둘기 파는 사람들과 돈 바꾸는 사람들이 앉아 있는 것을 보시고 15 노끈으로 채찍을 만드사 양이나 소를 다 성전에서 내쫓으시고 돈 바꾸는 사람들의 돈을 쏟으시며 상을 엎으시고 16 비둘기 파는 사람들에게 이르시되 이것을 여기서 가져가라 내 아버지의 집으로 장사하는 집을 만들지 말라 하시니 17 제자들이 성경 말씀에 주의 전을 사모하는 열심이 나를 삼키리라 한 것을 기억하더라

I.

'예수님' 하면 떠오르는 느낌이나 이미지는 무엇인가? 인자하심, 온유하심, 오래 참으심, 사랑, 관용 같은 것들이 아닐까? 예수님이 이 땅에 계시는 동안에 성내시며 분해하시는 모습은 그리 자주 볼 수 있는 모습이 아니었다.

2.

그런데 본문에서 예수님이 성전에서 장사하는 사람들을 내쫓으시고 상을 둘러 엎으시고 노끈으로 채찍을 만들어 그들을 쫓아내셨을 때, 예수님의 분을 느낄 수 있다.

3.

우리가 예수님을 섭섭하게 해드릴 수는 있다. 사실 종종 그러지 않은가. 예수님의 마음을 아프게 해드릴 때도 있다. 그런데 정말 하지 말아야 할 일은, 예수님을 화나시게 하는 것이다. 우리의 삶이 거기까지 이르러서는 안 된다.

4.

좀처럼 성내지 않으시는 예수님이 분노를 일으킬 만한 사건을 만나셨다. 그것은 바로 성전에서 장사하는 사람들 때문이었다.

12세 이상 된 이스라엘 사람들은 다 일 년에 한 번씩 예루살렘 성전에 와서 하나님께 제사를 드렸다. 거기서 양도 잡고, 비둘기도 잡아 제사를 드리는데, 먼 데서 그런 제물들을 끌고 올 수 없으니 성전에 와서 제물도 사고, 돈도 바꾸기 시작했다. 처음에는 제사드리기 편하려고 그렇게 하기 시작했던 일이, 점점 이권이 생기자 나중에는 성전이 장사의 소굴이 되고 말았다.

5.

예수님이 그것을 보고 분노하셨다. "내 집은 만민이 기도하는 집이라 … 너희는 강도의 소굴을 만들었도다"(막 11:17)라고 책망하셨다.

6.

"욕심이 잉태한즉 죄를 낳고 죄가 장성한즉 사망을 낳느니라"(약 1:15)라는 말씀이 있다. 우리가 빠지는 가장 크고 보편적인 욕심이 뭘까? 많은 욕심들이 있지만, 그중에 돈에 대한 욕심이 제일 큰 것 같다. 그리고 권력, 명예, 자리에 대한 욕심도 만만치 않다.

교회가 가난하고 핍박받을 때는 오히려 순수하고 깨끗하고 힘이 있었다. 왜냐하면 욕심을 부릴 만한 것이 교회 안에 없었기 때문이다. 조그만 교회 안에 무슨 자리 다툼이 있고 권력 다툼이 있었겠는가? 그러니 오히려 교회는 깨끗하고 순수하고 세상적인 욕심을 채우려는 유혹이 전혀 없었다. 신령한 것, 하나님 앞에 예배하는 것, 말씀의 은혜, 하늘의 축복 같은 것들에만 집중할 수 있는 순수한 교회가 될 수 있었다.

7.

그런데 역사를 통해서 일관되게 반복되는 일인데, 교회가 커지고 사람들이 많아지고 교회에 돈이 많아지고 교회가 하나의 권력이 되기 시작하면, 교회는 본질을 잃어버린다. 왜 그런가? 욕심 부릴 것이 세상에만 있는 줄 알았더니 교회 안에도 많기 때문이다. 그리고 세상에서 그 욕심을 채우는 것보다 오히려 교회에서 그 욕심을 채우는 것이 훨씬 더 쉽고 빠르기 때문이다. 그래서 사람들이 교회에서 장사하고 자기 권력을 휘두르는 일에 쉽게 빠지게 되어 하나님의 분노를 일으키는 삶을 살아가곤 했다.

8.

교회가 핍박받을 때, 많은 사람들이 순교할 때, 십자가를 져야만 예수를 따를 수 있었을 때, 교회는 강력했다. 순수했다. 성령의 역사와 능력이 나타났다. 그런데 교회가 인정을 받고, 국교가 되고, 힘이 점점 커지고, 교황의 힘이 세상의 군왕들보다 더 강해지면서부터 중세교회는 암흑기로 빠지고 부패하여 힘을 상실했다.

그것은 우리 한국 교회도 마찬가지였다. 역사는 언제나 반복되는 것 같다. 한국 교회도 작고 가난했을 때는 오히려 순수하고 강력한 교회였다.

9.

나는 항암치료를 세브란스병원에서 했는데, 병원에 갔더니 병원의 역사 자료들이 복도에 쭉 걸려 있었다. 내가 첫 담임목회 했던 곳이 승동교회였는데, 그 교회는 한국 초대교회 중 하나로, 백정이 처음 장로가 되었던 교회다. 옛날에 백정은 천민 중에서도 가장 밑바닥 천민이었다. 그런데 그 천민 출신이, 상투도 틀지 못하고 평생 사람 취급도 받지 못하던 백정이 교회의 리더가 된 사건이 한국 교회 안에서 일어났다. 그리고 그 장로님의 아들이 한국의 첫 서양 의사가 되었다. 세브란스의학교에 입학해서 첫해 졸업생이 되었고, 후에는 그곳 교수도 되었다. 나중에 독립관 군의관도 했고, 그래서 건국 훈장도 받았다. 그의 이름은 박서양이다.

IO.

그 역사를 보고 있자니 소름이 쫙 끼쳤다. 신분제도는 쉽사리 바꿀 수 있는 게 아니다. 지금도 인도의 카스트 제도를 바꾸지 못하고 있지 않은가? 누구도 바꿀 수 없다고 여겼던 반상의 문화가 한국에도 있었는데, 기독교가 들어오면서 확 바뀌어버렸다. 백정이 장로가 되었다. 백정의 아들이 의사가 되고 교수가 되었다. 누구도 못 할 일을 교회가, 복음이 했다. 그때 한국 교회는 작았지만, 그런 힘이 있었다.

II.

베드로와 요한이 성전에 올라갈 때 나면서부터 앉은뱅이 된 자가 돈 구걸하는 것을 보았다. 그때 베드로가 말하지 않았는가? "은과 금은 내게 없거니와 내게 있는 이것을 네게 주노니 나사렛 예수 그리스도의 이름으로 일어나 걸으라"(행 3:6). 그때 그들에겐 은과 금이 없었다. 그러나 그것과 비교할 수 없는 '나사렛 예수 그리스도'가 베드로에게 있었다.

I2.

많은 목사가 이렇게 설교한다. 지금 교회엔 은과 금은 많은
데, 나사렛 예수 그리스도는 없다고. 옛날에 은과 금이 없던
교회는 나사렛 예수 그리스도 때문에 세상을 바꾸고 사람을
바꾸는 강력한 교회였는데, 지금은 은과 금은 풍성하지만 세
상에 밟히는 소금 같은 능력 없는 교회, 예수 없는 교회가 되
고 말았다고 말이다. 우리가 깊이 마음에 새기고 반성하고
회개해야 할 일이 아닐까 싶다.

I3.

사실 남의 얘기하기는 쉽다. 하지만 남 얘기해서는 문제가
해결되지 않는다. 누가 그랬고, 어느 교회가 그랬고 하는 얘
기는 할 필요가 없다. 밤나무와 상수리나무가 베어져도 그
그루터기는 남아 있다고 하지 않았는가?(사 6:13 참조) 그 그
루터기가 나중에 하나님나라의 씨가 되리라는 말씀이다.
그러니 우리가 정신 차려서 교회 생활 잘하고, 믿음의 사람
노릇 제대로 잘해서 성전을 장사하는 강도의 소굴같이 만들
어가는 사람들 속에서 하나님의 성전을 지켜나가는, 하나님
나라의 그루터기 같은 일꾼들이 되어야 하지 않을까. 나는
하나님이 우리에게 이 모습을 기대한다고 믿는다.

●

본문에서 우리는 당황스럽게도
예수님의 분노하심에 맞닥뜨렸습니다.
하나님께 예배하고 기도하는 성전을 장사의 장소로,
강도의 소굴로 만든 것을 견디지 못하시고
채찍질하여 내어쫓으시고 상을 뒤집어엎으신
그 사건을 보면서 두렵고 떨리는 마음을 갖습니다.
우리 한국 교회도 그와 별반 다르지 않기 때문입니다.

초대교회 때 베드로에게 은과 금은 없었지만
그것과 비교할 수 없는 나사렛 예수 그리스도가 있어서
앉은뱅이를 일으키고 세상을 바꾸었는데
우리는 은과 금이 많아지면서
오히려 나사렛 예수 그리스도를 잃어버림으로
힘 없고 밟히는 소금과 같은 교회를 만들어놓고 말았습니다.

남 판단하고 비판하기 이전에
우리들이 베어진 밤나무, 상수리나무의
그루터기 같은 사람들이 되게 하여주시옵소서.
하나님의 성전을 성전답게, 교회를 교회답게,
말씀을 말씀답게 가꾸어 나가는 성전지기들이 될 수 있도록
우리를 사용하여주시고 축복하여주시옵소서.

거듭남이 있어야 진짜다

요한복음 3:1-8

¹ 그런데 바리새인 중에 니고데모라 하는 사람이 있으니 유대인의 지도자라 ² 그가 밤에 예수께 와서 이르되 랍비여 우리가 당신은 하나님께로부터 오신 선생인 줄 아나이다 하나님이 함께 하시지 아니하시면 당신이 행하시는 이 표적을 아무도 할 수 없음이니이다 ³ 예수께서 대답하여 이르시되 진실로 진실로 네게 이르노니 사람이 거듭나지 아니하면 하나님의 나라를 볼 수 없느니라 ⁴ 니고데모가 이르되 사람이 늙으면 어떻게 날 수 있사옵나이까 두 번째 모태에 들어갔다가 날 수 있사옵나이까 ⁵ 예수께서 대답하시되 진실로 진실로 네게 이르노니 사람이 물과 성령으로 나지 아니하면 하나님의 나라에 들어갈 수 없느니라 ⁶ 육으로 난 것은 육이요 영으로 난 것은 영이니 ⁷ 내가 네게 거듭나야 하겠다 하는 말을 놀랍게 여기지 말라 ⁸ 바람이 임의로 불매 네가 그 소리는 들어도 어디서 와서 어디로 가는지 알지 못하나니 성령으로 난 사람도 다 그러하니라

I.

하나님은 사람을 창조하실 때 진흙으로 사람의 모양을 빚으

시고 그 코에다 생기를 불어넣어 주셨다. 하나님이 인간의 코에 불어넣으신 생기를 헬라어로 '프뉴마', 히브리어로 '루아흐'라고 하는데, 하나님의 혼이다. 하나님의 정신, 하나님의 생각, 하나님의 마음, 하나님의 관(觀), 하나님의 철학이다. 사실 이런 단어로도 부족하지만, 하나님이 우리에게 그것을 불어넣어 주심으로 하나님과 우리의 생각이 같아지고, 가치관이 같아졌다. 하나님이 아름답다고 하시는 것을 우리도 아름답게 보고, 하나님이 이것이 더 귀하다 하시면 그것이 더 귀한 것이 된 것이다. 그래서 하나님과 마음과 뜻과 생각이 통하는 존재가 되었다.

2.

그런데 사탄의 유혹에 빠져서 타락함으로 우리는 그 소중한 하나님의 영을 쏟았다. 가치관이 바뀌었다. 하나님과 생각하는 식이 달라졌다. 철학이 달라지고 인생관이 달라졌다. 그래서 하나님과 통하지 않는 사람이 되고 말았다.
하나님과 친한 관계가 아니라 불편하고 점점 더 하나님으로부터 멀어질 수밖에 없는 존재가 되고 말았다.

3.

본문에서 예수님이 매우 중요한 말씀을 니고데모에게 해주신다. "사람이 물과 성령으로 나지 아니하면 하나님의 나라에 들어갈 수 없느니라."

물과 성령으로 거듭나지 않으면 하나님나라에 들어갈 수 없고, 구원 얻을 수 없다는 말씀이다.

4.

거듭나는 것이 뭘까? 그것은 타락하기 이전의 하나님의 영을 다시 회복하는 것이다. 하나님이 우리 코에 불어넣어 주셨던 프뉴마, 루아흐, 그 생기, 하나님의 생각, 하나님의 가치관, 하나님의 철학을 다시 회복하는 것이다. 그 거듭남이 아니고서는 하나님나라를 볼 수 없고 들어가지도 못한다는 말씀이다. 이것이 얼마나 중요한 말씀인지 모른다.

5.

니고데모는 예수님이 행하신 이적과 표적들을 보고 예수님이 정말로 하나님이 보내신 분이라는 것을 인정했다. 그때 예수님이 이런 말씀을 하신 것이다. 이 말씀은 이런 의미다. '너는 그런 표적을 보고 믿느냐? 하나님을 믿는 믿음에서 정말 중요한 것은 세상 환경이 바뀌는 표적이 아니라 사람이 바뀌는 거야.'

6.

미신적인 종교는 사람 바뀌는 일에 관심이 없다. 가난한 사람이 부자 되고, 아픈 사람이 병 낫고, 일이 잘 안 되던 사람이 잘되는 것이 그들 종교의 목적이자 신앙의 목적이다. 내가 어떤 사람이 되는가에는 별로 관심이 없다.

그런데 기독교는 물론 하나님의 축복으로 환경의 변화가 주어질 수는 있지만, 그것이 궁극적인 목적은 아니다. 기독교는 사람을 변화시키는 종교다.

7.

앞에서도 얘기했지만, "예수 믿어도 안 변해"라는 말에 속지말라. 이런 말은 세상 종교가 하는 말이다. 예수님은 사람을 변화시키신다. 사람을 거듭나게 하신다. 사는 법과 식이 달라지게 하신다. 나는 그것이 예수 믿는 믿음의 가장 중요한 요소라고 생각한다.

8.

'성령으로 거듭난다'라고 하는데, 어떻게 성령으로 거듭날 수 있을까? 성령을 사모해야 한다. 예수님이 승천하실 때까지만 해도 제자들의 목적은 세상에 있었다. "이스라엘 나라가 언제 회복됩니까?"라고 물으며, 내가 아닌 세상이 바뀌는 것에 관심이 있었다. 그런 제자들에게 예수님은 "(그것은) 너희가 알 바 아니요 오직 성령이 너희에게 임하시면 너희가 권능을 받고 예루살렘과 온 유대와 사마리아와 땅 끝까지 이르러 내 증인이 되리라"(행 1:8)라고 하셨다. 그리고 승천하시면서 "아버지께서 약속하신 것(성령)을 기다리라"(행 1:4)라고 하셨다.

9.

그래서 그들은 정말 예수님의 말씀에 순종하여 예루살렘에 머물러 있는 것이 위험했음에도 불구하고 떠나지 않고 열심히 기도하다가 몇 날이 가지 못해서 오순절 날 성령을 받았다. 그랬더니 거듭났다. 딴사람이 되었다.

10.

전에는 욕심에 사로잡혀 살았다. "이건 내 거야. 이건 네 거 아니야" 하던 사람들이 거듭나니까 이 부분이 바뀌었다. "우리 같이 쓰자."

11.

환경이 바뀐 게 아니다. 사람이 바뀌었다. 그랬더니 즉시 하나님의 나라가 임했다. 그 성령은 기도함으로 임하신다. "나에게도 성령을 주세요"라고 우리가 기도할 때 성령께서 임하신다. 우리는 표적을 위한 기도를 많이 한다. '가난에서 벗어나게 해주세요. 병에서 낫게 해주세요.' 이런 기도가 잘못된 것은 아니다. 그런데 그것만 기도한다.

"하나님, 성령을 주세요. 거듭나게 해주세요. 변화하여 새사람이 되게 해주세요. 세상 사람과 구별되게 해주세요. 나의 옛 사람과 다른 사람 되게 해주세요. 그 역사가 내게 임하게 해주세요. 그 복을 나에게 주세요"라고 기도할 때 하나님이 성령으로 거듭나는 역사와 축복을 주실 줄로 믿는다.

12.

하나님이 주신 성령으로 거듭나는 길이 또 하나 있다. 성경
이다. 성경은 하나님의 말씀인데, 성령의 감동으로 기록된
것이다. 말씀 속에는 성령 하나님의 감동이 있다. 그러므로
말씀을 읽으면 성령의 감동을 받게 된다. 성령의 감동을 받
으면 그 성령이 지시하시는 대로 살고 싶어진다. 그래서 거
듭나게 된다. 딴사람이 되는 것이다. 욕심에 이끌림을 받는
사람이 되는 게 아니라 성령의 이끌림을 받는 사람이 된다.
거듭난 사람이 되는 것이다.

13.

내가 매일 새벽마다 날기새를 통해 원하는 것도 그것이다.
날마다 성경 보고 들으면서 성령의 감동을 받아서 생각을 바
꾸고, 행동을 바꾸고, 삶을 바꿔서 세상 사람과 전혀 다른 기
준과 가치관을 가지고 살아가게 되는 것, 예전의 나와 전혀
다른 사람이 되는 것이 날기새를 하는 가장 중요한 목적이며
또한 예수님을 믿는 가장 중요한 목적인 줄 믿는다.

14.

나는 하나님의 은혜로 우리의 삶의 환경이 바뀌었으면 좋겠
다. 특별히 암으로 고통받는 날기새 식구들의 소식을 접할 때
마다 '하나님, 저에게도 신유의 은사를 주세요. 제가 만나서
간절히 기도할 때 병이 낫게 해주세요'라고 기도하게 된다.

간절히 기도할 때 하나님이 그런 표적과 이사와 기적도 나타내 보여주신다고 믿는다.

15.

그러나 이것은 우리의 두 번째 목적이면 좋겠다. 예수 믿고 암에서 치유함을 받고 고통에서 놓여남을 받는 것은 두 번째면 좋겠다. 첫 번째는 새사람이 되는 것이다. 거듭나는 것이다. 성령으로 딴사람이 되는 것이다. 세상 사람과 딴 길을 걷는 사람, 세상에서 세상 사람과 딴 식으로 사는 사람. 이것이 우리가 추구하는 궁극적인 목적이다.

●

나다나엘은 예수님이 행하시는 기사와 이적과 표적을 보고
예수님을 따르려고 했습니다.
예수 믿고 세상이 변하는 재미도 괜찮습니다.
또 그것도 하나님이 우리에게 주고 싶어 하시는
은사요 축복 중의 하나인 줄 믿습니다.
그런데 예수님은 나다나엘에게
'예수 믿고 성령 받으면 세상이 바뀌는 게 아니라
네가 바뀌어. 네가 딴사람이 돼.
가치관과 인생관이 바뀌어'라고 가르쳐주셨습니다.

가난한 환경이 부자로 바뀌는 것도 참 좋습니다.

아픈 몸이 건강한 몸 되는 것이 얼마나 귀한 일입니까.

그런데 하나님을 믿는 최고의 능력은 내가 변하는 것입니다.

하나님, 그 복부터 받게 하여주시옵소서

9

결국 믿음이 이긴다

요한복음 3:16-18

16 하나님이 세상을 이처럼 사랑하사 독생자를 주셨으니 이는 그를 믿는 자마다 멸망하지 않고 영생을 얻게 하려 하심이라 17 하나님이 그 아들을 세상에 보내신 것은 세상을 심판하려 하심이 아니요 그로 말미암아 세상이 구원을 받게 하려 하심이라 18 그를 믿는 자는 심판을 받지 아니하는 것이요 믿지 아니하는 자는 하나님의 독생자의 이름을 믿지 아니하므로 벌써 심판을 받은 것이니라

I.

큰아이가 결혼할 때 폐백을 받으면서 며느리에게 현상(懸賞)을 걸었다. "딸 낳으면 상 주마." 우리 부부는 결혼해서 아들을 셋 낳았는데, 나는 사실 첫 아이를 낳을 때부터 '딸이면 좋겠다'라는 생각을 했다. 그런데 하나님이 나에겐 딸을 주시지 않았다. 아들만 셋을 주셨다. 그래도 늘 감사하고 감사하다. 그런데 딸이 없으니 손녀가 있으면 좋겠다 하여 현상을

걸 정도였다.

2.

우리 큰 며느리가 그토록 고대하던 딸을 낳았다. 우리 큰 손
녀는 벌써 고등학생이다. 큰 손녀가 태어나서 1년 반 정도를
우리 집에서 같이 살았다. 큰아이 부부가 미국 유학을 준비
하고 있었는데, 가기 전까지 우리 집에 들어와 같이 살다가
미국으로 갔다.

그때 우리 집에 우리 어머니, 우리 부부, 큰아들 부부, 둘째 아
들, 셋째 아들, 그리고 손녀딸까지 4대가 살았는데, 온 관심이
우리 손녀딸 민희에게 있었다. 말도 못 할 큰 사랑을 받았다.

3.

어느 책이건 예배 때건 자주 한 얘기라서 이미 알고 있는 독
자들이 많을 텐데, 민희가 미국에 가서 세 돌이 지났을 때 그
림을 그렸다. 아파트를 그리고 그 옆에다 '17'이라는 숫자를
쓰고 동그라미를 그렸다. 제 엄마가 민희에게 물었다. "이게
뭐야?" 그러자 손녀딸이 이렇게 대답했다. "이곳은 소녀가
사랑을 받는 곳이야."

4.

민희는 할머니를 끔찍이 좋아한다. 지금도 엄청 좋아한다.
미국에 가 있는 아이와 할머니가 전화통화를 자주 했는데,

무슨 사연이 많은지 붙잡으면 한 시간씩 통화하곤 했다. 어느 날 손녀가 제 할머니에게 이렇게 얘기했다. "할머니 이상해. 난 할머니하고 전화만 하면 슬프지도 않은데 자꾸 눈물이 나." 우리 손녀 민희는 그런 사랑을 받으며 자랐다.

5.

사랑받은 아이가 건강하다. 정신적으로 건강하고, 육체적으로도 건강하다. 사랑을 받지 못하면 어떤 영양결핍보다 무서운 것이어서 몸도 약해지고 정신도 약해지고 마음도 한없이 약해진다. 민희가 미국에서 학교 다닐 때 한국 아이라고 차별도 받고, 왕따 비슷한 것도 당했다. 초등학교 4학년 때 다시 한국에 나와서 학교를 다녔는데, 그때는 또 한국말이 서툴다고 아이들에게 따돌림을 받았다. 아이에게 참 위기였고 위험한 상황일 수 있었는데, 우리 손녀는 그런 상황에 휘둘리지 않고 잘 극복해서 나중에는 친구도 많이 사귀고 전교 부회장도 했다. 나는 그 이유가 넘치도록 사랑받았기 때문이라고 생각한다. 상처도 있고 어려움도 있고 힘든 것도 있지만, 받은 사랑이 그것보다 크면 상처를 이긴다.

6.

사랑이 아이들의 삶에 얼마나 중요한 영향을 끼치는지 모른다. 내가 기독교 교육을 조금 공부했는데, 아동의 첫 번째 발달 단계로 '베이직 트러스트'(basic trust), 즉 '기본적인 신뢰'를 꼽는 학자가 있다. '기본적인 신뢰'가 깔려 있어야 그다음에 창조적이 되기도 하고, 남에 대한 배려를 갖기도 하고, 또 자주적이 되기도 한다. 이 '베이직 트러스트'는 사랑받는 것을 통해 형성된다고 한다.

7.

아이가 태어나면 온 가족이 아이를 사랑한다. 아이에게 온 관심이 집중된다. 배가 고파 울면 젖을 주고, 기저귀가 젖어서 울면 갈아주고, 그러다 방긋 웃기라도 하면 또 온 가족의 관심이 집중된다. 그렇게 큰 사랑을 받으면 아이가 몸으로 느끼는데, 그때 '아, 세상은 편안하다. 믿을 만하다' 하면서 불안감이 없어진다는 것이다. 이것이 베이직 트러스트이다.

베이직 트러스트가 잘 형성되면 창조적이 되고 용기도 생긴다. 사랑받지 못한 아이들은 자꾸 눈치를 본다. 용기가 없어진다. 비겁해질 수도 있다. 사랑받은 아이가 건강하다는 것은 교육학적으로도 입증되어 있는 중요한 이론이다.

8.

우리가 살아가는 세상은 참 만만치 않다. 힘든 일, 슬픈 일, 또 억울한 일, 아픈 일, 큰 상처가 남는 일, 무섭고 두려운 일, 우울한 일투성이다. 예수 믿는 사람들에게는 그런 일이 없는가? 예수 믿으면 슬프고 힘든 일이 없나? 실패가 없나? 상처도 안 받을까? 전혀 그렇지 않다. 예수를 믿는다고 삶의 환경이 크게 달라지는 것은 아니다. 믿는 자의 집에도 햇빛 비치고 안 믿는 자의 집에도 햇빛이 비치듯이, 믿는 자의 집에도 비 들이치고 안 믿는 사람의 집에도 비가 들이친다. 그런 것처럼 환경은 예수를 믿느냐, 안 믿느냐를 크게 가리지 않는 것 같다.

9.

그럼 뭐 하러 예수를 믿을까? 예수를 믿는 가장 중요한 목적은 환경의 변화가 아니다. 예수를 믿으면 그것을 이겨낼 수 있는 내적인 힘이 생긴다. 그것을 이겨내느냐 이겨내지 못하느냐 하는 문제지, 그런 문제가 있느냐 없느냐의 문제가 아니다. 예수를 믿으면 그와 같은 무거운 짐을 이겨낼 수 있는 힘을 갖게 된다.

10.

요한복음 3장 16절은 복음 중의 복음이다. 성경의 모든 말씀이 다 복음이지만, 한 가지만 꼽으라면 이 말씀을 꼽을 수 있을 것이다. "하나님이 세상을 이처럼 사랑하사 독생자를 주셨으니 이는 그를 믿는 자마다 멸망하지 않고 영생을 얻게 하려 하심이라."

11.

이것을 믿는 것이 믿음이다. 이 믿음이 있으면, 천지를 창조하신 전능하신 하나님이 나를 사랑하시되 나를 살리시겠다고 예수님의 생명을 십자가에 못 박을 정도로 사랑하신다는 것을 진짜로 믿는다면, 어떤 상처가 그 사랑을 이겨낼 수 있겠는가? 어떤 슬픔과 고난과 역경이 그 사랑을 흔들 수 있겠는가? 그 사랑을 믿는 사람은 세상의 모든 풍랑과 풍파와 역경과 높은 산과 같은 어려움도 능히 극복하고 이겨내는 줄 믿는다.

12.

로마서 8장 35-37절의 말씀은 우리가 잘 아는 귀한 말씀이다. "누가 우리를 그리스도의 사랑에서 끊으리요 환난이나 곤고나 박해나 기근이나 적신이나 위험이나 칼이랴 기록된 바 우리가 종일 주를 위하여 죽임을 당하게 되며 도살당할 양 같이 여김을 받았나이다 함과 같으니라 그러나 이 모든 일에 우리를 사랑하시는 이로 말미암아 우리가 넉넉히 이기느니라." 예수 믿는 사람에게도 곤고가 있고, 박해도 있고, 기근도 있고, 정말 아무것도 없이 벌거벗겨진 몸으로 선 것 같을 때도 있고, 칼의 위험, 물의 위험, 불의 위험, 죽을 것 같은 상황에 몰릴 수도 있다. 그럼에도 불구하고 이 모든 일에 우리를 사랑하시는 이로 말미암아 그냥 이기는 것이 아니라 '넉넉히' 이기는 것이다.

우리가 "하나님이 세상을 이처럼 사랑하사 독생자를 주셨으니 이는 그를 믿는 자마다 멸망하지 않고 영생을 얻게 하려"

하신 그 사랑을 받았기 때문이다.

13.

힘든가? 나도 힘들다. 아픈가? 나도 좀 그렇다. 그런 일들이 있
는데도 정말 감사하게도 하나님이 믿어진다. 하나님이 나를 사
랑하시고 지키신다는 것을 의심할 수가 없다. 그러니까 그런
것들이 스쳐가는 바람처럼 한 번씩 툭툭 건들기는 하지만 내
삶의 뿌리를 흔들지는 못 한다. 넉넉히 이겨낼 수 있다.

●

하나님, 예수를 믿는 우리들도 세상은 만만치 않습니다.
죄로 말미암아 타락한 이 세상에서의 삶이
어찌 편안하기만 하겠습니까.
박해도 있고 환난도 있고 슬픔도 있고 상처도 있고
칼의 찔림도 있고 도살할 양같이 여김을 받는
삶의 연속입니다.
그러나 사랑을 많이 받은 아이는 건강한 것처럼
하나님이 나를 사랑하신다는 사실을 믿어
조금도 의심치 않는 믿음의 사람은
넉넉히 이와 같은 상황을 이기는 줄을 믿습니다.

참 근사한 사람

요한복음 3:22-30

22 그 후에 예수께서 제자들과 유대 땅으로 가서 거기 함께 유하시며 세례를 베푸시더라 23 요한도 살렘 가까운 애논에서 세례를 베푸니 거기 물이 많음이라 그러므로 사람들이 와서 세례를 받더라 24 요한이 아직 옥에 갇히지 아니하였더라 25 이에 요한의 제자 중에서 한 유대인과 더불어 정결예식에 대하여 변론이 되었더니 26 그들이 요한에게 가서 이르되 랍비여 선생님과 함께 요단 강 저편에 있던 이 곧 선생님이 증언하시던 이가 세례를 베풀매 사람이 다 그에게로 가더이다 27 요한이 대답하여 이르되 만일 하늘에서 주신 바 아니면 사람이 아무것도 받을 수 없느니라 28 내가 말한 바 나는 그리스도가 아니요 그의 앞에 보내심을 받은 자라고 한 것을 증언할 자는 너희니라 29 신부를 취하는 자는 신랑이나 서서 신랑의 음성을 듣는 친구가 크게 기뻐하나니 나는 이러한 기쁨으로 충만하였노라 30 그는 흥하여야 하겠고 나는 쇠하여야 하리라 하니라

I.

세례 요한이 예수님보다 먼저 태어났다. 그리고 사역도 먼저 시작했다. 세례 요한은 당시 요즘 세상 말로 '스타'였다. 대중

의 인기와 존경을 한 몸에 받았다. 단순한 세속적인 인기가 아니라 정말 신뢰와 존경을 받던 사람이었다. 많은 사람이 그에게로 나아가 세례를 받고 회개하고 그를 따르고 그의 가르침을 따라 살려고 했다. 심지어 세례 요한이 자기들이 대대로 기다려오던 메시아라고 생각하고 있을 정도였다.

2.

영적으로 볼 때 그 당시 세례 요한은 사탄에게 넘어가기 딱 좋은 상태였다. 사탄이 아담과 하와에게 와서 '이 선악과를 따 먹으면 네가 하나님같이 되리라'라고 유혹했던 것처럼, 인간의 가장 본질적인 취약점은 '네가 하나님이 되리라' 하는 것이다.
'네가 메시아야. 네가 수긍만 하면 사람들은 다 너를 메시아 인 줄 알잖아.'
세례 요한은 그때 자기만 승인하고 도장 찍으면 스스로 메시아가 될 수 있는 가장 위험한 상황이었다.

3.

그런데 세례 요한은 틈이 없었다. "나는 그리스도가 아니다. 나는 메시아가 아니다. 나는 아니다." 그는 이 인식이 정확했다. 사탄이 틈 탈 수가 없었다. 이 단순한 말이 얼마나 힘들고 또 얼마나 중요한지 모른다.

4.

요한이 사람들에게 세례를 주고 많은 이들이 그를 따라다닐 때, 예수님도 사역을 시작하셔서 세례를 주기 시작하셨다. 요한을 따르던 사람 중에 많은 사람들이 예수님을 따르기 시작했다. 쉽게 말하면, 세례 요한의 교회에 다니던 사람들이 예수님의 교회로 많이 옮겨 간 상황이라고 얘기할 수 있다.

사람들이 세례 요한에게 와서 고자질했다. "선생님이 세례를 주신 그 사람 있지 않습니까? 그 사람이 지금 사역을 시작했는데 우리 쪽의 많은 사람들이 그에게로 몰려갑니다."

보통 사람 같으면 '남의 양을 빼앗아 가다니!' 하며 시기하고 비판하고 정죄하고 공격할 텐데, 세례 요한에겐 그런 모습이 없었다. "그게 맞는 거야. 내가 얘기하지 않았니? 그가 그리스도시라고. 나는 그의 앞길을 닦으러 온 사람이야." 어떤 경쟁심이나 시기심에 사로잡히지 않았다.

5.

또 본문 29절에 보면 이런 표현을 썼다.

"신부를 취하는 자는 신랑이나 서서 신랑의 음성을 듣는 친구가 크게 기뻐하나니 나는 이러한 기쁨으로 충만하였노라."

결혼을 하는 것은 친구이나 친구의 기뻐하는 음성을 들으며 기쁨으로 충만하다니, 정말 진정한 친구의 모습 아닌가. 세례 요한은 자기가 이러한 기쁨으로 충만하다고 말한다. 세례 요한은 철저히 자기를 부인할 줄 아는 사람이었다. 그리고 아주 유명한 말을 한다. 이 한마디로 결론을 딱 내려준다.

"그는 흥하여야 하겠고 나는 쇠하여야 하리라 하니라."

6.

세례 요한처럼 우리도 예수님을 따르는 사람이다. 그렇다면 우리의 삶 속에서도 이런 말과 이런 정신이 나타나야 하지 않겠는가?

7.

나를 키워주신 목사님이 계셨다. 모교회의 임택진 목사님이 시다. 나는 초등학교 1학년 때부터 23년을 다닌 그 교회에서 교육전도사도 하고 전임전도사도 하고 부목사도 하다가 그 교회를 떠났다. 임택진 목사님이 나를 그렇게 잘 키워주셨다. 신학교를 졸업하고 공부하는 것이 썩 좋지 않았던 나는 대학원에 가고 싶지 않았는데, 목사님이 대학원에 가라고 하셨다. 가기 싫어서 한 2년을 버텼다. 이게 어쩐지 거꾸로 아닌 가? 보통은 자기가 대학원에 가고 싶어도 교회에서 허락을 안 해줘서 못 가는 경우가 많은데, 나는 교회는 허락해주는데 내가 안 가겠다고 버티는 엉뚱한 짓을 한 것이다.

3년째 되는 해에 목사님이 대학원 학비를 마련해서 내 앞에 던져주시면서 "대학원 가! 대학원 가야 해!" 하셨다. 그래서 대학원에 가서 공부를 했다. 그렇게 나를 자식처럼 키워주셨다.

대학원에 다니며 늦게 공부에 재미를 붙였다. 대학원 졸업 논문을 쓸 때 '아, 공부가 참 재미있는 거구나'라는 걸 알게 되었는데, 논문을 잘 쓰고 싶은 욕심이 생기자 일주일에 하루 쉬는 것으로는 공부를 따라가기가 어려웠다. 그래서 졸업 논문을 쓸 때는 목사님이 허락해주셔서 일주일에 나흘을 학교 도서관에서 살았다.

지금 생각해보면 자기 자식도 아닌 부교역자에게 그렇게 해줄 수 없는 일이었다. 목사님이 나를 정말 아들처럼 생각해주셨음을 새삼 알게 되었다.

8.

그렇게 대학원을 졸업하고, 부목사가 되었을 때는 저녁 설교를 나에게 맡겨주셨다. 뒤에서 설교를 듣고 계시다가 광고를 하러 나오셔서는 이렇게 얘기해주셨던 것이 기억난다.

"이거 야단났네. 젊은 사람이 저렇게 설교를 잘하면 나는 어떡하오. 내가 몇 년 더 해야 되는데." 나를 치켜세워주시며 칭찬해주셨다.

그때 어느 유명한 기독교 잡지에 목사님이 나에 대한 글을 쓰셨다. 몰랐는데 사모님이 내게 일러주셨다.

"김 목사, 목사님이 김 목사에 대한 글을 썼어. 봤어?"

"저는 못 봤는데요."

"한번 가서 봐."

"뭐라고 쓰셨어요?"

사모님은 목사님이 나에 대한 얘기를 쓰시면서 이런 말씀을 하셨다고 일러주셨다.

"디모데를 바라보는 바울의 심정이다."

그리고 나중에 그 잡지를 읽었더니, 목사님은 이 말씀으로 그 글의 끝말을 맺으셨다.

"그는 흥하여야 하겠고 나는 쇠하여야 하리라."

그런 어른이 있어서 내가 컸다.

9.

이젠 내가 어른이 되었다. 이제 내가 "그는 흥하여야 하겠고 나는 쇠하여야 하리라"라는 심정으로 내 때를 정리할 때가 되었다. 나를 키워주시던 목사님의 연세보다 지금의 내가 나이가 더 많아졌다. 절반이라도 흉내내고 싶었다. 목회 은퇴를 하면서 교회를 떠날 때 그 마음을 가지려고 무진 애를 썼다. 우리 후배 목사들을 향해 "그는 흥하여야 하겠고 나는 쇠하여야 하리라"라는 마음을 품고 나를 키워주셨던 목사님의 모습을, 세례 요한의 모습을 흉내라도 내보려고 엄청 애를 썼던 기억이 난다.

10.

세례 요한은 소름 끼치도록 훌륭한 믿음의 사람이다. 신부와 결혼하여 신랑이 기뻐할 때 신랑이 기뻐하는 것으로 기쁨이 충만한 친구 같은, 우리도 그런 세례 요한의 마음을 본받아 살아갈 수 있으면 좋겠다.

자기가 끝까지 잘되려고 잘나가는 후배 밟고, 정죄하고, 판단하면서 길을 막는 일들이 비일비재한 때에 자기보다 남을 더 낮게 여기고 "그는 흥하여야 하겠고 나는 쇠하여야 하리라"라는 근사한 소리 하면서 이 세상을 살아보는 것, 괜찮지 않겠는가.

●

하나님, 감사합니다.

우리가 세례 요한을 공부했습니다.

공부했으니 세례 요한 닮게 하여주시옵소서.

세례 요한을 따르던 사람들이 예수님께로 몰려갔을 때

시기하지 아니하고 불평하지 아니하고

원망하지 아니하고 예수님 비난하지 아니하고

"그는 흥하여야 하겠고 나는 쇠하여야 하리라" 하는

하나님의 사람의 진면목을

우리에게 가르쳐주셔서 감사합니다.

우리도 그렇게 살게 하여주시옵소서.

날마다
기막힌
새벽 3

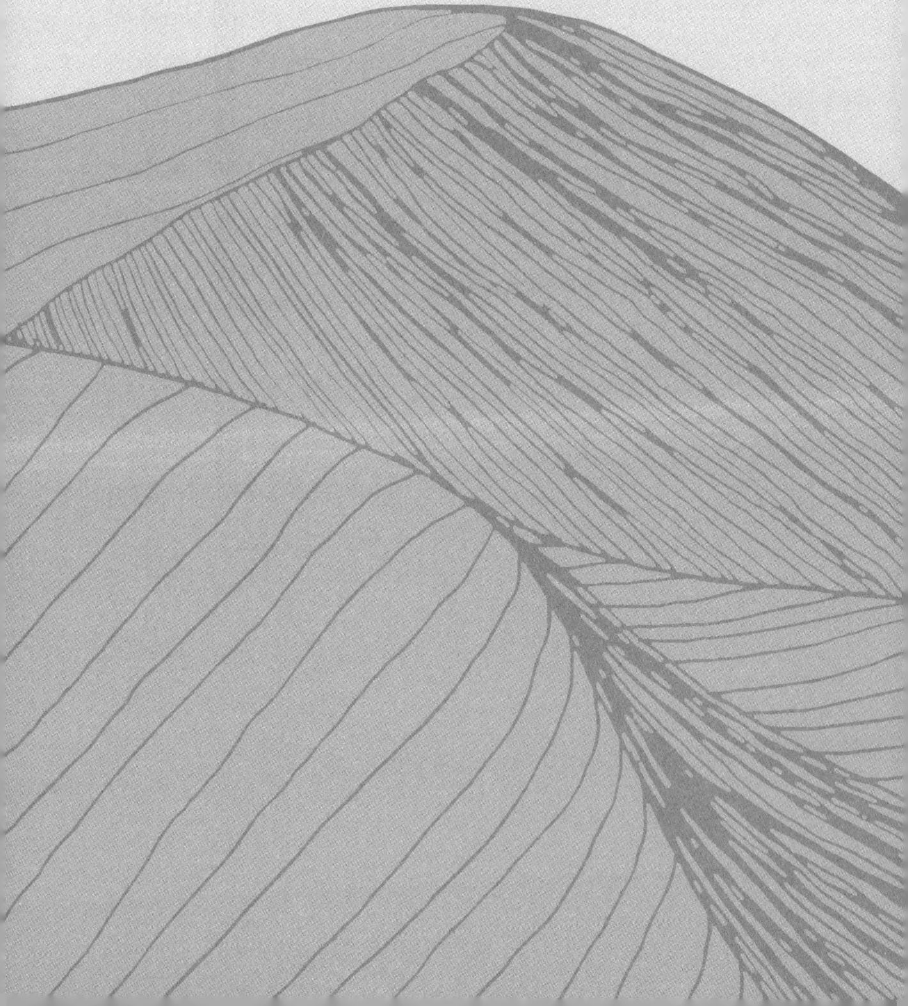

세상 방식과 다른 예수님 방식

세리와 창기의 친구셨던 예수님처럼

요한복음 4:1-6

1 예수께서 제자를 삼고 세례를 베푸시는 것이 요한보다 많다 하는 말을 바리새인들이 들은 줄을 주께서 아신지라 2 (예수께서 친히 세례를 베푸신 것이 아니요 제자들이 베푼 것이라) 3 유대를 떠나사 다시 갈릴리로 가실새 4 사마리아를 통과하여야 하겠는지라 5 사마리아에 있는 수가라 하는 동네에 이르시니 야곱이 그 아들 요셉에게 준 땅이 가깝고 6 거기 또 야곱의 우물이 있더라 예수께서 길 가시다가 피곤하여 우물 곁에 그대로 앉으시니 때가 여섯 시쯤 되었더라

I.

이스라엘 지도를 보면 북쪽에는 갈릴리가 있고, 중앙에는 사마리아가 있고, 남쪽으로 예루살렘이 있다. 북쪽에서 예루살렘으로 가려면 사마리아가 가운데 있으니까 사마리아를 통과해서 가면 사흘 길 정도이다. 그런데 유대인들은 그렇게 다니지 않았다. 요단강 쪽으로 돌아서 갔는데, 그렇게 하면 일주일 정도 걸렸다고 하니, 사마리아를 통과해서 갈 때보다

거의 곱절 이상 시간이 걸리는 것이었다. 곱절 이상의 시간을 쓰면서도 그들은 사마리아를 통과하지 않았다. 사마리아는 이스라엘의 중부에 있는 이스라엘 땅임에도 불구하고 그들은 사마리아 사람을 이방인 취급했다. 왜 그랬을까?

2.

주전 8세기경에 앗수르가 침략을 했는데, 그때 사마리아 사람들이 앗수르 사람들과 피가 섞여 유대인의 순수성을 잃어 버렸다는 이유로 배척했기 때문이다. 그릇된 선민사상에 사로잡혀 있던 유대인들은 앗수르인의 피가 섞인 것을 용납하지 못했다. 그래서 사마리아 사람들도 다 하나님을 믿는 사람들이었음에도 불구하고 예루살렘 성전에 오지도 못하고 거기서 제사를 드릴 수도 없어서 사마리아에서 따로 제사를 드려야 했다.

3.

그런데 본문을 보니 예수님이 사마리아를 통과하셨다는 말씀이 나온다. 이것은 당시 전통과 관례를 깨는 파격이었다. 이는 유대인들에게는 따돌림을 당하고 심지어는 공격을 당할 수도 있는 행동이었는데, 예수님은 개의치 않고 그것을 깨뜨리셨다. 왜냐하면 그것이 옳지 않은 일이었기 때문이다. 하나님이 가장 마음 아파하시고 싫어하시는 일이기 때문에 예수님은 그것을 깨트리기 위하여 일부러 사마리아를 통과하셨다.

4.

하나님이 가장 싫어하시고 마음 아파하시는 것이, 사람을 깔보는 것, 사람을 무시하는 것, 사람을 따돌리고 배척하는 것이다. 어린 아이들도 친구들을 따돌린다. 부모들이 자녀에게 가르칠 것이 많지만, 이것만큼은 꼭 가르쳐야 한다고 생각한다. 절대로 친구 따돌리는 일에 참여하지 말라고 말이다. 하나님이 가장 싫어하시는 일이기 때문이다. 사람을 따돌리고 사람의 마음을 아프게 해서는 하나님의 복을 받을 길이 없기에, 우리는 이것을 무섭게 지적하여 가르쳐야 한다.

5.

그런데 역사를 보면, 모든 생명체 중에 사람처럼 사람을 잘 따돌리고 무시하고 배척하는 존재가 없다. 비교적 최근 역사인 나치의 역사도 그렇지 않은가? 유대인이라고 수용소에 가두고, 인간으로서 상상할 수 없는 만행을 저지르고, 학살을 했다. 그리고 그와 같은 일들이 지금도 계속되고 있다. 아프리카 같은 곳에서는 종족 전쟁이 너무 심해서 한 종족을 말살시키려는 '인종 청소'라는 말이 있을 정도다.

사람들은 이런저런 평계를 대면서 사람을 깔보고 따돌리고 배척한다. 우리나라도 지역적인 편견이 있다. 자기 고향과 다른 사람을 함부로 폄하하고 따돌리기도 한다. 하다못해 혈액형이나 성격유형을 따지면서 사람 사이를 갈라놓는 어리석은 일들을 벌인다.

6.

예수 믿는 사람들은 안 그런가? 그렇지 않다. 어쩌면 예수 믿는 사람들이 더하다는 말을 들을 만큼 사람을 차별하고 따돌리고 정죄하고 판단하는 일들이 얼마나 많이 벌어지는지 모른다. 유대인들이 사마리아 사람들을 따돌리고 무시했듯이, 그런 일들이 오늘날 우리 그리스도인들 사이에서도 벌어진다. 그러나 이런 일은 예수님이 정말 싫어하시는 일들이다. 우리 예수 믿는 사람은 이런 일에 참여하면 안 된다.

7.

본문에서 예수님은 사마리아 수가 성 우물가에서 한 여인을 만나신다. 그런데 그 여인은 보통 복잡한 여자가 아니었다. 사마리아 사람이었는데, 사마리아 사람들에게까지 따돌림을 받았던 여자였다. 남편이 여섯이나 있었던지라 사람들과 어울리지 못했던 여자였다.
그 여인이 혼자 우물에 물을 뜨러 왔다. 그 당시 우물가는 물을 뜨면서 담소를 나누고 소식을 나누는 장소였다. 그런데 이 여인은 다른 여인들이 물을 뜨러 오는 이른 새벽이나 아침에 오지 못하고, 아무도 물을 뜨러 오지 않는 정오에 물을 뜨러 왔다.

8.

당시 유대인에게 배척당하던 사마리아인, 게다가 인간으로서 존재를 인정받지 못하던 여성이었고, 사마리아인들조차도 따돌리던 그녀를 예수님이 만나셨다. 그리고 아무렇지도 않게 "물을 좀 달라"라고 요청하셨다. 그 여인은 깜짝 놀랐다. 그녀가 예수님을 보니 유대인이었다. 그래서 "당신은 유대인으로서 어찌하여 사마리아 여자인 나에게 물을 달라 하나이까?"라고 물었다. 아마도 그 여인은 자기를 사람으로 대우해주는 사람을 처음 겪어보았을 것이다.

9.

그렇다고 해서 예수님이 그 여인의 문란한 삶 자체를 인정하고 용납해주신 것은 아니다. 간음하다가 현장에서 붙잡힌 여인에 대한 예수님의 태도를 보아도 알 수 있다. 예수님이 간음을 인정하셨는가? 십계명에 기록되어 있듯이, 당연히 간음은 죄다. 그러나 그것을 고쳐주기 위해서 예수님이 하신 일은 그 여인을 받아주는 것이었다.

나는 본문의 사마리아 여인도 마찬가지라고 생각했다. 그녀가 사마리아인이라고, 여자라고, 또 남편이 여섯씩이나 되었던 문란한 여자라고 손가락질하고 배척했으면 그 여인은 평생 회심할 기회가 없었을 것이다.

10.

그런데 예수님은 그녀를 받아주셨다. 인격으로 대해주셨다. 그도 사랑하셨다. 그래서 결과적으로 어떻게 되었는가? 그 여인이 변했다. 예수님은 그것을 위해서 사마리아를 통과하시고, 그 여인을 만나주시고 받아주시고 대화하시고 가르침을 주시고 교훈을 주셨던 것이다.

11.

예수님은 세리와 창기의 친구라는 말까지 들으셨다. 그만큼 세리의 집에도 잘 들어가셨다. 창기와도 스스럼없이 대화하셨던 것 같다. 그래서 사람들이 '저 예수는 하나님의 아들이라고 하더니 세리와 창기의 친구야'라고 매도했던 것이다. 이 말은 예수님을 세리나 창기와 같은 부류의 사람으로 매도한 것이다. 그런데 예수님이 이렇게 말씀하셨다.
"건강한 자에게는 의사가 쓸 데 없고 병든 자에게라야 쓸 데 있느니라 나는 의인을 부르러 온 것이 아니요 죄인을 부르러 왔노라"(막 2:17).

12.

오늘날 우리 한국 교회는 이 말씀을 마음에 잘 새겨야 한다. 교회는 사람들을 받아주어야 한다. 죄인을 받아주고, 그들을 변화시키는 능력을 가져야 하는데, 죄인이 들어오면 교회가 변질될까봐 교회를 지킨답시고 죄인을 배척하는 일을 해선 안 된다. 죄를 배척하는 것은 옳은 일이지만 죄인을 배척한다면 사마리아를 통과하지 않았던 유대인들이 범했던 우(愚)를 우리도 똑같이 범하는 것이다.

13.

창세기에서 하나님은 가인의 이마에 표를 붙여주셨다. 죄인이지만 함부로 판단하고 심판하지 말라는 것이었다. '옳은 것은 옳다, 아닌 것은 아니라고 하라. 그러나 거기까지만 하라. 거기에서 지나친 것은 악에서 말미암은 것이다'(마 5:37 참조)란 것이다.

사람들은 '옳고 그름'을 분별하다가 선을 넘는다. 그래서 자기 스스로 하나님이 되어서 정죄하고 심판하고 죽인다. 그러나 우리는 하나님께 맡겨야 한다.

사람을 보호하려다가 옳고 그름까지 분별하지 않는 것도 잘못이지만, 옳고 그름을 분별하려다가 거기서 지나쳐 우리 스스로 사람을 정죄하고 심판하는 데까지 이르는 것도 큰 잘못이다. 이 균형을 잘 잡아야 한다.

●

유대인들은 사마리아 사람들이 앗수르 사람과
피가 섞였다는 이유로 사람 취급을 하지 않았습니다.
이방인 취급했습니다. 개 취급했습니다.
상종하지 않았고, 그곳으로 다니지도 않았습니다.
그러나 예수님은 사마리아를 통과하셨습니다.
그리고 사마리아인조차도 상종하지 않던 문란한 여자,
남편이 다섯이나 있었고 또 지금 남편도 제 남편이 아닌
그런 삶을 사는 여인을 만나주시고, 대화하시고, 받아주심으로

그를 변화시켜 새사람 되게 해주셨습니다.

하나님, 우리는 유대인과 똑같습니다.
죄 있다고, 허물 있다고, 이렇다고 저렇다고
교회에 들어오지 못하게 하고, 정죄하고 판단하고
바리새인처럼 우리는 저 세리 같지 않다고 하는 죄를
무의식중에 얼마나 많이 범하는지 모릅니다.
사마리아를 통과하게 하옵소서.
저들을 품고 차별하지 않게 하옵소서.
그리고 저들을 변화시킬 수 있는 삶의 능력을
우리에게 허락하여주옵소서.

12

영원히 목마르지 아니하리라

요한복음 4:7-14

7 사마리아 여자 한 사람이 물을 길으러 왔으매 예수께서 물을 좀 달라 하시니 8 이는 제자들이 먹을 것을 사러 그 동네에 들어갔음이러라 9 사마리아 여자가 이르되 당신은 유대인으로서 어찌하여 사마리아 여자인 나에게 물을 달라 하나이까 하니 이는 유대인이 사마리아인과 상종하지 아니함이러라 10 예수께서 대답하여 이르시되 네가 만일 하나님의 선물과 또 네게 물 좀 달라 하는 이가 누구인 줄 알았더라면 네가 그에게 구하였을 것이요 그가 생수를 네게 주었으리라 11 여자가 이르되 주여 물 길을 그릇도 없고 이 우물은 깊은데 어디서 당신이 그 생수를 얻겠사옵나이까 12 우리 조상 야곱이 이 우물을 우리에게 주셨고 또 여기서 자기와 자기 아들들과 짐승이 다 마셨는데 당신이 야곱보다 더 크니이까 13 예수께서 대답하여 이르시되 이 물을 마시는 자마다 다시 목마르려니와 14 내가 주는 물을 마시는 자는 영원히 목마르지 아니하리니 내가 주는 물은 그 속에서 영생하도록 솟아나는 샘물이 되리라

I.

예수님이 사마리아 수가 성 우물가에서 만난 여인을 받아주

시자 그 여인은 큰 충격을 받았다. '유대인이 나에게 말을 걸다니. 게다가 나는 여자인데. 나는 사마리아 사람들에게도 인정받지 못하는 사람인데 나를 사람 취급해주시고, 물을 달라고 하시고, 대화를 나누시다니!'

이것으로 벌써 그녀의 삶이 열렸다. 마음이 열린 것이다.

2.

마음이 열렸을 때 예수님이 이렇게 말씀하신다.

"너는 물을 달라는 것에 놀라느냐? 내가 누구인 줄 알았으면 네가 나에게 물을 달라고 했을 것이다."

예수님이 이런 말로 치고 들어가셨는데, 그 여자가 알아들을 리가 없다. 그럴 때 예수님이 이 말씀을 하셨다.

"이 물을 마시는 자마다 다시 목마르려니와 내가 주는 물을 마시는 자는 영원히 목마르지 아니하리니 내가 주는 물은 그 속에서 영생하도록 솟아나는 샘물이 되리라."

3.

바로 이 복음, 이 진리, 이 삶을 가르치시려고 사마리아를 통과하시고 그 여인을 만나시고 그 여인에게 물 좀 달라고 하신 것이다.

4.

사람은 행복을 추구하는 동물이다. 또 그 행복은 우리를 향하신 하나님의 소원과 뜻이기도 하다. 우리를 향하신 하나님의 뜻은 우리가 행복하게 잘 사는 것이다. 예수님은 "내가 곧 길이다"라고 하셨는데, 그게 행복하게 하나님나라의 삶을 잘 사는 길을 가르쳐주신 것이다.

5.

본문에서도 예수님이 가르쳐주시는 행복의 원칙을 발견할 수 있는데, 행복은 밖에서 들어오는 것으로 얻어지는 것이 아니라 속에서 솟아나는 것으로 되어지는 것이란 사실이다. 이것은 아주 중요한 진리다.

6.

복음 중의 복음은 하나님이 우리를 사랑하신다는 것이다. 사랑하면 사랑받는 대상이 존귀해진다. 하나님이 우리를 사랑하시기 때문에 하나님은 우리를 존귀하게 만드셨다. 크게 만드셨다. 천하보다 더 크고 귀하게 만드셨다. 이것이 기독교의 가장 중요한 원리 중의 하나이다.

7.

그래서 사람은 온 천하를 다 얻어도 채워지지가 않는다. 왜? 우리가 천하보다 크기 때문이다. 작은 것으로 큰 것을 채울 수는 없다. 큰 것으로 작은 것을 채우는 것인데, 우리가 천하보다 작다면 천하가 우리보다 크다면 천하를 통해 우리의 삶을 채울 것이 있을 것이다. 그런데 하나님이 우리를 사랑하시는 바람에 우리를 크게 만드셔서, 크게 만드셔도 엄청 크게 만드셔서 천하보다도 크고 귀하게 만드셔서 천하에 있는 것으로는 우리의 삶이 채워지지 않는다는 것이다.

8.

내가 설교할 때 늘 반복하는 중요한 핵심이자, 내가 예수 믿고 깨달은 진리 중의, 가장 귀한 깨달음 중의 하나가 이것이다. 나는 목사이지만 돈 좋아한다. 꽤 큰 교회에서 목회를 했으니, 거기에도 권력이 있었다. 권력도 매력적이다. 하지만 이것을 깨달았다. '그것으로는 내가 행복해질 수 없어. 그것으로 내가 잘 살 수 없어. 그런 것에 자꾸 맛들이기 시작하면 나는 사마리아 여인같이 되는 거야. 남편으로 만족하지 못해서 다른 남자 만나고, 또 다른 남자 만나는 일이 반복되는 거야.' 남편에게 만족할 수 없으니 남편이 여섯이나 있었어도 행복하지 않은 것이다. 돈은 안 그렇겠는가? 권력은 안 그렇겠는가? 세상에 속한 것으로는 나를 채울 수 없다.

9.

이것이 전도서의 고백이기도 하다. 솔로몬에게는 부귀와 영화와 쾌락이 강물이 쉬지 않고 바다로 흘러오는 것처럼 흘러들어왔다고 했다. 그런데도 이렇게 고백했다. "헛되고 헛되며 헛되고 헛되니 모든 것이 헛되도다 … 모든 강물은 다 바다로 흐르되 바다를 채우지 못하며 강물은 어느 곳으로 흐르든지 그리로 연하여 흐르느니라"(전 1:2,7).

10.

돈이 아무리 좋아도, 권력이 아무리 매력 있어도 그것만 좇아 살면 행복을 놓치고 구원을 놓치고 하나님나라를 놓친다. 행복은 들어오는 게 아니라 내 속에서 솟아나는 것이다. 나는 예수님이 가르쳐주신 이 진리를 믿는다.

11.

예수 믿는다고 다 부자 되는가? 예수 믿는다고 다 출세하는가? 예수 믿는다고 세상이 다 좋아지는가? 그렇지 않다. 나는 암에 걸렸다. 그런데 암은 밖에서 들어온 것이다. 그것이 내 삶을 좌우하지 못한다. 내 속에서 솟아나는 게 있는데, 그것이 하나님이 주신 것이다. 예수님을 믿으면 속에서 솟아나는 게 있다.

나도 암에 걸리니까 시도 때도 없이 우울해지고 불안해지곤 했다. 그러다가도 성경 보고 은혜를 찾다 보면 내 안에서 솟아나는 게 있다. 그게 기쁨이고, 평안이다. 그것이 세상을 이긴다. 그래서 나는 항상 기뻐하고 범사에 감사할 수 있다는 것을 믿는다.

12.

"내가 주는 물을 마시는 자는 영원히 목마르지 아니하리니 내가 주는 물은 그 속에서 영생하도록 솟아나는 샘물이 되리라." 나는 이 말씀의 증인이 되라 하시면 할 수 있다. "예수 믿는 기쁨이, 하나님이 주시는 은혜가 속에서 솟아나더라" 라고 증거할 수 있다. 그리고 이것은 목마름이 없다.

13.

나는 가난한 시절에 태어났다. 내가 태어났을 때 우리나라는 세계에서 가장 가난한 나라 중의 하나였다. 그런데 내 나이가 이제 70세 좀 넘었는데, 우리나라가 지금은 세계에서 열 번째쯤 하는 부자 나라가 되었다. 이런 기적을 맛본 사람은 역사상 몇 안 된다.

내가 고등학교 졸업하고 대학교에 떨어져 세운상가에서 점원으로 일했는데, 첫 달 월급이 7천 원이었다. 그리고 석 달 쯤 지나서 만 원 받았다. 그렇게 살던 사람이다. 지금 받는 연금만 해도 그때 월급의 몇 백 배이다. 좋은 일이다. 만 원 받을 때보다 몇 백만 원 받을 때가 당연히 좋다. 지금은 자가용도 있다. 집에 에어컨도 있다. 그런 것들이 왜 싫겠는가? 하지만 그런 것으로 채워지진 않는다.

14.

나는 그렇게 시시한 사람이 아니다. 하나님이 나를 크게 만드셔서 돈 몇 푼에, 권력에 행복해질 수 있는 그릇이 아니다. 속에서 솟아나는 생수를 찾지 않으면 밤낮 마셔도 목마르고, 먹어도 배고픈 삶을 살다가 "헛되고 헛되며 헛되고 헛되니 모든 것이 헛되도다"라는 고백을 하며 죽을 수밖에 없다.

15.

내가 '날마다 기막힌 새벽'을 통해 길어올리는 것은 속에서 솟아나는 샘물이다. 그 샘물이 보잘것없어 보여도, 그렇지 않다. 그것은 영원히 그치지 않는 샘물이기 때문에 갈함이 없다. 은혜에는 목마름이 없다. 은혜는 마시면 마실수록 시원하고, 갈하지 않고, 배부르다.

그렇게 되면 하박국 선지자의 고백처럼 무화과나무의 열매가 없어도, 외양간에 소가 없어도 상관없다. 물론 있으면 좋다. 하지만 그게 없어도 속에서 솟아나는 영원한 샘물이 있으니 괜찮다. 그러니까 세상에 좌우되지 않고, 어떤 형편과 처지에서도 항상 기뻐하고 감사하는 천국의 삶을 살아낼 수 있는 것 아니겠는가? 세상의 물은 마셔도 마셔도 목마른 것이지만, 하나님의 말씀을 통하여 깨닫는 은혜 속에서 솟아나는 은혜는 생수가 되어 영원히 목마르지 않는 기쁨을 우리에게 주실 줄 믿는다.

하나님, 우리를 사랑하셔서

우리를 천하보다 크고 귀하게 만드셨기에

세상에 있는 것으로 우리의 삶은 채워지지 않습니다.

돈으로도, 쾌락으로도, 성공으로도 채워지지 않습니다.

그것은 마시면 마실수록

더 갈할 수밖에 없는 바닷물과 같습니다.

예수 믿는다고 다 부자 되는 것도 아니고,

예수 믿는다고 다 출세하는 것도 아니지만,

예수 믿는다고 세상을 다 얻는 것도 아니지만,

예수를 믿으면 속에서 솟아나는 생수를 얻습니다.

하나님, 우리가 말씀을 통해서 솟아나는

생수를 얻게 하옵소서.

그것으로 세상의 모든 어려움과 아픔과

고통과 환난을 이겨내게 하옵소서.

남편이 여섯이었던 여자의 외로움

요한복음 4:13-19

13 예수께서 대답하여 이르시되 이 물을 마시는 자마다 다시 목마르려니와 14 내가 주는 물을 마시는 자는 영원히 목마르지 아니하리니 내가 주는 물은 그 속에서 영생하도록 솟아나는 샘물이 되리라 15 여자가 이르되 주여 그런 물을 내게 주사 목마르지도 않고 또 여기 물 길으러 오지도 않게 하옵소서 16 이르시되 가서 네 남편을 불러 오라 17 여자가 대답하여 이르되 나는 남편이 없나이다 예수께서 이르시되 네가 남편이 없다 하는 말이 옳도다 18 너에게 남편 다섯이 있었고 지금 있는 자도 네 남편이 아니니 네 말이 참되도다 19 여자가 이르되 주여 내가 보니 선지자로소이다

I.

내가 자주 드는 예화가 있다. 진짜 복과 가짜 복에 관한 얘기다. 진짜 복과 가짜 복이 있다. 행복은 진짜 복에서 오는데 가짜 복에 속으면 거기에 행복이 있는 줄 착각한다. 하지만 거기엔 행복이 없기 때문에 결국 사람들이 불행해진다는 사실을 알게 되었다.

그런데 이 가짜 복이 가짜 같지가 않다. 꼭 진짜 같다. 진짜보다 더 좋아 보이기도 하다.

2.

평안과 편안. 어느 게 진짜 복이고, 어느 게 가짜 복인가? 참 비슷하지 않은가? 편안이 꼭 나쁜 것은 아닌데 편안은 진짜 복은 아니다. 나쁜 건 아니지만 그것이 우리를 궁극적으로 행복하게 하지 못하기 때문이다. 편안이 계속되면 권태로워진다. 몸도 약해지고 정신도 약해지고 삶도 약해진다. 그래서 편안하다고 삶이 행복해지진 않는다.

우리가 그렇게 좋아하고 추구하고 그것을 위해선 죄짓는 것도 마다하지 않는 돈은 우리에게 평안을 줄까? 편안을 줄까? 돈은 우리에게 편안의 문제를 해결해줄 수 있지, 우리를 평안하게는 못한다. 그러므로 돈의 한계는 분명하다. 진짜 복인 평안을 우리에게 줄 수 없기 때문이다.

3.

기쁨과 재미. 비슷하다. 그러나 그 둘을 대비해보면 금방 어느 게 진짜고 어느 게 가짜인지 알 수 있다. 재미가 우리를 행복하게 하지는 못한다. 사람들은 행복해지기 위해서 많은 재미를 추구한다.

가장 빠져드는 것 중의 하나가 성적인 쾌락이다. 성적인 쾌락을 탐닉하는 것에서 재미는 볼 수 있지만, 그러면 그럴수

록 삶의 기쁨은 피가 마르듯이 말라간다는 사실을 사람들은
잘 모른다. 행복을 성적인 쾌락에서 찾다가 패가 망신하고
인생을 망친 사람들이 세상에 얼마나 많은가. 그런데 많은
이들이 성적인 쾌락을 통해서 행복해질 수 있을 거라고 일종
의 확신을 가지고 있다.

꽤 오래전에 우리 아이들이 아직 초등학교 다닐 때, 중국 자
금성에 갔던 적이 있다. 뒤에서 어느 한국인 여행객 남성들이
농담을 하는 소리가 들렸다. "중국의 황제는 부인이 3천 명이
었대!" 그러자 옆에 있던 사람이 "얼마나 행복했을까?"라고
하며 서로 웃었다. 그 소리가 하루 종일 내 머릿속에서 고장
난 녹음기처럼 돌았다. 부인이 3천 명. 정말 행복했을까?

4.

그때 이런 계산을 했다. 귀한 것은 하나다. 완벽한 것은 하나
다. 사랑은 완벽한 것이어서 하나이다. 사랑해본 사람은 알
겠지만, 사랑은 둘이 되는 게 아니라 2분의 1이 되는 것이다.
부인이 3천 명이라는 것은 사랑이 3천 개라는 뜻이 아니라
사랑은 하나이니 3천 분의 1로 쪼개진 것이다. 그러니까 없
는 것과 같다.

그때 나는 중국 황제의 외로움을 그 자금성에서 느꼈다. 사
랑을 그렇게 쾌락으로 추구하는 사람에게는 진정한 사랑이
없다. 그러니 얼마나 외로웠겠는가? 진심으로 목숨을 걸 수
있는 하나의 사랑이 없으니, 그는 얼마나 외로웠을까.

그때 이제 열 살 남짓이었던 우리 아이들에게 엽서를 보냈다. "아빠는 네 엄마 한 여자만 사랑해. 그래서 아빠는 중국 황제보다 더 행복해. 너도 이다음에 평생 네 아내 한 여자만 사랑하며 살거라."

5.

예수님은 사마리아에 가실 때부터 그 여인에 대한 어떤 계획이 있으셨다. 그 문제를 지적해주고 가르쳐주어서 그를 행복하지 못한 삶에서 구원해주고자 하신 것이다. 물론 목도 마르셨겠지만 이를 위해 "물 좀 달라"고 말을 거시고 대화를 하시며, 아주 철학적인 것 같지만 이 말씀을 하셨다. '네가 주는 물을 마시면 다시 목마르려니와 내가 주는 물은 속에서 솟아나는 생수가 되어 다시는 목마르지 아니하리라.'

6.

행복을 가짜 복에서 찾는 사람은 처음엔 그게 진짜 같아서 조금 행복한 것 같다. 그런데 가면 갈수록 행복이 이르지 못하니 또 마시고 또 마시고 더하여 마시다가 남편이 하나였다가 둘이었다가 셋이었다가 넷이었다가 다섯이었다가 여섯까지 온 것 아니겠는가. 그런데 그럴수록 더 목마를 뿐이었다. 예수님은 바로 그 문제를 건드신 것이다.

그래서 '밖에서 주어지는 것으로는 해갈이 되지 않는다. 다시 목마르지 않느냐. 내가 주는 물은 속에서 솟아나는 생수가 되어 영원히 목마르지 않는다'라는 심오한 말씀을 주신 것이다.

7.

그랬더니 여인의 관심이 혹했다. 사실은 물 뜨러 오는 게 부끄러워서 늘 괴로웠다. 사람들의 눈을 피해서 아무도 없는 시간에 와서 물 떠가는 것이 얼마나 괴로웠겠는가? 그러니 예수님이 '내가 주는 물은 다시는 목마르지 않는다' 하시니까 '그 물을 나도 좀 주세요. 물 뜨러 다니지 않게'라고 대답한 것이다.

그랬을 때 예수님이 엉뚱한 말씀을 하신다. "가서 네 남편을 불러 오라." 여자는 깜짝 놀랐다. 그래서 "나는 남편이 없나이다"라고 대답했다. 그랬더니 예수님이 "네가 남편이 없다 하는 말이 옳도다 너에게 남편 다섯이 있었고 지금 있는 자도 네 남편이 아니니 네 말이 참되도다"라고 하셨다.

8.

왜 예수님이 물 이야기를 하시다가 뜬금없이 남편 이야기를 꺼내셨을까? 그 여인의 문제가 거기에 있었기 때문이다. 쾌락을 추구하며 남편을 다섯, 여섯 두면 행복할 줄 알았는데 오히려 그것 때문에 점점 더 삶이 목말라가고 있는 것이다. 옳지 못함, 바르지 못함, 진실되지 못함이 주는 불행과 삶의 갈함을 예수님이 지적하신 것이다.

예수님이 "네 남편을 불러 오라"고 그 여인의 문제를 정확히 지적하신 것처럼, 우리도 우리 안에서 행복과 기쁨과 평안을 빼앗아가고 있는 허물과 죄와 습관은 무엇인지 깨닫고 그것을 회개하고 내놓고 예수님을 받아들이는 것이 필요하다.

9.

이것이 내 삶에서 굉장히 중요한 가르침이 되었다. '네가 주는 물을 마시면, 세상이 주는 물을 마시면 다시 목마르려니와.' 이 말씀이 믿어졌다. 나라고 세상적인 쾌락이 싫기만 하겠는가. 돈 좋은 줄 모르겠는가. 본능적으로는 자꾸 그것을 추구하려 하지만 이 말씀을 통해 깨달았다. '거기에 빠지면 정오에 물 뜨러 다녀야 해. 인생이 점점 더 피폐해져. 그것으로 내 삶을 채울 수 없어. 그러니까 그 유혹을 뿌리쳐야 돼.' 이것이 내 삶의 뿌리가 되었다. 속에서 솟아나는 생수, 그것이 있어서 갈함도 없고 부끄러움도 없고 수치도 없는 깨끗하고 바르고 행복한 삶을 사는 비법을 나는 이 말씀을 통해서 배웠다.

10.

모든 불행의 원인과 씨앗은 죄이다. 죄의 삯은 사망이라는 말씀이 옳다. 죄를 우습게 여기면 안 된다. 죄는 가짜 복이다. 죄를 통해서 얻을 수 있는 것으로는 절대로 우리의 삶 속에서 평안과 기쁨을 얻을 수 없다.

II.

진짜 복은 어디서 올까? 예수님에게서 온다. "나의 평안을 너희에게 주노라 내가 너희에게 주는 것은 세상이 주는 것과 같지 아니하니라"(요 14:27). "내가 이것을 너희에게 이름은 내 기쁨이 너희 안에 있어 너희 기쁨을 충만하게 하려 함이라"(요 15:11).

I2.

나는 우리가 다 행복했으면 좋겠다. 하나님이 내려주시는 평안과 기쁨을 누렸으면 좋겠다. 세상에서 지금 그것을 누릴 수 없는 환경에 처한 분들도 많다. 암에 걸린 분도 있고, 어려운 일을 겪고 있는 분도 있다. 그러나 우리 속에서 솟아나는 생수가 있으면 그것을 다 이길 수 있는 평안과 기쁨이 실제로 주어진다고 하나님이 약속하셨다.

하나님의 말씀으로 우리 삶의 불편의 문제를 해결할 수는 없다. 하나님의 말씀을 듣는다고 갑자기 부자가 되겠는가? 암이 하루아침에 낫겠는가? 그것을 보장해줄 수는 없다. 그러나 현실의 형편이 해결되지 않는다고 해도 하나님의 말씀 속에서 주어지는 은혜가 있으면, 그것이 솟아나는 생수가 되어 그 모든 것을 이겨낼 수 있는 능력이 되는 줄 믿는다. 그래서 도저히 편하지 않은 상황인데 평안을 느끼고, 도저히 기쁘지 않은 상황인데 하나님이 주시는 기쁨 때문에 하나님을 찬양할 수 있는 능력이 우리에게 주어질 줄 믿는다.

사탄에게 속아서 가짜 복에서 행복을 누리려 하니
우리의 삶은 사마리아 여인처럼 점점 더 목말라지고
피폐해져감을 인정합니다.

"네 남편을 불러 오라."

"남편이 없습니다."

"네 말이 옳도다. 남편 다섯이 있었으나
지금 있는 남편도 네 남편은 아니니라."
사마리아 여인의 삶의 목마름의 원인이 거기에 있었습니다.
우리 삶의 목마름도 그와 같은 것에 있습니다.
하나님, 기쁨을 행복을 구원을 세상에서 찾지 않고
우리가 믿는 예수님, 하나님에게서 찾는 믿음을
새롭게 하여주시옵소서.

그리하여 편안하지 못한 세상 속에서도
하나님이 주시는 평안 때문에 불편함을 이기고
우울하고 불안함이 넘쳐나는 세상 속에서도
속에서 샘솟듯 하는 기쁨 때문에 항상 기뻐하고
하나님을 찬송하는 기적 같은 삶을 살아내게 하여주옵소서.

14

참된 예배자를 찾으시는 하나님

요한복음 4:20-24

20 우리 조상들은 이 산에서 예배하였는데 당신들의 말은 예배할 곳이 예루살렘에 있다 하더이다 21 예수께서 이르시되 여자여 내 말을 믿으라 이 산에서도 말고 예루살렘에서도 말고 너희가 아버지께 예배할 때가 이르리라 22 너희는 알지 못하는 것을 예배하고 우리는 아는 것을 예배하노니 이는 구원이 유대인에게서 남이라 23 아버지께 참되게 예배하는 자들은 영과 진리로 예배할 때가 오나니 곧 이 때라 아버지께서는 자기에게 이렇게 예배하는 자들을 찾으시느니라 24 하나님은 영이시니 예배하는 자가 영과 진리로 예배할지니라

I.

2001년도에 높은뜻숭의교회를 개척했는데, 그때 어떻게 하면 좋은 교회를 세울 수 있을까 기도하며 고민할 때 하나님이 주셨던 말씀이 마태복음 16장 13절 이하의 베드로의 신앙고백이었다. 베드로가 "주는 그리스도시요 살아 계신 하나님의 아들이시니이다"라는 신앙고백을 하자 예수님이 "내가 이 반석 위에 내 교회를 세우리니 음부의 권세가 이기지

못하리라"라고 말씀하셨는데, 이 말씀이 개척하는 나에게 주신 하나님의 말씀이었다.

'신앙고백이 발라야 예수님이 교회를 세워주시는구나.'

이것을 깨달았다. 그래서 "주는 그리스도시요 살아 계신 하나님의 아들이시니이다"라는 말씀을 교회의 기초로 삼기로 했다. 그래서 그 말씀 속에서 뽑아낸 목회 철학이 "하나님이 주인이 되시는 교회를 하겠다"는 것이었다.

2.

어떻게 하면 하나님이 주인이 되시는 교회를 할 수 있을까 많이 고민하고 연구하고 기도했다. 그래서 여섯 가지 구체적인 목표를 뽑았는데, 그중에서 하나님이 주인 되게 하기 위해 제일 중히 여긴 것은 '예배'였다. 신령과 진정으로 하나님께 예배하는 교회를 목표로 삼았다.

3.

예배만큼 하나님의 주 되심, 하나님의 하나님 되심을 드러낼 수 있는 행위는 없다. 그래서 '예배에만 집중하자'는 목표를 세웠다. 개척하고 만 2년이 될 때까지 높은뜻숭의교회는 예배에만 전력을 기울였다. 예배 외에는 아무것도 하지 않았다. 교회를 조직하지도 않았고, 구역도 만들지 않았고, 교인을 관리하려고 들지 않았고, 직분도 주지 않았고, 일도 하지 않았다. 남선교회나 여전도회 같은 것도 조직하지 않았다. 그저 오로지 2년 동안 주일 예배에만 집중했다.

숫자가 중요한 것은 아니지만 예배만 드리는 교회에 수천 명의 교인들이 몰려왔다. 나는 그것이 그렇게 기뻤다. 알아주는 사람도 없고, 장로님, 권사님으로 불러주고 대우해주는 것도 없고 그냥 예배하고 흩어지는 것뿐이었는데, 하나님께 예배하는 것이 좋아서 그렇게 예배드리러 오는 사람들, 특히 청년들을 보면서 참 기뻤다.

4.

본문의 사마리아 여인과 예수님의 대화가 점점 더 깊어지는데, 뜬금없이 사마리아 여인이 예수님에게 질문을 한다. "우리 조상들은 이 산에서 예배하였는데 당신들의 말은 예배할 곳이 예루살렘에 있다 하더이다."

유대인들이 사마리아인들을 차별했기 때문에 사마리아인들은 예루살렘으로 제사를 드리러 갈 수 없었다. 그래서 할 수 없이 사마리아인들은 사마리아에 제단을 세우고 거기서 제사를 드렸는데, 그 여인이 그것을 물은 것이다. 예루살렘에 가서 제사를 드려야 하는데, 이곳에서 드리는 예배도 하나님이 받으시냐는 질문이었다.

5.

그때 우리가 잘 아는 예수님의 말씀이 그 대답으로 주어진다. "이 산에서도 말고 예루살렘에서도 말고 너희가 아버지께 예배할 때가 이르리라 ⋯ 아버지께 참되게 예배하는 자들은 영과 진리로 예배할 때가 오나니 곧 이 때라 아버지께서는 자기에게 이렇게 예배하는 자들을 찾으시느니라."

예수님은 이 말씀을 사마리아 여인에게 해주셨고, 그 여인을 통해 오늘날 우리에게도 해주고 계신다.

6.

나는 이 말씀에서 '찾으신다'는 단어가 마음에 와닿았다. 수없이 많은 사람들이 교회를 다니는데, 주일에 예배드리러 가는 사람이 얼마나 많은데, 하나님이 누구를 찾으신다고 하시는가? 영과 진리로 예배하는 자들을 찾으신다고 하신 그 말씀이 마음에 와닿는 동시에 마음이 아팠다. 그리고 하나님 앞에 죄스러웠다.

수많은 사람이 예배드린다고 교회에 가지만, 하나님이 보시기엔 영과 진리로 하나님께 진정한 예배를 드리는 사람이 흔치 않아서 '어디 영과 진리로 예배드리는 사람 없나?' 하며 여기저기 찾으신다는 말씀 아닌가.

7.

내가 '예수 믿는 딴 재미'라는 표현을 쓴 적이 있다. 교회 안에 하나님 앞에 예배드리는 것보다 더 재미있는 일들이 많은 것 같다. 직분을 맡는 것, 그것 때문에 역할이 커지는 것, 권력이 생기는 것, 인정을 받는 것, 지배력을 갖는 것 같은 다른 재미에 팔려서 하나님께 영과 진리로 예배드리는 데 소홀히 하는 일이 얼마나 많아졌는지 모른다.

8.

예전에 내가 부임했던 교회에 여러 부서가 있었는데, 거기에 예배부가 있었다. 예배를 돕고 준비하는 부서였는데, 그 부원들이 그렇게 헌신적이고 봉사를 열심히 할 수 없었다. 1부부터 5부 예배까지 다 나와서 예배를 준비하고 주보를 준비하고 음향을 점검하고 안내하고 헌금위원들을 점검했다. 난 이렇게 열심히 봉사하는 사람들은 처음 본다고 할 만큼 감동을 받았다.

그런데 어느 날 내가 중요한 걸 발견했다. 그렇게 열심인 예배부원들이 예배를 안 드린다는 사실을 알게 된 것이다. 봉사하느라 바빠서 말이다. 어느 날 예배부원들과 같이 식사할 기회가 있었는데 안수집사님 한 분이 이렇게 얘기했다. 우리는 교인들이 하나님께 예배드리게 하기 위해서 희생한다고.

9.

그런데 그게 나에겐 옳게 들리지 않았다. 희생할 게 따로 있지 예배를 희생하면 어떡하나? 어느 날 수요기도회 때 작심하고 이런 설교를 했다. 먼저 예배부원들을 칭찬해주었다. 그 분들은 정말 칭찬받을 만했다. 내가 꽤 많은 교회를 지켜봤지만 우리 교회 예배부원들처럼 열심히 헌신하고 봉사하는 분들은 처음 봤다고 하늘 높이 추어주었다. 그랬더니 예배부원들이 좋아했다. 그런 후에 일격을 가했다. "그런데 여러분 조심하십시오. 저분들이 우리 교회를 위험에 빠뜨릴 위험분자들입니다."

10.

칭찬하다가 갑자기 태도를 바꾸어 자신들을 향해 교회의 위험분자라고 하니, 그들이 얼마나 놀랐겠는가? 교인들도 당황했다. 나는 이렇게 설명했다.

"저분들이 예배를 안 드립니다. 우리가 예배드리는 걸 도와주려고 희생한다고 하더군요. 예배를 안 드리고 봉사하면 은혜를 못 받지 않습니까? 그러면 삶이 변하지 않지요. 사람들은 열심히 봉사하는 모습만 보고 집사로도 뽑아주고 장로로도 뽑아줄 텐데, 그러면 그들의 속은 세상적인 가치관과 철학을 가졌는데 신앙적인 열심은 누구보다 최고이니 그 열심이 교회를 어디로 끌고 가겠습니까? 그래서 아주 위험한 분들입니다."

그 후로 그 분들에게 권면했다. "돌아가면서 꼭 예배드리세요. 마음을 다하고 뜻을 다해서 은혜를 받으세요. 그래야 합니다. 봉사보다 중요한 건 예배입니다."

11.

조금 특별한 예를 들었지만, 정도의 차이가 있을 뿐 많은 교회의 교인들이 교회 봉사하고 활동하느라 예배를 경히 여길 때가 있다. 하나님 앞에서 교회의 제일가는 사명이자 예수 믿는 사람의 제일가는 본분은 영과 진리로 예배하는 것이다.

12.

나는 날기새 식구들과 우리 독자들이 섬기는 교회에서 봉사를 많이 했으면 좋겠다. 그런데 봉사보다 더 중요한 게 예배를 드리는 것이다. 마음을 다하고 뜻을 다하고 정성을 다하여 영과 진리로 예배드림으로, 그 예배를 통해 하나님이 쏟아부어 주시는 하늘의 은혜를 충만히 받아야 한다. 비에 온몸이 흠뻑 젖듯이 예배의 은혜에 늘 젖어 살아야 건강한 하나님의 사람이 될 수 있고, 무엇보다도 하나님이 그것을 기뻐하신다.

하나님이 이렇게 말씀하시는 것 같다. '봉사하는 사람들은 참 많더라. 열심히 헌신하는 친구들도 많더라. 그런데 왜 그렇게 예배하는 사람은 적으냐. 진정으로 예배드리지 않고 습관을 좇아 건성으로 대충대충 예배드리고 엉뚱한 짓 하면서 살아가는 사람이 왜 그렇게 많으냐.'

13.

하나님이 예배하는 자들을 찾으신다고 하시는데, 그때 우리 식구들이 하나님의 눈에 띄었으면 좋겠다.

14.

그리고 한 가지 더 덧붙이자면, 주일날 예배드리는 것도 중요하지만 하나님이 더 기뻐하시는 예배가 있다. 그것은 삶으로 드리는 예배이다. 직장생활 하면서, 장사하면서, 세상에서 믿지 않는 사람 대하면서, 가정생활 하면서, 아이들 키우면서, 시장 가면서, 놀이터 가면서 일상생활에서의 삶이 하나님께 드려지는 예배가 되면, 그것처럼 하나님이 기뻐하시는 일이 어디 있겠는가.

"아버지께 참되게 예배하는 자들은 영과 진리로 예배할 때가 오나니 곧 이 때라 아버지께서는 자기에게 이렇게 예배하는 자들을 찾으시느니라."

우리가 이 말씀을 마음에 깊이 간직하고 하나님께 영과 진리로 예배하는 우리 가족들이 다 되길 바란다.

●

하나님, 우리가 영과 진리로 예배하는
참 예배자들이 되게 하여주시옵소서.
마음을 다하고 뜻을 다하고 정성을 다하여 예배하며
주일날 교회에서 드리는 예배로만 예배하는 것이 아니라
세상에서 삶으로 예배드리는
예배자들이 되게 하여주옵소서.

15

진정한 삶의 배부름을 얻으려면

요한복음 4:27-34

27 이때에 제자들이 돌아와서 예수께서 여자와 말씀하시는 것을 이상히 여겼으나 무엇을 구하시나이까 어찌하여 그와 말씀하시나이까 묻는 자가 없더라 28 여자가 물동이를 버려 두고 동네로 들어가서 사람들에게 이르되 29 내가 행한 모든 일을 내게 말한 사람을 와서 보라 이는 그리스도가 아니냐 하니 30 그들이 동네에서 나와 예수께로 오더라 31 그 사이에 제자들이 청하여 이르되 랍비여 잡수소서 32 이르시되 내게는 너희가 알지 못하는 먹을 양식이 있느니라 33 제자들이 서로 말하되 누가 잡수실 것을 갖다 드렸는가 하니 34 예수께서 이르시되 나의 양식은 나를 보내신 이의 뜻을 행하며 그의 일을 온전히 이루는 이것이니라

I.

사마리아 여인이 예수님을 만난 후에 변했다. 따돌림 당해 동네 사람과 어울리지 못했던 그녀가 동네로 뛰어들어가 동네 사람들에게 외친다. "내가 그리스도를 만났다! 내가 그리스도를 만났다!"

2.

이것은 굉장히 중요한 걸 의미한다. 예수님과 오가는 대화 속에서 이 여인은 이분이 하나님의 아들이라는 것, 그리스도라는 것, 메시아라는 것을 깨달을 만큼 바뀌었다. 그랬다는 것은 사람이 완전히 변하여 새사람이 되었다는 뜻이다. 그런 일이 일어났고, 그런 일을 위해 예수님은 남들은 다니지 않는 사마리아를 통과하여 가셨고, 남들은 상대하지 않는, 남편이 여섯이나 있는 여자를 일부러 만나서 물을 달라고 말을 거시고 말씀을 나누셨다.

그리고 그 목적이 이루어진 것이다.

3.

제자들은 그때 동네로 먹을 것을 구하러 들어갔었다. 그래서 예수님이 홀로 그 여자를 만나신 것이다. 본문을 보면, 제자들이 먹을 것을 구해서 돌아와 예수님이 사마리아 여자와 이야기를 나누고 계신 것을 보고 이상하게 여겼다고 했다. 사마리아 사람, 게다가 여자라니, 당시 금기시됐던 일을 예수님이 하고 계시니 이상하게는 여겼는데 물어보지는 못했다.

4.

제자들이 음식을 준비해서 예수님에게 권했는데, 예수님은 쉽게 표현해서 '난 배부르다'라고 말씀하셨다. 그래서 제자들이 생각하기에 '우리가 없는 사이에 누가 예수님께 먹을 것을 대접해드렸나' 했는데, 예수님은 이런 말씀을 하셨다.
"나의 양식은 나를 보내신 이의 뜻을 행하며 그의 일을 온전히 이루는 이것이니라."

5.

'하나님의 뜻을 행하고 하나님의 일을 이루어드리는 것이 내 양식인데, 지금 그 일을 했어. 이 여자가 변했어. 그리스도를 알아보고 그리스도를 사람들에게 전했어. 아, 배부르다. 나의 양식은 이것이니 하나님의 뜻을 행하며 그의 일을 온전히 이루는 것이야.'
예수님은 이렇게 말씀하신 것이다.

6.

나는 에리히 프롬의 《소유냐 삶이냐》에 나오는 이야기를 자주 인용한다. 그 책에서 에리히 프롬은 인간을 두 유형으로 나눈다. 소유형의 인간과 존재형의 인간이다. 삶의 의미와 목적을 오로지 '무엇을 먹을까? 무엇을 입을까? 무엇을 할까? 무엇이 될까?' 같은 외적인 것, 밖에서 주는 것들에 두고 거기에 집착하는 사람들을 '소유형 인간'이라고 할 수 있다. 또한 '인간답게 존재하는 것'에 삶의 의미와 목적을 두는 사람을 '존재형의 인간'이라고 했다.

7.

"이 물을 마시는 자마다 다시 목마르려니와"라고 했는데, 소유형의 인간은 끊임없이 목말라한다. 아무리 소유가 많아져도 그 욕구는 끝이 없기 때문이다. 한계가 없기 때문이다. 그러니까 계속 목마른 삶을 살아가는 사람들이다. 배가 부르지 않다. "모든 강물은 다 바다로 흐르되 바다를 채우지 못하며"(전 1:7)라는 솔로몬의 고백이 그것 아닌가?

그런데 존재형의 인간이 되면, 속에서부터 솟는 것으로 채워지면 다시는 목마르지 않는다. 다시는 배고프지 않는다. 그것이 하나님의 양식이 되는 것이다.

8.

예수님이 산상보훈에서 팔복을 말씀하셨다. 그때 예수님이 팔복 중의 하나로 이렇게 말씀하셨다. "의에 주리고 목마른 자는 복이 있나니." 그들에게 어떤 복이 있다고 말씀하시는가? "그들이 배부를 것임이요"(마 5:6).

배부름은 만족이다. 만족은 행복이다. 의에 주리고 목마른 자가 삶의 참 배부름을 맛볼 수 있을 것이다. 이것이 예수님의 가르침이다.

9.

진리, 하나님의 말씀, 하나님의 식과 법을 이야기하면 세상 사람들은 흔히 이렇게 얘기한다. "진리가 밥 먹여주냐?" 젊은 시절에 나는 이렇게 대답해주었다. "넌 밥만 먹으면 사냐?" 그렇게 대꾸하고 보니 그 대답이 근사했다. 그런데 훗날 생각해보니 거기에도 문제가 있었다. 은연중에 내가 그들의 생각에 동의한 게 있었기 때문이다. 진리대로 살면 밥은 못 먹는다, 배는 고프다는 것이었다. '나는 배가 고파도 진리를 따를 거야'라고 대답했지만, 그 이면에는 '진리는 밥 못 여준다'라는 그들의 생각에 동의하고 있었던 것이다.

10.

그래서 나중에 생각과 말을 바꿨다. "진리가 밥 먹여주냐?"라고 할 때 나는 두 가지를 다 이야기했다. "밥만 먹고 사느냐"라고도 얘기했지만, "그리고 진리가 밥 먹여줘"라고 했다.

11.

비슷한 유형의 속담으로 "모로 가도 서울만 가면 된다"라는 말이 있다. 그럴 때도 나는 똑같이 대답했다. "서울 못 가도 좋으니까 똑바로 가라." 근사한 말 아닌가? 서울 못 가도 좋다. 서울 가는 것보다 중요한 것은 똑바로 가는 것이다. 그렇지만 이 대답에도 맹점이 있었다. 그게 무엇인가? '똑바로 가면 서울 못 간다'는 말에 동의하는 것 아닌가? 그래서 나중에 이것도 대답을 바꿨다.
"똑바로 가야 서울 갈 수 있어."

12.

그런데 본문에서 예수님이 그 말씀을 하셨다. 진리가 밥 먹여준다는 것이다. 하나님의 일을 하고 하나님의 뜻대로 살 때에 정말 배부름이 있다는 것이다. 꺼지지 않는 배부름, 갈하지 않는 시원함이 하나님의 뜻을 이루어드리는 삶 속에 있다는 것이다.

13.

릭 워렌 목사님의 《목적이 이끄는 삶》이라는 책이 있다. 목적이 무엇인가? 나를 향하신 하나님의 뜻이 내 삶의 목적이다. 그것이 나를 이끌면 욕심이 나를 이끌지 않는다. 세상이 나를 이끌지 않는다. 나를 향하신 하나님의 뜻이 나를 이끌고 내가 거기에 이끌리게 되면, 거기에 참 배부름이 있다. 만족이 있고 행복이 있다.

14.

행복은 만족함이다. 배부름이다. 세상에서는 그 행복을 절대로 찾을 수 없다. "이 물을 마시는 자마다 다시 목마르려니와." 이 말씀에서 피해갈 수가 없다. 그런데 하나님이 기뻐하시는 일을 하면, 하나님의 식과 법을 고집하며 살면 힘든 것 같고 어려운 것 같아도 그것이 주는 삶의 만족이 있다. 행복이 있다. 다윗처럼 고백할 수 있게 된다.

"내 잔이 넘치나이다"(시 23:5).

사람들에게 따돌림 받던 사마리아 여자,

그 여인을 만나시고 말씀하셔서

그가 예수님을 그리스도로 만나고

자기가 만난 그리스도를 세상 사람들에게

전하는 사람으로 변하였을 때

예수님이 배불러 하시며 기뻐하셨다는 말씀을 보았습니다.

내게는 너희들이 알지 못하는 양식이 있다고,

나를 보내신 이의 뜻을 행하는 것이 나를 배부르게 한다고

예수님은 말씀하십니다.

세상 사람들은 '진리가 밥 먹여주냐'고 말하지만

예수님은 말씀하십니다.

'의에 주리고 목말라 살면 배부르단다.

세상이 주지 못하는 배부름이 있단다.'

우리가 하나님의 말씀과 뜻을 좇아 살아

세상이 주지 못하는 배부름으로 만족한 삶,

행복한 삶, 구원의 삶, 하나님나라의 삶을

살아가게 하여주옵소서.

16

힘든 세상을 아름답게 만드는 사람

요한복음 5:1-9

1 그 후에 유대인의 명절이 되어 예수께서 예루살렘에 올라가시니라 2 예루살렘에 있는 양문 곁에 히브리 말로 베데스다라 하는 못이 있는데 거기 행각 다섯이 있고 3 그 안에 많은 병자, 맹인, 다리 저는 사람, 혈기 마른 사람들이 누워 [물의 움직임을 기다리니 4 이는 천사가 가끔 못에 내려와 물을 움직이게 하는데 움직인 후에 먼저 들어가는 자는 어떤 병에 걸렸든지 낫게 됨이러라] 5 거기 서른여덟 해 된 병자가 있더라 6 예수께서 그 누운 것을 보시고 병이 벌써 오래된 줄 아시고 이르시되 네가 낫고자 하느냐 7 병자가 대답하되 주여 물이 움직일 때에 나를 못에 넣어 주는 사람이 없어 내가 가는 동안에 다른 사람이 먼저 내려가나이다 8 예수께서 이르시되 일어나 네 자리를 들고 걸어가라 하시니 9 그 사람이 곧 나아서 자리를 들고 걸어가니라 이날은 안식일이니

I.

예루살렘에 베데스다라는 연못이 있었다. 천사가 와서 가끔 물을 움직이게 하는데 그때 제일 먼저 그 물에 들어가는 사람은 어떤 병에 걸렸던지 다 낫게 된다는 연못이었다. 그래

서 그 베데스다 연못가에는 늘 많은 병자들이 있었다.

2.

거기서 예수님은 38년 된 병자를 만나셨다. 자리에 누워서 움직이지도 못하는 병자였다. 그리고 예수님은 그에게 물으셨다. "네가 낫고자 하느냐." 그러자 병자가 대답했다. "예, 제가 낫기를 원합니다. 그런데 아무도 나를 물에 넣어주는 사람이 없습니다." 그때 예수님이 "네 자리를 들고 걸어가라"라고 하시며 그 병자를 고쳐주셨다.

3.

나는 이 본문을 읽으면서 마음이 씁쓸했다. 3년도 아니고 8년도 아니고 38년 동안을 연못가에 있으면서도 물에 들어가지 못했다는 게, '누가 좀 넣어주지' 싶어서 마음이 안 좋았다. 한 번만이라도 누가 넣어주길 38년이나 기다렸는데, 어느 누구도 그를 먼저 물에 넣어주려고 했던 사람이 없었다는 게 참 마음에 걸렸다.

4.

이 모습이 우리가 살아가는 세상을 보는 것 같다. 약육강식의 논리로 강한 자가 약한 자를 짓밟고 무시하고 제치고 앞서 나가는 것이 당연한 것이 죄로 말미암아 타락한 우리 인간의 세상 아닌가? 그러므로 가난하고 약하고 병든 사람들은 뒤처질 수밖에 없고, 38년을 기다려도 물에 들어갈 수 없는 것이 바로 우리가 살아가는 세상이란 것을 느끼게 되었다.

5.

우리는 이 세상에서 살지만 늘 하나님의 나라를 꿈꾸며 사는 사람들 아닌가? 하나님의 나라를 꿈꾸는데 하나님의 나라는 어떤 나라인가? 하나님나라에는 38년 된 병자가 그 물가에 없을 것이다. 벌써 누가 자기보다 먼저 그 연못에 넣어주었을 것이기 때문에.

6.

내가 좋아해서 자주 인용하고 설명하는 부분이 이사야서 11장의 하나님나라의 모습이다. 그 나라는 어린 양이 사자와 함께 뒹굴고, 독사의 굴에 손을 넣어도 안전한 곳이다.
어린 양이 사자와 함께 뒹군다는 표현이 얼마나 기가 막힌 표현인지 모른다. 세상에서는 어린 양만 보면 사자가 다 잡아먹지 않는가? 그런데 강한 자가 약한 자를 보호하고, 무시하거나 깔보지 않고 같이 뒹굴며 장난치고 노는 그 세상을 이사야는 '하나님나라'라고 표현했다. 나는 그 표현이 너무 너무 좋다. 하나님나라는 그런 나라이다.

7.

로마서 15장 1절도 내가 참 좋아해서 마음과 삶에 새기고 있는 말씀이다. "우리 강한 자가 마땅히 연약한 자의 약점을 담당하고 자기를 기쁘게 하지 아니할 것이라"(개역한글).

"우리 강한 자가 마땅히!" 그냥 해도 되고, 안 해도 되는 게 아니다. 마땅히 연약한 자들의 약점을 담당해야 한다.

8.

나는 이 말씀이 너무 좋아서 이 말씀을 실천해보기 위해 강한 자가 되려고 노력하는 것도 괜찮지 않을까 생각한 적이 있다. 그래서 코스타 집회에서 "고지를 점령하라"라는 제목의 설교를 한 적이 있다. 그래서 많은 오해도 받고, 비판도 받고, 심지어는 비난도 많이 받았다.

하지만 고지를 점령하는 게 목적이 아니다. 만약 그렇다면 세상 사람들의 가치관과 다를 게 없다. 꼭 고지를 점령하고 강해져야만 하는 게 아니다. 그러나 내가 약한 자가 되면 누군가의 도움을 받아야 하는데, 내가 강한 자가 되면 가난하고 약한 사람을 도울 수 있는 힘과 기회를 조금이라도 더 얻지 않겠는가? 그런 뜻에서 한 말이었다. "우리 강한 자가 마땅히 연약한 자의 약점을 담당하고." 나는 이 말씀이 우리 그리스도인들이 가슴에 품고 살아야 할 중요한 말씀 중의 하나라고 믿는다.

9.

우리가 살아가는 세상에는 물에 들어가려고 38년씩 연못가에 있는 사람들이 꽤 많이 있다. 그러나 우리 주변에는 그런 사람이 없었으면 좋겠다. 그런 사람이 눈에 띄기만 하면 우리가 먼저 그 분들을 연못에 넣어주어서 말이다. 그렇게 하면 하나님이 기뻐하신다. 하나님이 기뻐하시면 하나님이 복을 주신다. '그렇게 남만 위해 살면 우리는 어떻게 사냐?' 이 질문엔 이렇게 대답할 수 있다.

"우린 하나님이 계시잖아!"

IO.

본문의 말씀을 읽으면서 나는 아브라함이 조카 롯과 헤어질 때 했던 말이 기억났다. "네가 좌하면 나는 우하고 네가 우하면 나는 좌하리라"(창 13:9).

땅을 선택한다는 게 얼마나 중요한 일인가? 좋은 땅을 먼저 선택하면 나중에 선택하는 사람은 그보다 못한 땅을 선택할 수밖에 없다. 그러니 우리는 서로 "내가 먼저, 내가 먼저"를 외치며 사는 것 아닌가. 아브라함은 삼촌이었고 어른이었기 때문에 기득권을 주장할 수 있었다. 그런데 롯에게 '네가 먼저 택하라. 네가 좋은 땅을 택해. 네가 우하면 내가 좌할게. 네가 좌하면 내가 우할게. 네가 좋은 땅 택하고 남으면 내가 다른 데로 갈게'라고 한 것이다.

II.

아브라함이 착해서 그런 것일 수도 있겠지만, 나는 그것이 아브라함의 믿음이었다고 생각한다. 어디를 가든지 자신 있었던 것이다. 왜? 하나님이 기뻐하시는 삶을 살면 복은 하나님이 주시는 것이지, 어떤 땅을 먼저 선택하느냐에 달려 있는 것이 아니라는 믿음이 아브라함에게 있었던 것이다. 그리고 그 믿음대로 되었다.

12.

우리 날기새 가족들 모두 주위를 돌아보면서 38년 동안이나 연못에 들어가지 못한 우리의 어려운 이웃들은 없는지 살펴보고 눈에 띄면 찾아가서 도와주고 위로해주고 격려해주어서 하나님이 기뻐하시는 아름다운 세상을 만들어나가는 하나님나라의 귀한 일꾼들이 되기를 바란다.

●

베데스다 연못가에는 38년 된 병자가 있었습니다.
물이 동하면 먼저 들어가려고 38년을 기다렸으나
아무도 도와주는 사람이 없어 혹 이때나 저때나 기다리며
38년을 앓고 있던 병자를 생각하니 마음이 많이 아픕니다.
그런데 그게 우리들의 세상입니다.
우리가 살아가는 세상과 꼭 닮았습니다.
우리는 누구를 거들떠보지 않습니다.
그냥 나만 먹으면, 나만 건강하면, 나만 안 아프면
남의 아픔은 잘 알지 못하는

그런 각박한 세상, 야박한 사람들이 되고 말았습니다.

하나님, 우리가 다 하나님나라의 백성이 되게 하여주옵소서.

우리가 혹 강한 부분이 있으면

그것을 자신을 위하여 먼저 쓰지 말고

그 힘을 마땅히 연약한 자들을 위하여 베풀 수 있는

그런 마음을 갖게 하여주시옵소서.

늘 소자에게 냉수 한 그릇이라도 전하는

그런 아름다운 마음 갖고 살고 하게 하여주시옵소서.

천국 문을 막는 어리석음

요한복음 5:9-18

9 그 사람이 곧 나아서 자리를 들고 걸어가니라 이날은 안식일이니 10 유대인들이 병 나은 사람에게 이르되 안식일인데 네가 자리를 들고 가는 것이 옳지 아니하니라 11 대답하되 나를 낫게 한 그가 자리를 들고 걸어가라 하더라 하니 12 그들이 묻되 너에게 자리를 들고 걸어가라 한 사람이 누구냐 하되 13 고침을 받은 사람은 그가 누구인지 알지 못하니 이는 거기 사람이 많으므로 예수께서 이미 피하셨음이라 14 그 후에 예수께서 성전에서 그 사람을 만나 이르시되 보라 네가 나았으니 더 심한 것이 생기지 않게 다시는 죄를 범하지 말라 하시니 15 그 사람이 유대인들에게 가서 자기를 고친 이는 예수라 하니라 16 그러므로 안식일에 이러한 일을 행하신다 하여 유대인들이 예수를 박해하게 된지라 17 예수께서 그들에게 이르시되 내 아버지께서 이제까지 일하시니 나도 일한다 하시매 18 유대인들이 이로 말미암아 더욱 예수를 죽이고자 하니 이는 안식일을 범할 뿐만 아니라 하나님을 자기의 친 아버지라 하여 자기를 하나님과 동등으로 삼으심이러라

1.

예수님이 38년 된 병자를 베데스다 연못가에서 고쳐주셨다. 그런데 그 병자를 고치실 때 하신 말씀이 "네 자리를 들고 걸어가라"였다. 그랬더니 정말 그 사람이 일어나서 자리를 들고 걸어갔는데, 하필 그날이 안식일이었다.

2.

유대인들, 특히 바리새인들은 안식일에 뭘 들고 다니지 않는다. 일이기 때문이다. 안식일에 손수건을 가지고 다니는 것은 괜찮은가, 아닌가를 따질 정도였다. 그러니 자리를 들고 가는 것은 큰일이었다.

'안식일인데 왜 이런 것을 들고 다니느냐?'라고 유대인들이 추궁하자 그 사람은 '나를 고쳐준 사람이 들고 걸어가라고 했습니다'라고 대답했다. 그 사람이 누구냐고 물었지만, 이 병자는 자신을 고쳐준 사람이 예수님인 줄은 몰랐다. 예수님이 벌써 자리를 피하셨기 때문이다.

3.

그러다 성전에서 예수님을 만났다. 그래서 유대인들에게 말했다. '저를 고쳐준 분이 저 사람입니다. 저를 고쳐준 분이 예수님입니다!'

이것이 유대인들의 심기를 건드렸다. 안식일에 자리를 들고 걸어가는 것도 나쁜데, 그렇게 하라고 시킨 사람은 더 나쁘다고 생각했다. 유대인들의 전통을 파괴하는 사람으로 받아들인 것이다. 성경에 보면, 그날로부터 예수님을 박해하기로 결심하고 공격의 대상으로 삼았다. 그리고 그 박해가 심해져 나중엔 결국 그것이 동기가 되어서 예수님을 실제로 십자가에 못 박았다.

4.

바리새인들이 율법을 잘 지키려고 하는 마음은 처음엔 좋았다. 율법은 하나님이 주신 것이니, 잘 지키는 게 맞다. 안식일을 기억하여 거룩하게 지키라고 하시니, 안식일에 일하지 말라는 말씀을 지키기 위한 세칙을 600여 가지를 만들었다. 이스라엘에는 유대인 회당이 많은데, 그 이유가 무엇인지 아는가? 안식일에 걸어다닐 수 있는 한계가 있기 때문이다. 그러니 멀리 못 갔다. 그래서 안식일에 걸어다닐 수 있는 거리 안에 회당이 있어야 했다. 그럴 정도로 철저했다.

5.

거기까지는 좋았는데, 그러다가 그것이 점점 자랑이 됐다. '나는 율법을 잘 지키는 사람이야. 난 너희들과 달라.' 이것이 자기의 자랑이 되고 영광이 되기 시작했다. 그래서 율법을 잘 지키는 목적이 바뀌었다. 하나님의 뜻에 순종하고 하나님 잘 믿는 사람이 되기 위해서가 아니라, 하나님은 어느새 잊은 채 나를 자랑하고 나를 과시하고 그것으로 세력을 쌓기 위해 율법을 지키기 시작했다. 하나님을 사랑하여 하나님의 말씀을 지키는 것이 아니라, 그것을 빙자하여 자기들의 명예와 자리와 권위를 지키려는 교권주의자들이 되기 시작한 것이다.

6.

그런데 예수님이 오셔서 아무렇지도 않게 그것을 툭툭 허무시니까 위기감이 느껴졌다. 처음에는 이렇게 생각했을지 모른다. '교회를 지키려면 예수를 핍박해야 해. 예수를 죽여야 해!' 명분은 교회를 지키기 위해, 하나님의 법을 지키기 위해서였다. 그러나 그 내면의 중심에는 교회를 지키려는 게 아니라 자기를 지키기 위한 속내가 있었다. 자기들의 세력과 영향력, 권위를 잃고 싶지 않았기 때문에 예수님을 박해하기 시작했다. 쉽게 말해서 그들은 교회를 지키기 위해서가 아니라 자기들의 아성을 지키기 위하여 예수님을 죽이려 한 것이다.

7.

이와 같은 일들은 오늘날 한국 교회 안에서도 일어나고 있다. 교회를 지키기 위해서라는 명분은 세우지만, 사실은 하나님의 교회가 아니라 자기들의 교회를 지키려고, 교회 안의 자기 자리와 이권을 지키려고 자기들의 주장과 전통을 따르지 않는 사람들을 함부로 매도하고 정죄하고 핍박하고 죽이려는 일들이 오늘날에도 벌어지고 있다.

8.

6.25 전쟁 때 남한에서는 마음에 안 드는 사람이 있으면 빨갱이로 몰았다. 그러면 정말 묻지도 따지지도 않고 죽였다. 빨갱이가 뭔지도 모르는데 빨갱이라는 이름으로 죽임당한 사람이 얼마나 많은지 모른다. 북한에서도 마찬가지였다. 자기 마음에 안 들고 눈에 거슬리면 반동분자라고 몰아서 죽였다.

그런데 요즘도 그렇다. 세상이 하나도 바뀌지 않았다. 세상이 안 바뀐 건 당연한데, 교회가 세상보다 더 심해지기 시작했다. 참 마음이 아프다.

9.

교회 안에서조차 자기와 다른 생각이나 주장을 가진 사람들을 무슨 주의자로 몰면서 선동하고 매도하는 일들이 벌어진다. 그런데 이보다 더 마음 아픈 것은 분별력 없이 그런 것에 휩쓸리는 사람들이 너무 많다는 것이다. 그런 사람들을 볼 때마다 너무 안타깝다. 이런 일은 자기 이권을 지키기 위해서도 많이 자행되지만, 사실 편견 때문에 벌어지는 경우도 많다.

10.

내가 동안교회에 있을 때, 남자 청년 하나가 머리를 묶고 교회에 왔다. 나는 그게 거슬렸다. '사내자식이 머리를 묶고 다니다니.' 내 마음속에서 그 아이는 교회의 물을 흐리러 들어온 미꾸라지로 보였다. 그래서 어떡하든 저 녀석을 교회 밖으로 내보낼 구실을 찾으려는데 하나님이 내 안에 바른 생각을 넣어주셨다. 문득 이런 생각이 들었다. '머리 깎고 나간 것보다야 머리 묶고 들어온 게 낫지 않겠어? 저놈이 교회로 들어왔으니 감사한 일이지.'

11.

이렇게 생각하고 참기 시작했다. 이해한 게 아니고 참은 것이다. 한 달을 참았나, 그러다 보니 점점 익숙해지고 그 다음엔 내 편견을 깨닫게 됐다. '머리 묶은 남자아이들은 이럴 것이다'라는 확신이 있었는데, 그게 틀렸다는 것을 알았다. 그 아이는 머리만 묶었지 믿음도 좋고 착했다. 어느 날 아내에게 이런 말을 했다. "그 머리 묶은 자식, 가만히 보니 머리 동그란 녀석이 머리를 묶으니 그것도 어울리고 예쁘더라." 그때 우리 아내가 나한테 말했다. "당신도 동그란데 한번 묶으시지."

그렇게 마음이 바뀐 날부터 눈에 띄게 머리 묶은 아이들이 교회로 많이 왔다.

12.

어느 날 주일 예배 때는 2층에 머리에 새빨갛게 부분 염색을 한 청년 하나가 앉아 있었다. 그 머리가 아주 새빨개서 눈에

거슬렸다. '저 자식은 왜 또 왔나' 싶었다. 설교하면서 마음에
거슬려서 힐끗힐끗 봤는데, 설교를 잘 듣고 있었다. 예배에
집중하는 모습이 보였다. 그때 금방 깨달았다. 나의 편견이
구나. '설교 잘 듣고 신앙생활 잘하려면 머리가 까매야 해. 빨
간 머리는 위험분자야. 저런 아이들이 교회에 자꾸 들락거리
기 시작하면 다른 애들 물들어서 위험해져.' 이것이 편견이
었다.

13.

그래서 결심했다. '빨간 머리도 오너라. 노란 머리도 오너라.
내가 머리 색깔 가지고 판단하지 않겠다.' 그때 꽤 많은 청년
들이 동안교회에 나왔는데, 거의 절반 정도는 염색 머리였다.
연세 많으신 장로님들은 그게 참 불편하셨던 것 같다. 참다
참다 어느 날 당회에서 이런 말씀을 하셨다. "목사님, 야단 좀
치세요. 저 아이들 머리가 저게 뭡니까?" 그때 내가 웃으면서
농담했다. "장로님, 왜 흰머리 까맣게 하는 건 되고 아이들 까
만 머리 희게 하는 건 안 돼요?" 그러고 웃고 넘어갔다.

14.

별것 아닌 편견이 교회의 문을 막는다. '빨간 머리는 안 돼.
머리 묶은 남자는 안 돼. 너희들이 오면 교회 물 흐려.' 그런
것이 다 교회를 지키기 위해서이다. 그러나 사람을 지켜야
지, 교회를 지키면 어떻게 하겠는가? 그런데 그런 일들이 한

국 교회에서 일어나고 있다.

15.

예수님이 그런 바리새인들에게 이런 말씀을 하셨다. "너희는 천국 문을 사람들 앞에서 닫고 너희도 들어가지 않고 들어가려 하는 자도 들어가지 못하게 하는도다"(마 23:13). 아니, 천국 문을 열어야지 문을 막으면 어떻게 하는가.

16.

나에 대해 동성애를 찬성하는 목사라고 말이 많았다. 나는 분명하게 말할 수 있다. 나는 동성애에 동의하지 않는다. 성경은 '동성애는 잘못됐다고, 동성애를 하면 안 된다'고 말하고 있다. 나는 그런 얘기는 해야 한다고 생각한다. 하지만 그렇다고 동성애자들이 교회에 오는 것까지 막으면 안 된다. 동성애를 반대하다가 거기서 지나쳐서 동성애자가 교회에 들어오는 것까지 막는 일은 없어야 한다.

그들이 교회에 와야 한다. 그래서 변해야 한다. 그들이 변해야지, 교회만 지키면 어떻게 하는가? 교회를 열어서 그들을 받아들이고 그들을 변화시키는 곳이 교회여야 한다.

17.

예수님은 안식일에 병자를 고치셨다가 죽게 되지 않으셨는가? 그런 우를 범하는 일에 우리가 동참하는 일은 없어야 한

다. 그런 사람들의 선동과 그와 같은 일들에 휘둘리지 않고
꿋꿋이 믿음 지켜나가기를 바란다.

●

처음에는 하나님의 율법을 잘 지키려고 열심을 내다가
그것을 자랑하게 되고, 자랑이 교만이 되고
교만하다 보니 하나님보다 자기를 더 앞세우게 되어서
율법주의자가 되었던 바리새인들을 기억합니다.
그리고 자기들이 세운 그 변질된 교회를 지키려고
그것을 허무시는 예수님을 핍박하고
나중에는 결국 십자가에 못 박았던 사건을 기억합니다.

오늘도 똑같은 일들이 교회에서 일어나고 있습니다.
교회를 지킨다고 하지만 자기 이권을 지키고
자기를 내세우기 위해 많은 사람을 정죄하고 몰아붙이고
거기에 많은 이들이 선동되는 것을 보면서
얼마나 마음이 아픈지 모릅니다.

교회를 지킨다고 하는 일들을 통해서
교회의 본질을 지키지 못하는 우를 범하고 있습니다.
하나님 우리가 그런 면에서 실수하지 않도록
우리에게 지혜를 주시옵소서. 은혜를 주시옵소서.

18

내 속에 생명이 있는가

요한복음 5:24-29

24 내가 진실로 진실로 너희에게 이르노니 내 말을 듣고 또 나 보내신 이를 믿는 자는 영생을 얻었고 심판에 이르지 아니하나니 사망에서 생명으로 옮겼느니라 25 진실로 진실로 너희에게 이르노니 죽은 자들이 하나님의 아들의 음성을 들을 때가 오나니 곧 이 때라 듣는 자는 살아나리라 26 아버지께서 자기 속에 생명이 있음같이 아들에게도 생명을 주어 그 속에 있게 하셨고 27 또 인자됨으로 말미암아 심판하는 권한을 주셨느니라 28 이를 놀랍게 여기지 말라 무덤 속에 있는 자가 다 그의 음성을 들을 때가 오나니 29 선한 일을 행한 자는 생명의 부활로, 악한 일을 행한 자는 심판의 부활로 나오리라

I.

세상에 참 신기하고 신비로운 일들이 참 많다. 그런데 가장 큰 신비가 뭘까? 나는 생명이라고 생각한다. 생명은 참 신비롭다. 세상에는 셀 수 없이 수많은 생명들이 있다. 그리고 그 생명들이 또 다른 생명을 낳고, 생명이 생명을 낳으며 대를 이어가는 것은 정말 엄청난 신비이다.

2.

생명을 들여다보면 얼마나 아름다운지 모른다. 다양한 식물들, 아름다운 꽃들, 곤충들, 작은 벌레들, 날아다니는 새들, 짐승들, 또 눈에 보이지 않는 미생물들까지. 과학자들은 이 지구상에 대략 천만 종의 생명체가 있을 것이라고 이야기한다. 천만이라는 숫자도 엄청난데, 그게 종의 숫자이다. 인간 한 종만 해도 수십 억이 있고, 다른 생명체들도 종별로 우리가 상상할 수 없는 단위의 생명체들이 이 땅 위에서 살아가며 자식을 낳고 번식하고 대를 이어가고 있다.

3.

생명을 보면 하나님이 보인다. 물론 못 보는 사람도 많은데, 나는 그게 도무지 이해가 가지 않는다. 수없이 많은 그 생명과 그 생명이 살아가는 것을 보고, 생명이 생명을 낳는 것을 보고 하나님을 보지 못한다는 것은 정말 이해하기 힘든 일이 아닐 수 없다.

4.

생명을 들여다보면, 생명을 창조하신 하나님이 전지전능하시다는 것을 알 수 있고, 하나님이 이 세상을 사랑하신다는 것을 알 수 있다. 또 하나님은 참 아름다운 분이시라는 것과 우리는 멋있는 사람이라는 것을 다 찾아낼 수 있다. 로마서 1장에 나오는 것처럼, 하나님께서 보이지 않는 그분을 보이는 만물 속에 다 심어놓으셔서 알게 하셨다는 말씀이 참 맞다.

5.

천만 종이 넘는 셀 수 없이 수많은 생명 중에 사람의 생명이 그 나머지 모든 생명과 다른 것이 있다. 그 수많은 생명의 종류 중에 인간만 구별이 된다. 다 똑같은데 하나가 다르다.

6.

요한계시록에 보면 사데교회에 대한 하나님의 책망이 나온다. "네가 살았다 하는 이름은 가졌으나 죽은 자로다"(계 3:1). 참 기묘한 말씀이다. 이런 식의 표현은 사람 외에는 쓸 수 없는 말이다. 개나 날아가는 새에게 "네가 살았다 하는 이름은 가졌으나 죽은 자로다. 너는 새답지 못해. 너는 개답지 못해" 이런 얘기를 할 수는 없지 않겠는가? 사람에게만 '살았다고 다 살아 있는 게 아니야. 넌 살아 있는 것처럼 보이지만 넌 죽은 거야. 살았다 하는 이름은 있으나 실상은 죽은 자야'라고 할 수 있는 것이다.

7.

그럴 때 두 생명이 있다는 것을 발견하게 된다. 하나는 살았다 하는 생명, 그러니까 일반적인 동물에게 있는 생명과 똑같은 생명이 우리 인간에게도 있다. 그런데 "살았다 하는 이름은 가졌으나 죽은 자"라고 하는 것은, '그 생명은 있는데

이 생명은 없어'라고 말씀하시는 것이다. 사데교회가 갖지
못했던 생명은 뭘까?

8.

하나님이 사람을 창조하실 때 다른 피조물과 다르게 하신 것
이, 진흙으로 사람을 빚으시고 그 코에 생기를 불어넣으신
것이다. 나는 그것을 하나님의 영, 하나님의 생각, 하나님의
마음과 같은 것이라고 설명했다.

또 하나님의 영을 불어넣으심으로 다른 동물과 마찬가지로
인간에게도 있는 그 생명에 인간에게만 있는 차별된 또 다른
생명이 더해졌다. 이것이 인간에게만 있는 더 귀한 생명이다.

9.

로마서에 보면 "그리스도의 영이 없으면 그리스도의 사람이
아니라"(롬 8:9)라고 했다. 나는 그것을 이렇게 풀었다. '그리
스도의 영이 없으면 사람이 아니다. 살았다 하는 이름은 있
으나 실상은 죽은 것이다.'

그러니까 사람의 생명은 '진흙 플러스 영'이다. 그게 생명이
됐다. 간단하게 이걸 산술적으로 생각해서, 인간에게서 하나
님의 영 하나만 빼면 답은 그냥 진흙으로 나온다. '진흙+하
나님의 영=인간'이기 때문이다. 즉 '인간 - 하나님의 영=진
흙'이다.

아무리 잘났어도, 아무리 돈이 많고 강하고 출세하고 성공했

다고 할지라도 그 속에 그리스도의 영이 없다면, 하나님의 혼이 살아 있지 않다면, 그것은 그냥 진흙 덩어리에 불과할 것이다.

10.

예수님의 말씀 속에 생명이 있다. 예수님의 말씀이 하나님의 영이다. 그것이 있으면 가난해도, 약해도, 병들었어도, 사는 것이 힘들어도, 환경이 어려워도 산 것이고, 그것이 없다면 부해도, 강해도, 건강해도, 안 힘들어도, 세상적으로 형통하다 할지라도 죽은 것이다. 그것은 그냥 진흙이다.

11.

본문에서 예수님이 말씀하신다. '내 안에 하나님의 영이, 생명이 있다.' 예수님은 하나님의 말씀이시다. 예수님은 하나님의 영, 성령과 동등하시다. 그 영이 있을 때 우리 인간은 살아나는 것이다.

나는 매일 날기새를 통해 하나님의 말씀을 전한다. 동시에 내가 하나님의 말씀을 듣는다. 이 시간을 통해서 우리가 무슨 정치를 배우는 게 아니다. 어떤 이데올로기를 배우는 게 아니다. 그냥 하나님의 말씀을 듣는 것이다. 그것을 통해서 우리는 생명을 얻는다.

12.

그리고 중요한 것이 있다. 이 영생하는 생명, 그리스도의 영
이 있느냐 없느냐가 훗날 심판의 기준이 된다. 그 영이 있는
자는 영생을 얻게 될 것이고, 생명의 부활로 나아가게 될 것
이다. 그리고 그 생명이 없는 자는 심판의 부활에 이르게 될
것이다.

13.

우리가 요한복음을 통해 예수님의 말씀을 마음에 심고, 그
말씀 속에서 그리스도의 생명을 얻어서 살았다 하는 이름만
가지고 살아가는 사람이 아니라 참 그리스도의 영을 가지고
살아가는, 여기 이 세상에서도 천국을 살고 죽어서도 영생하
는 하나님나라의 복을 받으며 살아가기를 바란다.

●

이 땅은 생명으로 가득 찬 세상입니다.

생명은 참 신비입니다.

생명을 창조하는 일은

하나님 외에 어느 누구도 할 수 없는 일입니다.

생명을 보면 하나님이 보입니다.

생명을 보면 하나님이 계시다는 것과

그분이 전지전능하시다는 것과

위대한 분이시라는 것과 아름다운 분이시라는 것과

또한 우리를 사랑하시는 분이란 것을 읽어낼 수 있습니다.

그 수많은 생명 중에 인간의 생명은 특별합니다.
우리에겐 더 귀한 생명이 하나 더 있는데
그 생명은 하나님의 영입니다.
아무리 돈 많고 똑똑하고 성공하고 출세했어도
그 속에 하나님의 영, 하나님의 말씀이 없으면
그냥 진흙 한 덩어리밖에 되지 않습니다.
하나님, 우리가 날마다 생명의 말씀이신
예수 그리스도를 배우게 하여주시고,
그것이 우리의 생명이 되어 영생으로 이끄는
길잡이가 되게 하여주시옵소서.

19

오천 명을 먹이는 사람

요한복음 6:1-15

1 그 후에 예수께서 디베랴의 갈릴리 바다 건너편으로 가시매 2 큰 무리가 따르니 이는 병자들에게 행하시는 표적을 보았음이러라 3 예수께서 산에 오르사 제자들과 함께 거기 앉으시니 4 마침 유대인의 명절인 유월절이 가까운지라 5 예수께서 눈을 들어 큰 무리가 자기에게로 오는 것을 보시고 빌립에게 이르시되 우리가 어디서 떡을 사서 이 사람들을 먹이겠느냐 하시니 6 이렇게 말씀하심은 친히 어떻게 하실지를 아시고 빌립을 시험하고자 하심이라 7 빌립이 대답하되 각 사람으로 조금씩 받게 할지라도 이백 데나리온의 떡이 부족하리이다 8 제자 중 하나 곧 시몬 베드로의 형제 안드레가 예수께 여짜오되 9 여기 한 아이가 있어 보리떡 다섯 개와 물고기 두 마리를 가지고 있나이다 그러나 그것이 이 많은 사람에게 얼마나 되겠사옵나이까 10 예수께서 이르시되 이 사람들로 앉게 하라 하시니 그 곳에 잔디가 많은지라 사람들이 앉으니 수가 오천 명쯤 되더라 11 예수께서 떡을 가져 축사하신 후에 앉아 있는 자들에게 나눠 주시고 물고기도 그렇게 그들의 원대로 주시니라 12 그들이 배부른 후에 예수께서 제자들에게 이르시되 남은 조각을 거두고 버리는 것이 없게 하라 하시므로 13 이에 거두니 보리떡 다섯 개로 먹고 남은 조각이 열두 바구니에 찼더라 14 그 사람들이 예수께서 행하신 이 표적을 보고 말하되 이는 참으로 세

상에 오실 그 선지자라 하더라 15 그러므로 예수께서 그들이 와서 자기를 억지로 붙들어 임금으로 삼으려는 줄 아시고 다시 혼자 산으로 떠나 가시니라

I.

예수님을 따르는 사람들이 광야에 모였다. 여자와 아이를 빼고 오천 명이라 했으니 최소한 만 명, 이만 명 가까운 숫자가 아니었을까.

2.

날이 저물어 모인 사람들이 배가 고플 때가 되었다. 예수님이 엉뚱하게 제자들에게 "너희가 먹을 것을 주라"(마 14:13)라고 말씀하신다. 예수님도 제자들에게 돈이 없다는 것을 다 아신다. 조금씩 떼어준다 할지라도 200데나리온의 돈이 필요하다고 계산했는데, 200데나리온이 없지 않은가? 불가능하다는 것을 예수님이 다 아시는데도, 먹을 것을 줄 수 없다는 것을 아시는데도 예수님은 "너희가 먹을 것을 주라"라고 말씀하셨다.

3.

제자들에게만 그런 말씀을 하신 게 아니라, 예수님은 종종 우리에게도 이런 식으로 말씀하신다. 우리가 할 수 없는 일들을 우리에게 미션으로 주실 때가 많다. '못 합니다. 할 수

없습니다. 우리가 어떻게 그것을 할 수 있겠습니까'라고 할 일들을 하나님은 아무렇지도 않게 '네가 해라. 너희가 먹을 것을 주어라'라고 말씀하신다.

4.

이때 우리는 빨리 눈치를 채야 한다. 그것은 하나님이 하시 겠다는 말씀이다. '이 일은 내가 하기로 결정했어. 이 오천 명 내가 먹일 거야. 나한테는 그 능력이 있어. 그러니까 내가 이 일을 할 거야'라는 뜻이다. 그러면 하나님이 하시면 되는데 왜 우리에게 먼저 '네가 하라'고 하시는 걸까? 우리를 그 귀 한 사역, 오천 명을 먹이는 사역에 끼워주시려는 것이다. 그 러니까 우리가 가진 것은 보리떡 다섯 개와 물고기 두 마리 밖에 없다는 것을 아시고, 그것으로는 오천 명을 먹일 수 없 다는 것을 아시는데도 그것을 내놓으라고 하시는 것이다. 그 리고 하나님이 친히 하실 그 사역에 우리를 끼워주시겠다는 것이다.

5.

하나님이 하시는 일에 우리가 드리는 것은 사실 눈곱만큼도 안 되는 것이다. 겨자씨만큼도 안 되는 것인데, 그것을 받으 시고는 예수님이 이렇게 말씀하신다. '나하고 같이 했어. 얘 가 나의 동역자야.'

대학교수들이 논문을 쓸 때 많은 경우 협업을 해서 쓴다. 그러면 제1저자, 제2저자 등으로 논문 참여자를 표기하는데, 보통 제1저자는 그 논문을 주도하는 실력 있는 교수이고, 많은 경우 제자를 키우는 마음으로 제자들을 그 논문에 끼워준다. 그러면서 그냥 이름만 넣어주는 것이 아니라 논문의 한 파트를 맡긴다. 그렇게 제2저자, 제3저자로 실력 있는 교수의 논문에 참여하면서 그 제자들의 실력이 늘고 점차 학계에서 이름을 알리게 되는 것이다.

6.

나는 오병이어의 기적을 보면서 하나님이 제1저자이신데, 제자 수준도 안 되는 우리를 거기에 끼워넣으시고 보리떡 다섯 개와 물고기 두 마리 투자하게 하신 뒤에 동역자라고 불러주신 것이라고 생각했다.

7.

암 투병을 하면서 하나님이 내게 주신 "내 백성을 위로하라"라는 말씀 때문에 시작한 유튜브 방송 '날마다 기막힌 새벽'이 벌써 1천 회가 훌쩍 넘었다. 날기새는 보리떡 사역이다. 이 방송은 잘 준비해서 할 수 있는 방송이 아니다. 내가 그림을 잘 그릴 줄은 모르지만, 미술 기법 중에 한 번에 쭉 그려내는 드로잉이라는 것이 있는데, 말하자면 날기새는 드로잉에 해당하는 방송이다.

8.

그래서 사실 나는 날기새 방송이 마음에 썩 흡족하지는 않
다. 일주일에 한 번만 방송을 녹화한다면 지금보다 곱절은
좋은 방송을 내보낼 수 있을 것 같다. 다듬고 보충하면 더 충
만한 방송을 만들어서 내보낼 수 있을 것 같다. 그런데 매일
매일 방송을 올리다 보니 그럴 시간이 없다. 무슨 고가의 장
비가 있는가, 스튜디오가 있는가. 그냥 소파나 책상에 앉아
서 휴대폰 들고 촬영한다. 그것이 내게 있는 전부이다. 내게
는 보리떡 두 개와 물고기 다섯 마리 같은 것이다.

9.

날기새는 내 삶의 오병이어의 기적의 증거다. 오천 명을 먹
인 기적의 증거다. 오천 명보다 더 많은 사람들이 날기새를
통해 하나님의 말씀을 접한다. 이것은 하나님이 하신 일이
다. 하나님이 나의 보리떡 다섯 개와 물고기 두 마리를 받으
시고 나를 이 사역의 동역자로 끼워주셨다. 얼마나 큰 축복
인지 모른다.

10.

성경은 늘 우리에게 이것을 요구하신다. '네가 복의 근원이
되어라. 네가 먹을 것을 주어라.'
우리 큰아이가 고3 때 공부를 별로 열심히 하지 않았다. 내
가 큰아이에게 공부 좀 하라고 얘기한 적이 딱 한 번 있는데,

그때 이런 이야기를 들려주었다.

"소위 성공했다고 하는 사람 중에 두 종류의 사람이 있더라. 하나는 오천 명분을 혼자 깔고 앉아 혼자 먹는 사람, 또 하나는 오천 명을 먹이는 사람. 사람들은 오천 명 분을 혼자 먹는 사람을 잘산다고 하지만, 그것은 잘 사는 게 아니야. 부자로 사는 사람이지. 잘 사는 사람은 오천 명을 먹이는 사람이야. 공부 잘하면 오천 명을 먹일 수 있어. '공부해서 남 주냐'라고 말하는데, 그건 틀린 말이야. 기독교적인 가치관이 아니야. 공부는 남 주려고 하는 거란다. 넌 공부해서 남 줘라. 복의 근원이 되어라."

11.

이 이야기가 우리 아이의 인생을 바꾸었다. 다음 날 자기 책상 앞에 이렇게 써 붙여놓았다. "공부해서 남 주자. 오천 명을 먹이는 사람이 되자. 최상의 것을 하나님께 드리자." 하나님이 그 아이의 보리떡을 받아주셨다.

12.

이 말씀을 달게 받았으면 좋겠다. 하나님이 우리에게 '너희가 먹을 것을 주어라'라고 하시면, '에이, 하나님. 200데나리온은 고사하고 20데나리온도 없는데 그걸 어떻게 합니까?'라고 반발하지 말고, 재빨리 눈치 채기 바란다. '하나님이 하시는 일이구나! 이 일은 하나님이 이루시는 일인데 우리를

끼워주시려고 하시는구나!'

이것을 놓치면 안 된다. 불가능한 일로 보일지라도 하나님이 말씀하시면 '네' 하며 순종하고 우리에게 있는 보리떡을 드려 하나님께 헌신함으로 오병이어의 기적을 써내려가는 우리가 되었으면 좋겠다.

●

먹을 것이 없는데,

오천 명은 고사하고 다섯 명 먹을 것도 없는데

빤히 아시는 하나님이 가끔, 종종, 아니 자주

우리에게 엉뚱한 말씀을 하십니다.

'너희가 먹을 것을 줘라.'

하지만 그건 엉뚱한 말씀이 아닙니다.

기가 막힌 축복의 기회의 말씀입니다.

그 일은 하나님이 다하실 것인데

우리를 거기에 끼워주고 싶으셔서

하나님의 동역자로 끼워주고 싶으셔서 하시는

기회의 말씀인 줄 믿습니다.

'너희가 먹을 것을 줘라' 하실 때,

우리가 있는 것을 주께 내어드리는 빌립 같은 사람,

어린아이 같은 사람이 되게 하여주옵소서.

20

가버나움으로 건너가라

요한복음 6:16-21

16 저물매 제자들이 바다에 내려가서 17 배를 타고 바다를 건너 가버나움으로 가는데 이미 어두웠고 예수는 아직 그들에게 오시지 아니하셨더니 18 큰 바람이 불어 파도가 일어나더라 19 제자들이 노를 저어 십여 리쯤 가다가 예수께서 바다 위로 걸어 배에 가까이 오심을 보고 두려워하거늘 20 이르시되 내니 두려워하지 말라 하신대 21 이에 기뻐서 배로 영접하니 배는 곧 그들이 가려던 땅에 이르렀더라

I.

예수님이 보리떡 다섯 개와 물고기 두 마리로 오천 명을 먹이신 기적을 베푸시자, 사람들이 예수님을 임금으로 삼으려고 했다. 이런 분이 왕이 되시면 경제적인 문제가 다 해결되겠다는 생각에 예수님을 억지로 임금으로 삼으려는 움직임이 있었다. 그때 제일 위험한 사람들이 있었는데, 바로 예수님의 제자들이었다. 제자들은 그때를 기다려왔기 때문이다. 예수님이 왕이 되면 한 자리씩 하려고 말이다.

2.

그러니 그때가 제일 위험한 순간이었고, 위험한 자리였다.
예수님은 제자들에게 '너희들이 여기에 있으면 안 돼. 위험
해' 하는 뜻에 가버나움으로 건너가라고 말씀하셨다. 제자들
은 가기 싫었을 것이다. 이런 절호의 기회를 버리고 떠나라
는 말씀이 이해가 안 됐을 수도 있다. 그러나 제자들이 훌륭
했던 것은, 정말 광고의 카피처럼 묻지도 따지지도 않고 가
기 싫은 가버나움으로 떠났다.

3.

그런데 가버나움으로 가는 길이 참 힘들었다. 풍랑이 일었다.
제자들에게는 좋은 핑곗거리가 생긴 셈인데, 제자들은 핑계
대지 않고 자기들의 본능과 욕심을 거슬러 예수님이 가라고
하신 가버나움으로 열심히 가다가, 그 바다 위로 찾아오신 예
수님을 만나고 바다가 잔잔해지는 기적을 경험했다.

4.

이 말씀을 읽으면서 기억나는 말씀이 있었다. 요한복음 5장
41절이다. "나는 사람에게서 영광을 취하지 아니하노라." 이
말씀이 참 귀한 교훈을 우리에게 준다. 이 말씀 속에는 이런
뜻이 담겨 있다. '너희들은 자꾸 사람에게서 영광을 받으려
고 하지? 그것 때문에 시험에 드는 거야. 그것 때문에 위험한
거야.'

5.

우연히 시작하게 된 '날마다 기막힌 새벽'의 구독자가 어느 새 24만 명이 넘었다. 엄청난 숫자이다. 가는 곳마다 날기새 구독자를 만난다. 나를 만나면 얼마나 반가워해주는지 모른다. "저 날기새 매일 들어요. 목사님, 함께 사진 찍어요"라며 반겨주실 때, 얼마나 마음이 기쁜지 모른다. 솔직히 연예인이 된 것 같다.

그런데 이것이 위험한 것이다. 자칫하면 사탄의 함정에 빠질수 있다. 주객이 전도되기 쉽다. 나도 모르게 내가 하나님의 자리를 차지하게 되는 것이다.

6.

나를 반겨주는 구독자도 많지만, 안티들도 많다. 원래도 많았는데 더 많아진 것 같다. 나를 공격하고 비난하는 유튜브 방송도 생겼다. 솔직히 그런 일들이 기분 좋지는 않지만, 위험하진 않다. 나에게 큰 해가 되진 않는다.

오히려 나를 인정해주고, 칭찬해주고, 존경한다고 박수쳐주는 것이 나에게 큰 위험요소가 될 수 있다. 그 칭찬에 정신이 홀려서 본분을 잊어버리고 하나님의 영광을 가로챌 위험성이 다분히 있기 때문이다.

7.

그렇게 되면 하나님을 사랑하는 사람이 되는 게 아니라 자기를 사랑하는 사람이 되는 것이다. 하나님을 팔아서 자기 영광을 취하는 영적인 도둑이 되는 것이다. 하나님께 반역하는 자가 되는 것이다. 하나님의 종으로 하나님의 나라와 하나님의 영광을 위하여 일하던 사람이 반란을 일으켜 그 나라를 자기 나라로 만들려는 것은 대역죄 아닌가? 그것이 사람에게서 영광을 취하려고 할 때 생겨나는 매우 위험한 현상이다.

8.

"먹든지 마시든지 무엇을 하든지 다 하나님의 영광을 위하여 하라"(고전 10:31)라고 하신 말씀을 늘 마음에 새기고 살아야 하는데, 처음엔 그렇게 출발했다가 인기가 높아지고 가는 곳마다 사람들이 박수를 치니 여기에 들떠서 사람의 영광을 좇아가게 되면 결국 본질을 놓쳐버리게 되지 않겠는가.

9.

본문을 묵상하면서 세례 요한을 떠올렸다. 세례 요한도 인기가 많았다. 사람들이 구름 떼처럼 따라다녔다. 사람들은 그가 메시아인 줄 알았다. 그런데도 그는 조금도 흔들림이 없었다. '나는 메시아가 아니다. 나는 그분의 신발끈을 풀기도 감당하지 못한다. 그분만이 영광을 받으셔야 한다.'

10.

우리가 사람들에게 인정받을 때, 칭찬받을 때, 존경받을 때,

사람들이 박수쳐줄 때 사람이기에 기쁘고 좋다. 그러나 그때 깨어서 조심해야 한다. 잘못하면 속는다. 잘못하면 넘어간다. 하나님을 잊어버리고 자기가 하나님이 되기 쉽다.

II.

하나님은 나에게, 우리 모두에게 오늘도 말씀하신다. "가버나움으로 건너가라. 너 지금 위험하다." 그 말씀에 순종하여 사는 것이 힘들다. 거기에는 반드시 풍랑이 인다. 거슬러 부는 바람이 있다. 그러나 그것을 뚫고 건너가다가 폭풍 가운데서 예수님을 만나고 기뻐 영접하며, 목적하던 땅으로 들어갔던 것처럼 우리도 그렇게 살아가기를 꿈꿔본다.

●

예수님이 오병이어의 기적을 일으키시고
사람들이 예수님을 임금으로 삼으려 할 때
제자들은 영적으로 위기였습니다.
본래 예수님이 메시아가 되시고 임금이 되시면
한자리하겠다는 인간적인 속셈과 야망이
있었던 사람들이었기 때문입니다.

그래서 예수님은 제자들에게 즉시 그곳을 떠나라,
가버나움으로 건너가라 말씀하셨습니다.
가기 싫었을 텐데,

절호의 기회를 버리려니 아까웠을 터인데

묻지도 따지지도 않고

거슬러 부는 풍랑과 싸우면서까지

가버나움으로 건너가려고 애썼던 제자들의 모습에

또 다시 은혜를 받습니다.

하나님, 사탄에게 넘어가지 아니하도록

본심을 잃지 않도록 부족한 것을 지켜주시옵소서.

하나님께 집중하게 하옵소서.

끊임없이 자기를 부인하게 하옵소서.

21

말씀이 삶이 되는 삶

요한복음 6:52-59

52 그러므로 유대인들이 서로 다투어 이르되 이 사람이 어찌 능히 자기 살을 우리에게 주어 먹게 하겠느냐 53 예수께서 이르시되 내가 진실로 진실로 너희에게 이르노니 인자의 살을 먹지 아니하고 인자의 피를 마시지 아니하면 너희 속에 생명이 없느니라 54 내 살을 먹고 내 피를 마시는 자는 영생을 가졌고 마지막 날에 내가 그를 다시 살리리니 55 내 살은 참된 양식이요 내 피는 참된 음료로다 56 내 살을 먹고 내 피를 마시는 자는 내 안에 거하고 나도 그의 안에 거하나니 57 살아 계신 아버지께서 나를 보내시매 내가 아버지로 말미암아 사는 것 같이 나를 먹는 그 사람도 나로 말미암아 살리라 58 이것은 하늘에서 내려온 떡이니 조상들이 먹고도 죽은 그것과 같지 아니하여 이 떡을 먹는 자는 영원히 살리라 59 이 말씀은 예수께서 가버나움 회당에서 가르치실 때에 하셨느니라

I.

예수님 믿는 사람들이 참 많다. 조금 비판적으로 얘기하자면, 예수 믿는 사람보다 그냥 교회 다니는 사람이 더 많은지도 모

르겠다. 예수를 잘 믿을 마음은 없으면서도 교회에 잘 다니는 것은 어렵지 않다. 교회 안에는 예수 믿는 기쁨과 재미도 있지만, 그에 못지않은 다른 재미들도 꽤 많기 때문이다.

2.

교회도 사람들이 모여 있는 사회이다. 사람은 사회적인 동물이기 때문에, 그 사회에서 영향력 있는 사람이 되길 원하고, 높아지기를 원하고, 인정받기를 원한다. 그런데 그런 욕구를 교회 안에서 충족하는 게 어렵지 않다. 그런 것에 맛들이기 시작하면 복음이 없어도, 예수님이 없어도 교회에 열심히 다닐 수 있고, 직분도 받을 수 있다. 하지만 그렇게 다른 사람을 속이고 자기 자신도 속일 수 있을지 몰라도, 예수님은 속지 않으신다. '너는 나를 믿는 사람이 아니라 교회에 다니는 사람이야'라고 말씀하실지도 모른다. 우리는 정말 예수 믿는 사람이 되어야 한다.

3.

예수님이 십자가에 달려 돌아가시기 전에 유월절 만찬을 하시며 성찬식을 제정해주셨다. 떡을 주시면서 "받아서 먹으라 이것은 내 몸이니라"(마 26:26)라고 하셨고, 포도주를 따라 주시면서 "너희가 다 이것을 마시라 이것은 나의 피다"라고 하셨다.

4.

성찬 예식을 통해 예수님과 하나 되는 신비한 합일을 가르쳐 주셨다. 예수님이 내 안에, 내가 예수님 안에 거하게 되는 신비를 말씀해주신 것이 성찬 의식이다. 예수 믿으면 그렇게 되어야 한다는 것이다. 그래야 우리 속에 영생이 있다. 교회 다닌다고, 입으로 "주여, 주여" 한다고 다 하나님나라에 들어가는 것이 아니라고 말씀하신 뜻이 여기에 있다고 생각한다.

5.

나는 1977년도에 결혼했다. 아내와 연애할 때 편지를 자주 써서 주었는데, 글씨를 잘 못쓰는 편이라 편지를 공들여 쓰곤 했다. 결혼 전 1월쯤엔가 편지에 내가 편지 쓰는 모습을 담은 〈편지〉라는 시를 써서 보낸 적이 있다. 시를 잘 쓰지 못하는데 연애를 하니까 시도 써졌다.

편지

깨끗이 손을 씻고 자리에 앉아
한 자 한 자 정성껏 편지를 쓴다
사랑하는 사람에게 쓰는 편지
진실이고파 아름답고파
썼다간 지우고 또 썼다간 지우고
마음같이 써진 편지 마무리하다

그만 잘못 써진 글씨 하나
쭉쭉 두 줄 그어 지워버리고
계속 쓰면 될 것을
다시 손 씻고 와 처음부터 쓰는 편지
당신께 쓰는 편지

6.

그때 가난한 신학교 학생이었을 때니, 아내에게 약속할 수
있는 게 아무것도 없었다. 목사가 된다는 것은 어떤 것도 보
장해줄 수 없는 것이었기에, 아내에게 세상적인 것을 약속해
줄 수는 없었다. '그냥 내 삶을 줄게' 하는 마음이었다. '열심
히 살아서 좋은 삶의 열매 맺으면 그건 당신 줄게'라는 마음
으로 편지를 썼다.

7.

내 삶이 아내에게 쓰는 편지가 되어야겠다는 마음을 가졌었
다. 신대원 졸업반 때였는데, 그 생각을 하다가 내 삶이 '아내
에게 쓰는 편지'로만 끝나지 말고 '하나님께 쓰는 편지'여야
겠다는 생각을 했다. 입으로만 "주여 주여" 하는 자 말고, 내
삶이 그리스도께 쓰는 편지가 되어 하나님이 내 삶을 읽어주
시고 기뻐해주시면 얼마나 좋을까라는 생각을 했었다.

8.

고린도후서 3장에서 바울은 고린도교회 교인들을 향해 이런
말을 했다. '너희는 그리스도의 편지다.'

나는 '그리스도께 쓰는 편지'가 되고 싶다고 했는데, 바울이
고린도교회 교인들에게 얘기한 건 '그리스도의 편지'였다.
그리스도께 쓰는 편지와 그리스도의 편지는 다 좋은 것이다.
그런데 그리스도의 편지가 몇 등급은 더 위일 것 같다.

9.

'그리스도께 쓰는 편지'는 내가 그리스도께 쓰는 것이다. 내
용은 '나'이다. 내 삶으로 편지를 쓰는 것이다. 내 삶이 그리
스도께 쓰는 편지가 되는 것이다.

'그리스도의 편지'는 내가 쓰는 게 아니다. 그리스도께서 쓰
시는 것이다. 누구에겐가 예수님이 편지를 쓰신다. 그런데
내용이 '나'이다. 그 편지에 예수님이 내 이야기를 쓰시는 것
이다. '너 김동호 봤니? 김동호가 저번에 이런 일을 했는데
너 그거 아니? 그거 나 참 좋더라.'

이렇게 쓰시는 것이다. 그게 그리스도의 편지다.

10.

그때 소원이 생겼다. 예수 정말 잘 믿어서 내 삶이 그리스도
께 쓰는 편지가 되고, 그러다가 어느 날 마침내 내가 그리스
도의 편지가 되는 날이 오면 좋겠다고.

11.

이것이 성찬의 삶을 사는 것 아니겠는가? 내 살이 그리스도의 살이 되고, 내 속에 흐르는 피가 그리스도 예수의 피가 되어서 의식적으로든 무의식적으로든 행동하는 것이나 말하는 것이나 사는 것이 그리스도를 꼭 닮은 사람들. 나를 보면 사람들이 하나님을 볼 수 있게 하는 그런 삶을 사는 것이 예수 믿는 것 아니겠는가?

12.

교회를 다님으로 그 일이 시작되지만, 교회를 다닌다고 무조건 그 일이 완성되지는 않는다. 날마다 하나님의 말씀을 듣기만 하면 뭐하겠는가? 그 말씀이 우리의 육신이 되어야 하지 않겠는가? 말씀은 예수님이다. 예수님의 살이 내 살이 되고, 예수님의 피가 내 피가 되어 내 생각, 내 행동, 내 삶이 그리스도께 쓰는 편지가 되고 그리스도의 편지가 되어 성찬의 삶을 살아가는 우리가 되면 좋겠다.

13.

평양에 최권능 목사님이라는 분이 계셨다. 본명은 최봉석 목사님이셨는데, "예수 천당"이라는 말로 유명한 분이다. 신사참배에 반대하다가 잡혀가서 고문을 당했는데 때리면 "예수", 또 때리면 "천당"이라고 외치며 매를 맞으셨다고 한다. 일본 순사가 "넌 왜 그렇게 매를 맞냐?"라고 하니 최 목사님이 이렇게 대답하셨다고 한다. "내 속에는 예수가 꽉 차 있어서 움직일 때마다 삐져나오니 듣기 싫으면 때리지 말아라." 정말 대단한 말씀이다. 그냥 하는 말이 아니었다. 정말 그 속에는 예수가 꽉 차 있어서 의식과 무의식 속에 예수가 튀어나오는 삶을 사셨다.

14.

나는 "예수 천당"이라는 단순한 말로 전도했다는 말이 쉽게 믿어지지 않았다. 어떻게 그 단순한 말로 사람이 예수를 믿게 되었을까 싶었다. 그런데 사람은 영적인 동물이다. 예수가 꽉 차 있어서 움직일 때마다 예수가 삐져나오는 사람이 그 얘기를 하면 그 말 가지고도 사람을 감화시킬 수 있다. 그런데 입으로는 "예수 천당"이라고 하지만 그 속에 예수님이 없는 사람이 그 이야기를 하면, 사람들이 안 속는다. 빈 말로 듣는다. 울리는 꽹과리처럼 될 것이다.

15.

날마다 하나님의 말씀을 듣기만 하고, 알기만 하면 무슨 소용일까. 살지 못하면, 말씀이 삶이 되지 못하면 우리 속에 영생이 없다고 말씀하셨다. 성찬의 삶, 예수님의 살을 먹고 예수님의 피를 마셔 내 살이 예수님의 살이 되고 내 피가 그리스도의 피가 되어 내 안에 그리스도가 사시는 신비한 삶을 살아가는 우리가 되기를 바란다.

예수님 닮게 하옵소서.

성찬의 삶을 살게 하옵소서.

예수님의 살이 내 몸이 되고, 예수님의 피가 내 혈관에 흘러

하는 말, 생각, 행동, 삶이 그리스도일 수 있게 하옵소서.

삶으로 그리스도께 편지 쓰는 사람 되게 하옵소서.

그리스도께 쓰는 편지로 살다가

어느 날 드디어 마침내

그리스도의 편지가 되게 하옵소서.

22

영적 분별력을 잃지 않도록 조심하라

요한복음 6:66-71

66 그때부터 그의 제자 중에서 많은 사람이 떠나가고 다시 그와 함께 다니지 아니하더라 67 예수께서 열두 제자에게 이르시되 너희도 가려느냐 68 시몬 베드로가 대답하되 주여 영생의 말씀이 주께 있사오니 우리가 누구에게로 가오리이까 69 우리가 주는 하나님의 거룩하신 자이신 줄 믿고 알았사옵나이다 70 예수께서 대답하시되 내가 너희 열둘을 택하지 아니하였느냐 그러나 너희 중의 한 사람은 마귀니라 하시니 71 이 말씀은 가룟 시몬의 아들 유다를 가리키심이라 그는 열둘 중의 하나로 예수를 팔 자러라

I.

예수를 잘 믿고 바르게 사는 데 있어서 가장 중요한 것 중의 하나가 '분별력'이라고 생각한다. 영적인 분별력이라고 말할 수 있다.

2.

하나님은 우리 인간에게 자유의지를 주셨다. 하나님은 우리

를 반려동물로 창조하지 않으셨다. 하나님은 우리를 하나님의 자녀로, 그분의 친구로 창조하셨다. 그래서 우리에게 스스로 분별하고 생각하고 선택하고 결정할 수 있는 자유를 허락해주셨다.

3.

정말 큰 축복이다. 그런데 그 큰 축복이 참 무겁다. 왜냐하면 책임이라는 부담이 주어지기 때문이다. 그래서 에리히 프롬은《자유로부터의 도피》라는 책을 썼다. 인간은 '자유가 아니면 죽음을 달라'고 하며 자유를 위해서 싸우다가 막상 자유를 얻으면 도망가려고 한다는 내용이다. 왜냐하면 그 책임이 너무 무겁기 때문에 도피하려는 것이다.

4.

출애굽기에도 나오지 않는가? 이스라엘 백성들이 애굽에서 탈출하는 것은 좋았지만, 나와서 사는 게 너무 힘드니까 다시 돌아가려고 했다. 그게 자유로부터 도피이다.

5.

자유의지를 안 주시면 더 좋지 않았을까? 그러면 부담도 없고 더 편했을 텐데. 하지만 책임 없는 일에는 상(賞)도 없다. 잘못했으니 책임을 지는 것이지만, 책임질 수 있는 능력이 없다면 잘한다는 개념도 없을 것이다. 상 받을 일도 없어지고, 복 받을 일도 없을 것이다. 하나님은 우리에게 책임 지우시려고 자유를 주신 게 아니라, 우리에게 상 주시고 복 주시려고 자유를 주신 것이다.

6.

자유는 선택하는 일이다. 힘들고 어렵다. 점심시간에 중국집에서 짜장면 먹을까 짬뽕 먹을까 선택하는 것도 어렵지 않은가? 그래서 두 가지 다 먹을 수 있는 짬짜면이 등장했다. 어느 식당은 손님들이 '뭘 먹을까' 고민하지 않도록 그날의 메뉴를 정해서 묻지도 않고 그냥 준다. 그 식당은 내가 선택하지 않아서 좋다. 그래서 그 식당에 손님이 제법 많았다.

7.

식사 정도는 주는 대로 먹고 살아도 되지만, 인생을 그렇게 살 수는 없지 않은가? 그렇게 사는 것은 하나님이 우리를 창조하신 본래의 의도와 달라지는 것이다. 그러니 힘들고 무겁고 부담스럽고 책임이 뒤따르지만 분별력을 가지고 옳고 그름과 좋고 나쁨을 결정하고 선택해서 옳은 길, 바른 길, 하나님의 길을 선택하며 사는 일이 인간답게 사는 길이라 믿는다. 그렇게 살기 위해 분별력이 중요한데, 영적인 분별력은 어디서 오는가?

8.

첫째로 깨끗한 마음, 사심 없는 마음에서 온다.

"마음이 청결한 자는 복이 있나니 그들이 하나님을 볼 것임이요"(마 5:8).

예수님이 산상보훈에서 들려주신 말씀이다. 내가 참 좋아하고 귀히 여기는 말씀이다. 마음이 청결하고 사심이 없어야, 욕심이 없어야 깨끗해서 하나님을 볼 수 있다. 사심, 욕심, 더러운 마음이 생기면 제일 먼저 잃는 것이 분별력이다. '욕심에 눈이 먼다'라는 말이 있지 않은가?

무슨 일을 할 때 내가 영광을 얻으려고, 내 잇속을 챙기려고, 인기를 얻고 권력을 차지하려고 하는 사심이 생기면 제일 먼저 잃는 것이 분별력이다. 그리고 그 분별력 때문에 잘못된 선택을 하게 되고, 결국은 모든 것을 다 잃어버리게 된다.

9.

본문 66절에 보면 "그때부터 그의 제자 중에서 많은 사람이 떠나가고 다시 그와 함께 다니지 아니하더라"라고 했는데, 여기 나오는 제자는 열두 제자는 아니었던 것 같다. 조금 더 넓게 잡아서 예수님을 따르던 무리라고 얘기할 수 있는데, 거의 제자급이라고 할 만큼 예수님을 따르던 사람들 중에 많은 사람이 떠나 다시는 예수님과 함께하지 않았다.

잘못된 결정을 내린 것이다. 치명적인 실수를 한 것이다. 스스로 결정해서 갔지만, 그 분별력 때문에 그들은 멸망하게 되었고 구원 얻지 못하게 되었다. 왜 그랬을까?

10.

그런 대표적인 사람이 가룟 유다였는데, 예수님을 따를 때 사심이 끼어 있었기 때문이다. 예수님이 임금님이 되시면 한 자리하겠다는 사심이 있었는데, 그것이 이루어지지 않을 것 같으니 예수님을 배반한 것이다.

예수님을 떠난 다른 제자들도 마찬가지였을 것이다. 예수님에 대한 기대가 있었다. 자기 욕심을 채우기 위한 기대였다. 그런데 아무리 예수님을 따라다녀봐도 예수님은 그런 것에 전혀 관심이 없어 보였다. 그래서 결국 떠나게 된 것이다. 예수님을 버리는 잘못된 판단을 하게 된 것이다.

예수를 믿을 때 욕심이 끼게 되면, 하나님의 뜻을 이루기 위해 예수님을 믿는 게 아니라 내 욕심을 이루기 위해 예수님을 믿기 시작하면 교회는 열심히 다녀도 결국 예수님을 떠나게 되는 어리석음을 범하게 된다.

11.

둘째로 분별력을 가지려면 신중해야 한다. 깊이 생각하고, 분석하고, 연구하고, 노력하는 것이 필요하다. 그리고 기도해야 한다. 그런 것은 하지 않고 기도만 하는 것은 예수 믿는 사람답지 않다. 하나님은 우리에게 생각할 수 있는 능력을 주셨다. 생각하고, 연구하고, 조사하고, 분석하고, 확인하고,

나의 최선을 다한 후에 "하나님, 도와주세요. 실수하지 않게 해주세요"라고 기도해야 한다.

12.

다른 사람의 말을 참고는 해야 한다. 의견도 듣고, 가르침도 받고, 도움도 받아야 한다. 이런 것은 좋은 자세이다. 하지만 남의 말만 듣고 확인도 하지 않고, 조사도 안 해보고, 공부도 안 해보고 판단과 결정을 내려버리면 안 된다.

13.

사도행전 17장 11절에 베뢰아 사람들에 대한 말씀이 나온다. "베뢰아에 있는 사람들은 데살로니가에 있는 사람들보다 더 너그러워서 간절한 마음으로 말씀을 받고 이것이 그러한가 하여 날마다 성경을 상고하므로."

베뢰아 사람들은 말씀을 사모해서 말씀을 받았다. 사도로부터, 선생으로부터 받았다. 받은 후에 그것을 상고했다. 의심이 많아서가 아니라, 이 말씀이 정말 성경적인가, 옳은가를 상고하는 것이다. 이것이 신중한 것이다.

그런데 데살로니가 사람들은 그렇지 않았던 모양이다. 우리는 무슨 일을 받아들이고 판단할 때 베뢰아 사람처럼 하는가 아니면 데살로니가 사람들처럼 하고 있는가? 많은 이들이 데살로니가 사람들처럼 신중하지 못하게 함부로 판단하고 결정한다. 그래서 얼마나 많은 실수를 하고 또 그 실수 때문에 세상을 어지럽히며 살아가고 있는지 모른다.

14.

셋째로 중요한 것이 또 하나 있다. 우리가 최선을 다하여 생각하고 분석하고 분별해서 판단하고 결정하고, 그것을 행하는 것은 옳은 일이다. 그 생각을 다른 사람에게 이야기하는 것도 좋다. 그것은 좋은 일인데 자기의 판단과 결정을 절대시해서는 안 된다. 우리에게 절대는 없다. 우리에게는 그런 능력이 없다. 하나님 앞에서 최선을 다할 뿐이지 우리의 최선이 절대적인 진리는 아니지 않은가?

15.

자기의 생각이나 판단과 다르다고 함부로 남을 심판하고 매도하는 것은 자신이 하나님의 자리에 서는 일이다. 하나님이 가장 싫어하시고 경계하시는 일이다. 내가 좋아하고 마음에 새기고 사는 말씀 중에 마태복음 5장 37절 말씀이 있다.
"오직 너희 말은 옳다 옳다, 아니라 아니라 하라."
우리는 옳고 그름을 판단해야 한다. 그것은 우리의 책임이다. 그리고 남한테 내 생각을 주장할 수 있어야 한다. "내 생각에 이것은 옳은 일이야. 이것은 틀린 일이야." 거기서 끝나야 한다. 하지만 "이에서 지나는 것은 악으로부터" 나는 것이다. '내 생각과 다르니까 너는 나빠'라며 함부로 매도하고 심판한다면 그것은 악한 일이다.

16.

자유의지를 주셨으니 분별하고 판단하고 결정하고 행동하는 것은 옳지만, 또한 자기의 행동과 판단과 의견을 말하는 것까지는 좋지만, 그것을 절대시하고 자기와 다른 사람을 심판하고 판단하고 매도하고 죽이려는 실수를 범하면 안 된다.

17.

예수님은 잘못된 분별력을 가지고 자신을 떠나는 제자들을 보면서 마음이 많이 섭섭하고 힘드셨던 것 같다. 이 말씀 속에 그 마음이 묻어 나온다. 예수님은 열두 제자들에게 이렇게 물으셨다. "너희도 가려느냐."

그때 베드로가 참 귀한 말씀으로 예수님의 마음을 시원케 해드렸다. "영생의 말씀이 주께 있사오니 우리가 누구에게로 가오리이까."

18.

우리는 하나님 앞에 영적인 분별력을 달라고 간절히 기도해야 한다. 바른 판단과 결정을 할 수 있도록 바른 분별력을 주시기를 하나님께 기도해야 한다. 내 판단과 결정을 남에게 강요하지 않게 해달라고, 내가 하나님이 되어서 내 생각으로 세상과 사람을 판단하지 않게 해달라고, 그래서 하나님을 좇아 사는 그리스도인이 되게 해달라고 기도해야 한다.

하나님, 저희에게 분별력을 허락하여주시옵소서.

바른 판단을 할 수 있는 능력,

그 판단대로 실천할 수 있는 용기를 허락하여주시옵소서.

그리하여 어떠한 상황과 형편 속에서도

예수님을 배반하지 않고 예수님 좇을 수 있는

베드로 같은 제자가 되게 하여주시옵소서.

날마다
기막힌
새벽 3

그 길 따라 그 식대로 살아보기

23

죽이는 사람, 살리는 사람

요한복음 7:1-9

¹ 그 후에 예수께서 갈릴리에서 다니시고 유대에서 다니려 아니하심은 유대인들이 죽이려 함이러라 ² 유대인의 명절인 초막절이 가까운지라 ³ 그 형제들이 예수께 이르되 당신이 행하는 일을 제자들도 보게 여기를 떠나 유대로 가소서 ⁴ 스스로 나타나기를 구하면서 묻혀서 일하는 사람이 없나니 이 일을 행하려 하거든 자신을 세상에 나타내소서 하니 ⁵ 이는 그 형제들까지도 예수를 믿지 아니함이러라 ⁶ 예수께서 이르시되 내 때는 아직 이르지 아니하였거니와 너희 때는 늘 준비되어 있느니라 ⁷ 세상이 너희를 미워하지 아니하되 나를 미워하나니 이는 내가 세상의 일들을 악하다고 증언함이라 ⁸ 너희는 명절에 올라가라 내 때가 아직 차지 못하였으니 나는 이 명절에 아직 올라가지 아니하노라 ⁹ 이 말씀을 하시고 갈릴리에 머물러 계시니라

I.

거의 30년도 더 전에 있었던 일이다. 새벽에 운전하는데, 고양이 한 마리가 넓은 대로를 전속력으로 가로질러 달리다가 그만 차에 치여 죽었다. 그것을 눈으로 보면서 참 마음이 아

팠다. 생명이 죽어가는 것을 보는 일은 유쾌한 일이 아니지 않은가. 그날 운전하다가 하나님께 기도했다. "하나님, 제 차에는 벌레 한 마리도 안 죽게 해주세요." 사람으로선 불가능한 일이지 않은가? 그런데 내 차에 치여 생명이 다치거나 죽는 게 싫다고, 그렇게 해달라고 기도했던 적이 있다.

2.

안식년을 보내면서 뉴질랜드에서 한 달간 생활한 적이 있다. 그때 빌려서 지냈던 집에 뜰이랑 조그마한 화단이 있었는데, 꽃들이 제법 많아서 가꾸는 재미가 있었다. 그때까지 식물 가꾸는 일에 큰 흥미가 없었는데 그때 뉴질랜드에 있으면서 식물 가꾸는 것도 참 재미있는 일이란 사실을 깨달았다.

그 화단에 제법 큰 회양목 두 그루가 있었다. 그런데 그게 둘 다 거의 절반씩 죽어 있었다. 그래도 절반은 살아 있는 나무니까 매일 물을 주고 가꾸었더니, 한 달 쯤 되어 둘 다 살아났다. 그게 그렇게 기쁠 수 없었다. 죽어가던 것이 내 손길에 닿아서 살아난다는 것, 보통 희열이 아니었다. '살리는 게 이렇게 기쁜 일이구나'라는 걸 체험하게 되었다.

3.

우리는 생존 경쟁이 치열한 세상에서 살아가고 있다. 약육강식의 세상이다. 동물의 세계도 당연히 약육강식의 세계이다. 강한 동물이 약한 동물을 잡아먹지만, 아무리 강한 동물이라도 자기 배만 부르면 더는 사냥하지 않는다. 그러므로 약한 동물들도 얼마든지 생존할 수 있다. 생존뿐만 아니라 번성할 수도 있다.

4.

그런데 유독 인간만이 그렇질 못하다. 인간은 먹고 배불러도 사냥을 그치지 않는다. 강자가 약자를 계속 사냥하다 보니 약자가 살아남기 어려운 세상이 되었다. 남을 짓밟고 찌르고 빼앗고 죽이는 일이 사람보다 더 심한 동물은 세상에 없는 것 같다.

5.

강한 자가 되어서 내가 죽지 않고 남을 죽이며 살면, 잘 살까? 행복할까? 그렇지 않다. 예전에 유행했던 식인종 시리즈 중에 이런 얘기가 있다. 어느 식인종 아이가 부모를 잡아먹고는 "나는 고아다" 하며 울었다는 얘기다. 이 우스갯소리에 굉장히 중요한 철학이 담겨 있다.

사람들은 자기가 잡아먹히지 않으려고 잡아먹으며 산다. 잡아먹으면 잘살 거라고 생각했고 행복할 줄 알았지만, 강한 자는 점점 더 외로워진다.

6.

약한 자는 불안에 떨며 죽게 되지만, 강한 자는 늘 고아가 되어 외롭다. 그러니 강자가 되어도 행복하지 못하고 약자가 되어도 행복하지 못한 세상을 우리 인간들이 만들어가고 있는 것이다.

7.

서로 불신하고 서로 미워하며 서로 경쟁하고 상처 주고 빼앗고 찌르고 불안해하면서 외롭게 사는, 어리석은 인간들의 모습이다. 오히려 동물의 세계에는 평화가 있는데 인간의 세계에는 평화가 없다. 왜 그럴까? 욕심 때문이다. 지나친 욕심 때문이다. 죽이다 죽이다 하나님까지 죽인다.

8.

본문을 보면, 예수님이 유대인들에게 죽임당할 위기에 처하셨다. 유대인들이 예수님을 죽이려고 했다. 그리고 실제로 죽였다. 하나님을 모르는 이방인들이 예수님을 죽였다고 하면, 이해는 간다. 하나님을 모르고, 하나님을 믿지 않으니까. 하지만 예수님은 하나님을 믿지 않는 이방인들의 손에 죽으신 것이 아니다. 하나님을 믿는다고, 자기들은 선민이라고 자랑하며 다른 사람은 하나님도 모르는 이방인이라고 개 취급하던 그 잘난 유대인들에게 죽임당하셨다.

9.

유대인들은 왜 예수님을 죽이려 했고, 왜 죽였을까? 욕심 때문이다. 유대인 중에서도 바리새인이나 제사장 같은 교권주의자들이 먼저 예수님을 배척했다. 그들이 누리고 있는 기득권을 예수님이 자꾸 건드시니까 그걸 방어하다가 예수님을 죽인 것이다. 욕심 때문에 혼자만 잘먹고 잘살겠다고 사람 죽이는 일에 습관 되어 있는 사람은 결국 하나님까지 죽이는 우를 범하게 된다.

10.

예수 믿지 않는 사람들이 욕심부리면서 그렇게 살벌하게 사는 건 이해라도 된다. 그런데 예수 믿는다고 하는 사람들이 그러는 것은 정말 이해하기 어렵다. 가만히 보면 예수 믿는 사람들이 더한 것 같다. 조금만 자기와 생각이 다르면, 자기가 조금만 손해를 볼 것 같으면 믿지 않는 사람들보다 더 무섭게 달려든다.

11.

오늘날 우리 한국 교회도 본문의 유대인들과 똑같은 유형의 사람들에 의해 무너져가고 있다. 사람들에게 손가락질을 받고 있다. 하나님의 이름이 땅에 떨어지고 발에 밟히는 소금처럼 되어가고 있다.

손해 볼 줄을 모른다. 사람들을 지키지 않고 교회를 지키려고 한다. 남이 잘되는 걸 기뻐하고 축복해줄 줄 알아야 하는데, "그는 흥하여야 하겠고 나는 쇠하여야 하리라"라는 세례 요한의 마음을 본받아 살아야 하는데, 그것을 잃고 산다.

12.

유대인들이 예수님을 죽였듯이, 우리에게도 그와 같은 우를 범할 위험성이 다분하다. 자기를 지키기 위해 남을 죽이려는 세상적인 본능에 젖어 살다 보면 우리도 모르는 사이에 하나님까지 죽이는 유대인들의 우를 범하기가 쉽다.

기독교의 정신을 우리가 배우지 않았는가? "너는 복이 될지라 … 땅의 모든 족속이 너로 말미암아 복을 얻을 것이라 하신지라"(창 12:2,3). 나를 지키기 위해서 남을 죽이는 것이 아니라 남을 살리기 위하여 도리어 자기를 내어놓는 것이 기독교의 정신 아닌가? 우리가 이 정신을 기억하고 세례 요한의 "그는 흥하여야 하겠고 나는 쇠하여야 하리라"라는 고백을 마음에 품고 산다면, 그것이 교회를 살리는 일이 될 것이다. 그것이 하나님의 이름을 거룩하게 하는 일이 되고 하나님의 영광을 드러내는 일이 될 줄 믿는다.

●

"너는 복의 근원이 되거라.
너로 인하여 나라와 민족이 복을 얻도록 하거라.
너로 인해 약한 자들이 복을 받고 잘사는 세상을 만들어라"
말씀하시는데 우리는 듣기는 하면서, 깨닫기는 하면서
사는 것은 세상 사람과 똑같아서,

아니 때로는 그들보다 더 나빠서 죽이고 비방하고
발로 짓밟고 자기 자리를 지키는 유대인들과 똑같이 살다가
결국 우리 예수 믿는 사람들이 하나님의 이름을 깎아내리고
하나님을 죽이고 주의 몸 된 교회를
점점 쇠약하게 만드는 역할을 하면서 살아가고 있습니다.

하나님, 우리가 복의 근원이 되게 하여주옵소서.
나 잘살겠다고 남 죽이는 삶 살지 말게 하시고
남 살리기 위하여 자기를 죽일 줄 아는
십자가의 정신을 가지고 살아
사람도 살리고 하나님나라도 살리고
하나님의 이름도 높여드리는 삶을 살아가게 하옵소서.

24

예수를 미혹하는 자라 부른 사람들

요한복음 7:10-18

10 그 형제들이 명절에 올라간 후에 자기도 올라가시되 나타내지 않고 은밀히 가시니라 11 명절중에 유대인들이 예수를 찾으면서 그가 어디 있느냐 하고 12 예수에 대하여 무리 중에서 수군거림이 많아 어떤 사람은 좋은 사람이라 하며 어떤 사람은 아니라 무리를 미혹한다 하나 13 그러나 유대인들을 두려워하므로 드러나게 그에 대하여 말하는 자가 없더라 14 이미 명절의 중간이 되어 예수께서 성전에 올라가사 가르치시니 15 유대인들이 놀랍게 여겨 이르되 이 사람은 배우지 아니하였거늘 어떻게 글을 아느냐 하니 16 예수께서 대답하여 이르시되 내 교훈은 내 것이 아니요 나를 보내신 이의 것이니라 17 사람이 하나님의 뜻을 행하려 하면 이 교훈이 하나님께로부터 왔는지 내가 스스로 말함인지 알리라 18 스스로 말하는 자는 자기 영광만 구하되 보내신 이의 영광을 구하는 자는 참되니 그 속에 불의가 없느니라

I.

예수님 당시에 예수님에 대한 사람들의 평은 둘로 나뉘었다. 하나는 좋은 사람이라고 평했고, 또 적지 않은 사람들은 예

수님을 무리를 미혹하는 사람이라고 평가했다. 어떤 사람이 미혹하는 사람이고, 어떤 사람이 정말 좋은 사람인가에 대해 예수님은 이런 말씀을 하셨다.

2.

'스스로 말하는 사람, 자기 말을 하는 사람, 그 목적이 자기의 이익과 영광에 있는 사람은 미혹하는 사람이다. 그러나 자기 말을 하지 않고 하나님께로부터 받은 말을 하는 사람, 자기의 이익과 영광을 위해 말하지 않고 하나님의 나라와 하나님의 의와 영광을 위해, 하나님의 백성을 위해 말하는 사람은 좋은 사람이다.'

이런 뜻의 말씀을 하시면서 예수님은 "예수께서 대답하여 이르시되 내 교훈은 내 것이 아니요 나를 보내신 이의 것이니라"라고 말씀하셨다.

3.

나에게는 '날마다 기막힌 새벽'에 설교를 올리는 일이 아침마다 가족들 먹이려고 차리는 밥상 같다. 팔아서 장사하려고 차리는 밥상이 아니다. 매일 내가 차린 밥상을 기쁘게 받아서 맛있게 먹어주면 정말 기쁘다. 바쁘다고 밥 안 먹고 나가면 참 속상하다.

4.

사실, 솔직히 말해서 구독자 수나 조회수가 줄면 속상하다. 인기 떨어질까봐 조바심 내는 것이라고 오해받을 수도 있지만, 그래서 아무렇지도 않은 척할 수도 있지만 그것은 정직한 게 아니기 때문에 솔직히 고백한다. 밥 안 먹고 나가는 식구가 걱정되고, 그래서 속상한 것이 솔직한 내 마음이다.

5.

날기새 방송은 은퇴 후 내 소명이 끝난 줄 알았을 때 하나님께서 다시 주신 소명이다. 이 일을 하면서 내가 좋은 사역자가 될 수도 있고, 잘못하면 사람들을 미혹하는 거짓 사역자가 될 수도 있다. 이를 무엇으로 가늠할 수 있을까?

6.

그것은 '내 말을 하는가, 하나님이 주시는 하나님의 말씀을 하는가'에 달려 있다. 또 '그 목적이 인기나 구독자 수를 늘려서 영향력을 행사하려는 데 있는가, 하나님을 전하고 하나님의 영광을 구하는 데 있는가'로 알 수 있다. 내 욕망을 숨기고 하나님을 팔아 장사하려고 한다면, 그것은 미혹하는 것이다. 그렇지 않고 정말 하나님나라와 영광을 위해서, 하나님의 백성을 배불리 먹이기 위해서 하는 순수한 마음을 갖는다면 누가 뭐라 해도 나는 하나님이 기뻐하시며 칭찬하시는 좋은 사역자라고 믿는다.

7.

이 갈림길에서 누구나 조심하며 살아야 한다. 나는 좋은 사람이 되고 싶다. 끝까지 추한 모습 보이지 않고, 좋은 하나님의 사람으로 사역하다가 하나님 앞에 가고 싶다.

8.

유대인들은 자기 영광과 자기 이익을 지키려고 하다가 예수님을 죽였다. 우리도 똑같은 우를 범하기 쉬운 사람들인데, 그런 실수를 범하지 않고 하나님이 주시는 말씀을 전하며 하나님께만 영광돌리며 살기를 바란다.

●

예수님이 이 땅에 계실 때
예수님을 미혹하는 사람이라고 평했던 사람들이 있었습니다.
예수님은 좋은 사람과 미혹하는 사람에 대한
정확한 정의를 내려주셨습니다.
'자기 말을 하고 자기 생각을 전하고
그것을 통하여 자기 영광과 자기 유익을
구하는 자는 미혹하는 사람이다.
자기 말을 하는 것이 아니라
하나님으로부터 오는 말을 전하고
순수한 마음으로 하나님의 영광을 위하여
행하는 사람은 좋은 사람이다.'

하나님, 좋은 사람으로 살고 싶지만
저에게도 미혹하는 사람의 본성이 있음을 깨닫습니다.
시험에 들지 않게 우리의 부족한 것을 지켜주세요.
먹든지 마시든지 무엇을 하든지
다 하나님의 영광을 위하여 일할 수 있는
순수한 그리스도인들이 될 수 있도록 축복하여주시옵소서.
좋은 그리스도의 사람으로 하나님께 칭찬받고
사람들에게 인정받는 하나님의 사람들이 되게 하여주옵소서.

25

생수의 강이 흐르게 하옵소서

요한복음 7:37-39

37 명절 끝날 곧 큰 날에 예수께서 서서 외쳐 이르시되 누구든지 목마르거든 내게로 와서 마시라 38 나를 믿는 자는 성경에 이름과 같이 그 배에서 생수의 강이 흘러나오리라 하시니 39 이는 그를 믿는 자들이 받을 성령을 가리켜 말씀하신 것이라 (예수께서 아직 영광을 받지 않으셨으므로 성령이 아직 그들에게 계시지 아니하시더라)

I.

얼마 전에 사진관에 가서 여권 사진을 찍었다. 여권 유효기간 만료 전에 여권을 갱신하기 위해서다. 사진을 찍다가 문득 '이게 마지막 여권 사진일 수도 있겠다'라는 생각이 들었다. 여권 사진은 보통 10년 단위로 찍으니까 '10년 후에 내가 여권 갱신하러 다시 사진을 찍을 수 있을까?' 하는 생각이 잠시 스쳐 지나갔다.

2.

공부를 잘하는 아이들은 시험을 보기 전에 예상 문제를 많이
푼다. 어떤 문제가 나올진 모르지만, 예상 문제를 통해 어떤
문제가 나올지 예상해보고, 이 문제 저 문제 풀면서 실력을
쌓는다. 나는 인생도 마찬가지라고 생각했다.

3.

내가 제일 열심히 풀었던 예상 문제는 은퇴였다. '은퇴 잘해
야지. 곱게 해야지. 추하게 은퇴하지 말아야지. 뒤끝이 깨끗
해야지.'
그래서 문제를 많이 풀었다. 미리 연습하고 또 연습하고, 기
도하고, 생각했다. 그래서 막상 은퇴 문제가 출제되었을 때
크게 당황하지 않고 준비한 대로 꽤 잘 풀었던 것 같다.

4.

지금 내가 준비하고 연습하고 있는 문제는, 좀 무거울 수 있
지만, 죽음이다. 죽음의 문제는 사실 그렇게 어려운 문제는
아니다. 나는 부활도 믿고, 영생도 믿기 때문에 죽음의 문제
를 푸는 데 훈련이 꽤 잘되어 있다고 자신할 수 있다. 죽음은
별로 무섭지 않다. 조금 낯설 뿐이다. 요즘 죽음을 생각하면
낯선 느낌에 조금 더 친해져야겠다, 조금 더 편해져야겠다고
생각하지만, 죽음이 두렵지는 않다.

5.

다만 힘들고 쉽지 않은 것은, 누구나 그렇겠지만 죽음으로 가는 과정이다. 특히 나는 암을 앓고 있기 때문에 그 생각을 조금 더 심각하게 하는 것 같다. 그건, 쉽지 않다.

6.

나는 세 종류의 암을 앓고 있는 암 환자다. 그중에서도 폐암 환자인데, 폐암은 조금 무서운 암이다. 재발 확률이 꽤 높다. 정기적으로 CT를 찍고 재발 여부를 확인해야 한다. 얼마 전에도 병원에 가서 검사 결과를 들었다. 암 환자들이 늘 긴장하는 시간이다. 재발하면 고생을 좀 해야 한다. 많이 힘들다. 솔직히 그런 일 당하지 않고 그냥 쉽게 '소프트랜딩' 했으면 좋겠다.

7.

하지만 시험 준비는 그렇게 하는 게 아니다. '어려운 문제는 안 나오면 좋겠다. 안 나올 거야' 하고 연습하지 않으면 낙제하기 딱 좋다. 어려운 문제가 안 나오면 좋지만 나올 것을 가정하고 그런 문제는 어떻게 푸는지 풀이 방법을 연습하고 훈련해야 한다. 미리미리 어려운 문제들을 푸는 연습을 해야 한다. 원하지는 않았지만, 막상 그 문제가 내 삶에 출제되었을 때 당황하지 않고 잘 풀어낼 수 있도록 시험 보기 전에 준비를 해야 한다.

8.

소프트랜딩 하면 좋겠지만, 나의 경우에 대입하자면 암이 재발하지 않고 편안한 죽음을 맞이하면 좋겠지만, 하드랜딩 할 수도 있지 않은가.

만일 죽음으로 가는 길이 내가 원치 않는 하드랜딩이라면 어떻게 해야 할까? 답은 나와 있다. 그것은 뷰티풀랜딩이다.

9.

'근사하게 죽어야지. 아름답게 죽어야지. 아름다운 삶을 살다가 가야지.'

나는 이런 말을 자주 했다. 죽음으로 가는 길이 소프트랜딩이라면 뷰티풀랜딩이 그렇게 어려울 것 같지 않다. 그런데 내가 지금 예상 문제로 풀고 있는 것은, 하드랜딩일 때도 뷰티풀랜딩을 할 수 있을까 하는 것이다.

10.

스스로 나에게 묻는다. '너 할 수 있어? 너 자신 있어? 너 그럴 능력이 있어?' 내 대답은 '없다'이다.

11.

나한텐 그 능력이 없다. 가끔 그런 능력이 나에게 있다고 착각할 순 있지만, 괜히 있는 척 허풍 떨고 허세를 부릴 수는 있지만, 막상 닥치면 그렇게 만만한 일이 아니다. 그 힘이 나에게는 없다. 그 능력이 내게는 없다. 그러면 어떡하는가? 하드랜딩 안 하고 소프트랜딩 하게 해달라고 기도하는 수밖에 없을까? 그렇지 않다.

12.

암을 발견하고 아주 힘들게 항암치료를 할 때, 불안하고 우울했다. 그래서 하나님 앞에 '불안해하는 모습이 싫습니다. 예수 믿는 사람인데, 목사인데 이렇게 우울함에 사로잡혀 있는 게 창피합니다. 마음에 평안을 주세요'라고 기도했다. 그런데 그 평안은 내 힘으로 만들어지지 않는다.

13.

암에 짓눌려 있던 그때, 마침 비가 오는 날이었는데 창가에서 비 오는 것을 내다보다가 '평화가 비처럼 하늘에서 쏟아지면 나는 밖에 나가서 서 있으면 되겠구나' 하는 생각이 들었다. 거부할 수 없는 평화. "평화 평화로다 하늘 위에서 내려오네"라는 찬송처럼.

14.

그런 생각이 나서 하나님 앞에 기도했다. '하나님, 평화를 비처럼 쏟아부어 주세요. 내가 노력해서, 연습해서, 공부해서가 아니라 하나님이 은혜로 쏟아부어 주셔서 그 은혜에 흠뻑 젖게 해주세요. 그로 말미암아 모든 불안과 우울을 넘겨버리

고 주님이 주시는 평안과 평화를 누리게 해주세요.'
하나님이 그 기도를 들어주셨다.

15.

언젠가 암 재발 여부를 검사하는데, CT 검사 결과가 깨끗하지 않아서 한 달 만에 다시 CT를 찍었다. 그 결과를 들으러 병원에 가는 날은 참 불안한 날이다. 그때, 이 기도를 했었다. 그러자 하나님이 감당할 수 없는, 이유를 알 수 없는 평안을 주셔서 담담한 마음으로 병원에 가서 검사 결과를 듣고 올 수 있었다.

16.

나는 본문 말씀이 참 좋았다. 특히 38절의 말씀이 좋았다. 예수님이 친히 하신 말씀이다. "나를 믿는 자는 성경에 이름과 같이 그 배에서 생수의 강이 흘러나오리라 하시니."

17.

이 말씀을 읽을 때 에스겔서 47장 말씀이 생각났다. 에스겔서 47장에 에스겔이 본 환상이 나온다. 예루살렘 성전에서부터 물이 흘러나오기 시작해 발목에 차고, 무릎에 차고, 허리에 차더니 헤엄칠 만한 물이 되고, 그 물이 바다로 흘러가는데, 그 물로 죽었던 바다가 살아나리라는 말씀이다. 강가의 모든 죽었던 것들이 소생할 것이며 새 열매를 맺으리라는 에스겔서의 말씀이 본문의 말씀과 연결되었다.

18.

바다를 어떻게 살리는가. 어떻게 이 상황에서 늘 기뻐하고 평안을 누리고 나를 짓누르는 것들을 이겨낼 수 있겠는가? 그런데 속에서 생수가 흘러나오면, 계속해서 흘러나오면 그게 무릎에 차고 허리에 차고 헤엄칠 만한 물이 되고 바다에 이르러 강에 있는 모든 것들을 살리고 강 주변뿐만 아니라 바다를 살린다는 것이 믿어졌다.

비 오는 날 하나님 앞에 '하나님, 평화를 주세요. 감당할 수 없는 평안을 주세요'라고 기도했던 것처럼 '예수님 잘 믿을 테니 하나님, 제 배에서 생수의 강이 흘러넘치게 해주세요. 그래서 불안함에 메마르지 않고 우울함에 찌들지 않고 그 모든 것을 이겨내고 항상 기뻐하고 범사에 감사하고 하나님을 찬양할 수 있는 그런 삶을 살 수 있게 해주세요'라는 마음으로 본문 말씀을 받았다.

19.

예수님은 생수의 강이 흘러나와야 한다는 말씀을 이렇게 해석해주셨다. "이는 그를 믿는 자들이 받을 성령을 가리켜 말씀하신 것이라." 다시 말해, 성령으로 거듭나는 것, 성령으로 충만한 것을 가리키신 것이다.

20.

하나님께서 우리에게 약속하신 대로 우리 삶의 배에서 생수의 강이, 성령의 충만함이 흘러넘쳐서 세상의 모든 불안과 근심과 걱정과 아픔과 상처와 괴로움을 다 씻어내고, 모든 죽었던 것들이 살아나고 바다같이 큰 인생의 어두움을 다 살려내는 축복의 증인들이 될 수 있기를 기도한다.

●

세상은 악하고 강하고, 우리는 연약합니다.
그러므로 세상이 주는 근심과 걱정과 불안과
두려움과 마음의 상처와 우울함을 이겨낼 길이 없습니다.
그것을 이겨내고 근사한 뷰티풀랜딩으로
하나님 앞에 갈 능력이 제게는 없습니다.
그러나 이 귀한 말씀을 믿음으로 받습니다.
"나를 믿는 자에게는 배에서 생수가 흘러나오리라."
에스겔서 47장의 말씀처럼 내 배에서
생수의 강이 흘러나온다면 바다도 살아나고, 강도 살아나고
강 주변의 모든 죽었던 것들도 살아나리라 믿어집니다.
하나님, 그 성령을 제게도 주시옵소서.
속에서 솟아나는 생수 같은 하나님의 말씀과 축복이 넘쳐나고
힘든 세상, 이겨낼 수 없는 세상을 능히 이겨 살게 하옵소서.

26

함부로 정죄하지 말라

요한복음 8:1-11

1 예수는 감람 산으로 가시니라 2 아침에 다시 성전으로 들어오시니 백성이 다 나아오는지라 앉으사 그들을 가르치시더니 3 서기관들과 바리새인들이 음행 중에 잡힌 여자를 끌고 와서 가운데 세우고 4 예수께 말하되 선생이여 이 여자가 간음하다가 현장에서 잡혔나이다 5 모세는 율법에 이러한 여자를 돌로 치라 명하였거니와 선생은 어떻게 말하겠나이까 6 그들이 이렇게 말함은 고발할 조건을 얻고자 하여 예수를 시험함이러라 예수께서 몸을 굽히사 손가락으로 땅에 쓰시니 7 그들이 묻기를 마지 아니하는지라 이에 일어나 이르시되 너희 중에 죄 없는 자가 먼저 돌로 치라 하시고 8 다시 몸을 굽혀 손가락으로 땅에 쓰시니 9 그들이 이 말씀을 듣고 양심에 가책을 느껴 어른으로 시작하여 젊은이까지 하나씩 하나씩 나가고 오직 예수와 그 가운데 섰는 여자만 남았더라 10 예수께서 일어나사 여자 외에 아무도 없는 것을 보시고 이르시되 여자여 너를 고발하던 그들이 어디 있느냐 너를 정죄한 자가 없느냐 11 대답하되 주여 없나이다 예수께서 이르시되 나도 너를 정죄하지 아니하노니 가서 다시는 죄를 범하지 말라 하시니라

I.

바리새인들과 서기관들이 간음하다가 현장에서 붙잡힌 여자를 끌고 예수님 앞에 나와서 물었다. "이 여자를 어떻게 할까요? 율법에는 돌로 치라고 했는데 어떻게 할까요?"

2.

왜 물었을까? 예수님에게 배우려고? 교훈을 얻으려고? 예수님이 말씀하시면 따르려고? 아니다. 성경은 저들이 예수님을 고발할 조건을 얻으려고 미끼를 던진 것이라고 했다. 아마 그들은 예수님이 그 여자를 불쌍히 여기시고 그러지 말라며 막을 것이라고 예상했을 것이다. 그러면 율법을 무시하고 교회의 가르침에 반대하는 사람이라고 고발하려는 마음이었을 것이다. 또 설령 죽이라고 하면 '사랑, 사랑' 하면서 죽이라고 했다고 예수님을 비방할 것이 뻔했다.

3.

덫을 놓고 사람을 사냥하는 사람들이 늘 있다. 요즘도 있다. 가장 나쁜 행위다. 하나님이 가장 싫어하시는 일이다. 사람과 다툴 수도 있고 싸울 수도 있는데, 어떡하든 그것을 이기겠다고 덫을 놓고 속이고 함정을 파는 일은 정말 사악한 일이다. 우리라고 그런 마음이 없겠는가? 우리에게도 그런 죄악 된 본능이 있다. 그러나 그것을 버릴 수 있어야 한다. 사람을 잡으려고 덫을 놓는 그런 악한 일을 하고서는 하나님의 복을 받고 살 수가 없다.

4.

예수님이 "너희 중에 죄 없는 자가 먼저 돌로 치라"라고 말씀하셨다. 그래도 양심은 있었던 것 같다. 요즘 같았으면 그 여자는 그냥 돌에 맞아 죽지 않았을까. 예수님의 말씀에 그곳에 모인 누구도 아무 말 못 하고 슬금슬금 도망하듯이 그 자리를 피해서 결국 예수님과 그 여자 둘만 남았다.

"여자여 너를 고발하던 그들이 어디 있느냐"라고 묻자 여자가 대답했다. "주여 없나이다." 그때 예수님이 우리가 꼭 배우고 마음에 새기고 삶에서 실천해야 할 가장 중요한 메시지를 전해주신다. "나도 너를 정죄하지 아니하노니 가서 다시는 죄를 범하지 말라."

5.

예수님의 말씀에는 두 가지 중요한 의미가 담겨 있다.
'나도 너를 정죄하지는 않을 거야.'
'그렇지만 다시 죄를 짓지 말아라.'
이것이 우리 예수 믿는 사람들이 죄에 대해서, 옳지 않음에도 대해서, 사람에 대해서 가져야 할 정확한 태도이다. 잘못된 것은 '간음하지 말아라. 다시는 죄를 범하지 말아라'라고 말해야 한다. 그것도 말을 안 하면 안 된다. 잘못을 지적하고 죄짓지 말라고 얘기는 하되, 정죄는 하지 말라는 것이다.

6.

요즘 우리 시대의 가장 큰 문제가 무엇일까? 사람들은 늘 옳고 그름을 이야기한다. 정의와 불의를 이야기한다. 그런데 대개 자기가 생각하는 것이 정의고, 자기가 생각하는 것과 다른 생각을 하는 사람은 정의가 아니라고 생각한다. 자기가 생각하는 것은 다 옳고, 남이 생각하는 것은 그르다고 생각한다.

7.

그런데 거기에서 더 나아가 자기와 생각이 다르면 편을 나누고, 패를 가른다. 상대편은 적군이 된다. 그들을 정죄하고 궤멸시키기 위해 그들의 사상을 부풀리고 위장하고 과장한다. 그리고 위기를 조장한다. '저들은 세상을 파괴하려는 사람이다. 교회를 해치려는 사람이다. 위험한 종자들이다.' 그것을 이용하여 세력을 형성하고 그 힘으로 자기와 다른 생각을 가진 사람들을 말살하려는 것이 오늘날 우리의 크나큰 문제이다.

8.

앞에서도 말했듯이 우리 예수 믿는 사람들은 이 사실을 분명히 배워야 한다. 정죄해서는 안 된다. 옳고 그른지를 토론하고 비판할 수는 있지만, 우리가 하나님처럼 되어서 정죄하면 안 된다. 나도 틀릴 수 있기 때문이다.

9.

적합한 비유일지는 모르겠는데, 한 가지 예화를 들어보려고
한다. 내가 동안교회에서 시무할 때 예배당을 새로 크게 잘
지었다. 예배당 짓고 얼마 안 되었을 때, 비가 부슬부슬 오는
날이었다. 사무장 집사님이 들어와서 밖에서 지금 예비군 동
원훈련을 하고 있는데, 비가 오니까 예비군 중대장이 교회
체육관을 빌려달라고 요청했다는 말을 전해주었다. 나는 체
육관 말고 본당을 쓰라고 하라고 했다. 그래서 그 예비군들
이 본당에 와서 교육받고 갔다.

10.

그런데 그 일로 장로님들의 걱정이 많았다. 예비군들을 예배
당에 들였다고. 왜 그러시냐고 했더니 총 들고 예배당에 들
어왔다는 것이다. 그래서 내가 웃으면서 "아니, 예비군이 총
들고 다니지 막대기 들고 다닙니까?"라고 하며 넘겼는데, 장
로님 몇 분이 정말 흥분했던 이유가 있었다. 예비군들이 화
장실을 사용하면서 담배를 피우고, 담배꽁초를 여기저기에
버려둔 것이다. 솔직히 말하면 조금 무례한 태도이다. 그것
때문에 장로님 몇 분이 크게 화를 내며 다시는 교회에 못 오
게 하고 빌려주지 말라고 흥분을 하셨다. 그때 내가 장로님
들에게 이런 말을 했다.

"장로님, 교회 화장실에 담배꽁초 있는 건 좋은 징조예요. 저
예비군들이 지금은 교회 안 다니고 담배 피우고 하지만, 어

렸을 때 한두 번은 교회에 갔을 거 아닙니까. 그런데 교회 문턱이 높아서 저들이 지금은 교회에 쉽게 오지 못합니다. 교회 문턱이 얼마나 높은지 아십니까? 담배 피운다, 이런다 저런다 해서 눈치 주기 때문에 교회에 잘 못 오는데 저들이 예비군 훈련한다고 쉽게 넘어오지 않았습니까. 저렇게 들락거리다 보면 교회에 익숙해지고, 교회 다시 나올 사람들도 있지 않겠습니까?"

그랬더니 장로님들이 수긍하였다. 내가 한마디 덧붙였다.

"장로님, 우리 화장실에 뭐 하나 써 붙이지요. 담배꽁초 버려도 됨."

농담같이 이야기했지만 진심이었다. 담배 피우는 것은 피지 말라고 이야기할 수 있다. 몸에 나쁘니까. 몹시 나쁘니까. 그런데 담배 피운다고 정죄하고 눈치를 줘서 교회 나오는 것까지 어렵게 만드는 것은 절대 지혜로운 일이 아니다.

II.

죄는 미워하되 사람은 미워하지 말라는 말이 있다. 평범한 말 같지만, 쉽지는 않다. 그런데 정말 이 말을 실천해야 한다. 우리는 너무 섣불리 사람을 정죄하려고 한다. 그 본성에는 무엇이 있는 줄 아는가? 자기의 죄를 가림이다. '나는 저 사람들과 달라. 나는 의로워'라는 바리새인과 같은 마음이 있는 것이다.

12.

교회를 지키려고 하다가 사람들을 배척한다. 이는 병들었다고 병자들을 병원에 못 들어오게 하는 것과 같다. 그럼 병원은 망하고 만다. "다시는 죄를 범하지 말라"라는 이 가르침은 개인에 대해서나 사회에 대해서나 있어야 하지만, 사람을 함부로 정죄해서 교회에 들어오지도 못하게 기회를 박탈하는 일이 있어서는 안 된다.

13.

예수님이 십자가에 달리시기 전에 예수님에게 와서 옥합을 깨뜨려 예수님 발에 향유를 부었던 여인이 있다. 많은 학자들이 그 여인이 누굴까 추정했는데, 정확한 근거는 없지만 그 여자가 간음하다가 현장에서 붙잡혔던 여인이었을 가능성이 크다고 추측할 때 나도 '그럴 수 있겠다' 싶었다. 예수님으로부터 그런 용서를 받고, 그런 말을 들은 사람이라면 다시는 범죄할 마음을 품지 않고 회개할 마음을 가질 수 있었겠다 싶었다.

14.

정죄함으로 사람을 변화시킬 가능성은 적다. 사람을 품고 받아들이고 끌어안고 사랑하는 마음으로 '다시는 범죄하지 말라'고 말할 수 있기를, 그런 힘을 가진 교회와 하나님의 사람이 다 되었으면 좋겠다. 죄는 미워하여 단호하고 엄격하게 대하되, 죄인은 미워하지 말고 용납하고 불쌍히 여기고 받아들여주는 우리가 되기를 주의 이름으로 축원한다.

●

간음한 여인에 대해서 '나도 너를 정죄하지 아니하노니
다시는 죄를 범하지 말아라'라고 하신 예수님의 분명한 메시지를
받아서 우리가 그렇게 살 수 있게 하여주시옵소서.
'죄는 옳다, 아니다 할 수 있으나
함부로 정죄하지 말아라.'
자기의 의를 드러내려고, 자기가 의롭다고
자기 믿음이 좋다는 것을 강조하기 위하여
함부로 남을 판단하고 정죄하는
바리새인과 서기관과 같은 우를 범할 때가 많습니다.
하나님, 그와 같은 잘못에 빠지지 아니하도록
우리 삶을 지켜주시옵소서.

27

세상의 빛 예수

요한복음 8:12

12 예수께서 또 말씀하여 이르시되 나는 세상의 빛이니 나를 따르는 자는 어
둠에 다니지 아니하고 생명의 빛을 얻으리라

I.

삶은 살수록 점점 무겁다. 표현하자면 젖은 솜 같다. 그리고
때로는 사는 게 참 무섭다 싶을 때도 많다. 우리 막내 이야기
를 해보려고 한다.

우리 집에서 장사하는 아이는 막내밖에 없다. 빈티지숍을
운영하는데 코로나 시기를 지나며 꽤 어려운 것 같다. 내색
하진 않지만, 가끔 잠들어 있는 걸 보면 얼마나 힘들까, 얼마
나 무거울까 하는 생각에 참 안쓰럽다. 요즘 코로나로 어려
운 사람들이 얼마나 많은가. 막내를 보면서 코로나 때문에
어렵고 무거운 짐을 진 사람들의 삶의 무게를 많이 느낄 수
있었다.

2.

내 주변에는 암 환자들이 참 많다. 그리고 나도 암 환자다. 그러다 보니 암으로 고통 받는 분들의 소식을 자주 접하게 된다. 나도 그렇게 될 가능성이 있는 암 환자이기 때문에 그런 것을 생각하면 큰 돌덩어리가 마음에 앉아 있는 것 같다. 우울해지고 어두워지고 앞이 캄캄해지곤 한다.

3.

그런데 암보다 더 힘들고 고통스러운 것이 있다. 사람이다. 사람이 사람을 힘들게 할 때, 사람이 사람을 아프게 할 때 암보다 더 힘들고 무섭다. 그렇게 힘들게 하는 사람이 남이라면 그래도 조금 견딜 만할 텐데, 그 사람이 사랑하는 가족이라면, 남편이라면, 아내라면, 자식이라면, 부모라면, 형제라면, 그 고통은 이루 상상할 수가 없다.

4.

생각해보면 우리 막내가 겪는 문제는 제일 쉬운 문제인 것 같다. 돈만 있으면 해결되니까. 경제가 풀리고 장사가 잘되면 금방 상황이 나아지지 않겠는가. 그러니 돈도 꽤 힘이 세다. 돈으로 무거운 짐을 벗겨줄 수도 있으니 말이다. 돈으로 해결할 수 있는 것이 꽤 많다. 그러니 사람들이 '돈, 돈' 하는 것 아니겠는가.

5.

그런데 문제는 돈이 꽤 많은 문제를 해결하긴 하지만 돈으로 모든 문제가 해결되지는 않는다는 것이다. 그것이 돈의 한계이다. 돈 많은 사람이라고 불안하고 두려운 공황장애가 안 오는가? 그건 돈과 아무 상관이 없다. 사람이 고통을 주고 마음 아프게 하는데 그게 돈과 무슨 상관인가? 재벌들도 형제의 난이니 하면서 가족끼리 싸우는데, 그들에게 마음의 평안이 있겠는가?

이것이 돈의 한계인데, 돈으로 해결할 수 없는 문제들, 세상의 지식과 과학과 의학과 인간의 모든 능력과 수단과 방법으로 해결할 수 없는 문제들을 어떻게 해결할 수 있는가?

6.

캄캄하고, 막막하고, 무겁고, 무섭고, 고통스러운 이 삶의 문제를 어떻게 해결할까? 이 삶의 어두움은 무엇으로 밝힐 수 있을까? 돈으로는 안 된다. 과학으로도 안 된다. 어떤 쾌락도 잠시뿐이다. 마약 같아서 잠시 잊어버리는 것뿐이지 금방 또 우울해지고 어두워지지 않는가.

7.

내가 좋아하는 시 중에 윤동주 시인의 〈초 한 대〉라는 시가 있다. 그 시에서 예수님을 초 한 대에 비유했다. 캄캄하고 어두운 방에 참 보잘것없는 초 한 대가 있다. 그리고 심지 하나,

자기 몸을 불태워 빛을 밝히는데 촛불을 탁 켜는 순간을 "매를 본 꿩이 도망하듯이 / 암흑이 창구멍으로 도망한 / 나의 방에 품긴 / 제물의 위대한 향내를 맛보노라"라고 표현했다. 이 표현이 "예수께서 또 말씀하여 이르시되 나는 세상의 빛이니 나를 따르는 자는 어둠에 다니지 아니하고 생명의 빛을 얻으리라"라는 본문 말씀과 함께 마음에 탁 와닿았다.

8.

천지를 창조하신 전능하신 하나님이 나를 사랑하셔서 그 힘듦과 무서움과 무거움과 고통스러움에서 나를 건져주시고 구원해주시기 위하여 십자가를 지셨다는 것이 사실이라면 그 모든 무서움, 무거움, 답답함, 어두움은 매를 본 꿩이 도망하듯이 도망가야 하지 않겠는가.

9.

우리는 예수님이 사실이라고 믿지 않는가. 그분이 천지를 창조하신 하나님이시라고. 나를 사랑하시고 나를 구원하기 위하여 십자가까지 지신 분이라고. 그것을 믿는 믿음은 모든 세상의 어두움을 밝히는 빛으로 내 삶에 역사할 줄을 믿는다. 그리고 실제로 그렇다.

10.

사는 게 만만치 않은가? 막막한가? 막내가 장사하는 걸 보니 코로나가 보통 심각한 게 아니다. 또 암 친구들을 보면 더 그렇다. 사람 때문에 고통당하는 사람들의 고통도 한도 끝도 없다. 그래도 기죽지 않고, 당황하지 않고, 두려워하지 않고, 발버둥 치지 않고 세상의 빛이신, 생명의 빛으로 오신 예수 그리스도 한 분을 가슴에 묻고 이 어두운 세상의 길을 당당하게 걸어가 본다.

●

세상은 골리앗만큼 거대하고, 우리는 다윗같이 연약합니다.
그래서 삶은 무겁고 무섭고 늘 어둡지만,
그 무거움과 무서움과 어두움을
물리칠 수 있는 것이 세상에는 아무것도 없지만
우리는 낙심하지 않습니다.
초 한 대, 보잘것없어 보이지만 불을 켜면
어둠은 매를 본 꿩이 도망가듯이 도망한다는
윤동주 시인의 고백처럼
우리도 그 믿음 갖고 살게 하옵소서.
우리의 소망을 하나님께 두고
모든 절망과 불안과 원망의 어두움을 물리치고
승리하는 삶을 살아가는 우리 모두 되게 하옵소서.

28

나는 자유하기 위하여 예수를 믿는다

요한복음 8:31,32

31 그러므로 예수께서 자기를 믿은 유대인들에게 이르시되 너희가 내 말에 거하면 참으로 내 제자가 되고 32 진리를 알지니 진리가 너희를 자유롭게 하리라

I.

하나님이 우리에게 주신 가장 소중한 선물 중의 하나는 자유다. 다른 모든 피조물은 권능이라는 틀에 묶여서 궤도를 달리는 기차처럼 가게 되어 있지만, 하나님은 우리를 그렇게 창조하지 않으셨다.

하나님은 우리를 그분과 대화하시고 사랑을 나누는 인격으로, 친구로, 자녀로 창조하시기 위해 우리에게 소중한 자유를 허락해주셨다. 인간에게 자유라는 것, 자유의지를 빼놓으면 인간은 다른 동물과 별반 다를 게 없을 것이다. 그런데 우리는 이 세상에서 그 소중한 자유를 잃고 정욕의 노예로, 물질의 노예로, 사람의 노예로, 세상의 노예로 살아가고 있다.

2.

우리에게서 소중한 자유를 빼앗는 것이 무엇일까? 그것은
죄다. 죄가 우리에게서 소중한 자유를 빼앗는다. 죄 속에는
자유함이 없다.

3.

내가 자주 이야기했던 일화인데, 영락교회에 있을 때 당시
담임목사님이 현재 모새골공동체의 임영수 목사님이셨다.
언젠가 기자가 와서 목사님과 인터뷰를 하는데, 나도 옆에
같이 있었다. 인터뷰를 마치고 일어나면서 그 기자가 목사님
께 참 근사한 질문을 했다.
"목사님은 예수를 왜 믿으세요?"
평범한 질문 같지만 누구나 할 수 있는 질문은 아니다. 목사
님에게 '왜 목사님이 되셨어요? 어떻게 목사님이 되셨어요?'
같은 건 묻지만 '왜 예수를 믿으세요?'라고는 잘 묻지 않는다.
그런데 질문보다 더 놀라운 대답이 나왔다. 임영수 목사님은
아무렇지도 않게, 조금의 망설임도 없이 이렇게 대답하셨다.
"자유하는 사람이 되려고 믿습니다."

4.

에른스트 케제만이라는 신학자가 《예수는 자유를 의미한
다》라는 책을 썼다. 선포처럼, 간증처럼 나도 고백하고 싶다.
"예수는 자유다."

5.

우리에게서 소중한 자유를 빼앗아 간 건 죄다. 선악과를 따먹으면서부터, 욕심이 들어오면서부터 우리는 자유함을 잃었다. 하나님보다 더 사랑하는 것이 있으면 그게 죄가 되고, 그 결과는 노예가 되는 것이다.

6.

하나님보다 다른 것을 더 사랑하면, 더 사랑하는 것의 종이 된다. 요셉을 따라 애굽에 정착한 이스라엘 백성들은 하나님이 허락하신 가나안 땅보다 애굽 땅, 고센 땅을 더 좋아했다. 흉년이 끝나면 돌아가야 하는데 돌아가지 않았다. 왜? 하나님의 땅에서 사는 것보다 고센 땅에서 요셉의 가족으로 사는 게 인간적으로 더 좋았으니까. 그때는 좋았는데 나중에는 노예가 되었고, 거기서 죽게 되었다.

7.

하나님보다 더 사랑하는 것, 그 욕심이 죄를 낳고 그 죄가 사망을 낳는다. 그 죄로 인해 육신의 생명이 끊어지기 전에 살아 있어도 소중한 자유를 잃어버리게 된다는 것을 늘 기억해야 한다. 우리에게서 소중한 자유를 빼앗아 간 죄의 문제를 풀어주신 분이 예수님이시다. 예수를 믿으면서 죄 문제를 해결하고, 죄에서 풀려나고, 죄를 극복하게 되고, 그러면서 우리는 소중한 자유를 얻게 된다.

8.

예수는 자유다. 예수 안에서 참 자유를 누리면서 어떤 것에도 묶이지 말고, 세상이 좀 힘들지만 가난에도 묶이지 말고, 고통에도 묶이지 말고, 사람에게도 묶이지 말고 모든 것을 툭툭 털어버리고 빛과 자유의 삶을 살아가는 우리가 되기를 주의 이름으로 축원한다.

●

세상의 욕심 때문에, 죄 때문에,

우린 소중한 자유를 잃어버리고

인간다운 생명의 가치를 누리지 못하면서 살아가고 있습니다.

'왜 예수를 믿느냐'는 기막힌 물음에

'자유하기 위해서 예수를 믿는다'고 하였던

선배 목사님의 명답이 귀에 생생합니다.

예수는 자유를 의미합니다.

예수를 믿음으로 모든 세상의 어두움을 빛으로 물리치고

모든 구속과 결박과 옥죄임을 풀어버리고

자유함 가득한 삶의 능력을 우리도 누리게 하옵소서.

29

어두운 내 눈을 밝히사

요한복음 9:1-7

1 예수께서 길을 가실 때에 날 때부터 맹인 된 사람을 보신지라 2 제자들이 물어 이르되 랍비여 이 사람이 맹인으로 난 것이 누구의 죄로 인함이니이까 자기니이까 그의 부모니이까 3 예수께서 대답하시되 이 사람이나 그 부모의 죄로 인한 것이 아니라 그에게서 하나님이 하시는 일을 나타내고자 하심이라 4 때가 아직 낮이매 나를 보내신 이의 일을 우리가 하여야 하리라 밤이 오리니 그 때는 아무도 일할 수 없느니라 5 내가 세상에 있는 동안에는 세상의 빛이로라 6 이 말씀을 하시고 땅에 침을 뱉어 진흙을 이겨 그의 눈에 바르시고 7 이르시되 실로암 못에 가서 씻으라 하시니 (실로암은 번역하면 보냄을 받았다는 뜻이라) 이에 가서 씻고 밝은 눈으로 왔더라

I.

날 때부터 앞을 보지 못하는 시각 장애인이 있었다. 제자들이 그를 보고 예수님께 질문했다. "저 사람은 날 때부터 시각 장애를 갖고 있는데 누구의 죄 때문에 저렇게 되었습니까? 자기 자신의 죄 때문입니까, 아니면 부모의 죄 때문입니까?"

2.

사람들은 그런 장애를 갖거나 어려운 일을 겪으면 대개 죄 때문에 하나님의 심판을 받는다고 생각하는 것 같다. 왜 그렇게 생각하는 걸까? 어쩌면 인간에게는 남을 정죄하는 본능이 있는 것 아닐까? 남을 정죄하고 싶어 하는 무의식적인 본능, 그것을 통해서 '나는 저 사람보다 의롭다'고 하는 자기 속임수에 빠지는 건 아닐까? 또 위장하려는 마음도 있다. '나는 저 사람과 같지 않다. 나는 저런 장애가 없다. 그러므로 나는 죄가 없다.' 이런 합리화 같은 것 때문이 아닐까 하는 생각을 했다.

3.

하나님이 과연 죄 때문에 앞을 못 보게 하시는 분이실까? 암에 걸린 환자들 중에는 남에게 그런 이야기를 듣기도 하고 스스로 그렇게 생각하는 사람들이 있다. 암이 죗값이라는. 그런데 죄 없는 사람이 세상에 어디 있겠는가? 하나님이 죗값으로 암을 주시는 분이실까? 과연 그런 분이실까?

4.

나는 그렇게 생각하지 않는다. 히브리서에 보면 하나님은 "사랑하시는 자를 징계하시고"(히 12:6)라는 말씀이 있다. "(징계가) 없으면 사생자요 친아들이 아니니라"(히 12:8)라는 말씀도 있다. 그러니까 우리가 잘못하면 하나님은 때리신다.

자식이 잘못할 때 부모는 매를 든다. 그런데 사용하는 매를 보라. 아프기는 하지만 다치지는 않는다. 그게 매다. 그게 징계다. 그런데 암이나 앞을 못 보는 일, 그런 정도의 징계라면, 그것은 징계가 아니라 심판이다. 하나님은 그런 것으로 우리를 징계하는 분이 아니시다. 그렇다면 왜 그런 일이 일어났을까? 죄로 말미암아 세상이 불안정해졌기 때문이다.

5.

성경은 이 땅이 창조되기 이전의 상태를 이렇게 표현했다. "땅이 혼돈하고 공허하며 흑암이 깊음 위에 있고"(창 1:2). 혼돈했다. 그걸 카오스라고 하지 않는가. 불안정한 상태였다. 그러니까 뭐가 어디서 언제 튀어나올지 모른다는 것이다. 그러던 것이 하나님 말씀에 부딪히고 하나님의 창조가 이루어지니, 안정되었다. 돌발적인 것이 없고, 예측 불가능한 일이 없고, 모든 것이 안정적이 되었다.

6.

그런데 불안정과 혼돈 속에서는 돌연변이가 많이 튀어나온다. 생각지 않았는데 이게 툭 튀어나오고 저게 툭 튀어나온다. 암도 돌연변이다. 또 근래에 우리가 애를 먹고 있는 코로나도 돌연변이가 아닌가. 이게 다 세상이 불안정해져서 그렇다. 하나님의 창조 질서가 깨졌기 때문에 예상하지 못한 일들이 여기저기서 불쑥 튀어나오는 것이지, 이게 어떤 사람의 죄에 대한 하나님의 심판이라고 이야기할 수는 없다.

7.

예수님도 말씀하셨다. "이 사람이나 그 부모의 죄로 인한 것이 아니라." 만일 장애가 죄 때문이라면 우리는 다 장애를 가지고 있어야 하지 않겠는가? 한 사람도 빠짐없이 다 암에 걸려야 하지 않겠는가? 암에 걸린 사람은 죄가 있고 암에 안 걸린 사람은 죄가 없는 것인가? 그렇지 않다.

8.

나도 암에 걸렸다. 셋씩이나 걸렸다. 내게 죄가 없는 것은 아니지만, 나는 암을 죄와 연결 짓지는 않는다. 암에 걸리지 않았어도 나는 하나님 앞에 죄인이다. 암과 상관없이 회개하고 십자가 붙들고 살아갈 수밖에 없는 존재이다. 그런데 하나님이 말씀하신다. "하나님이 하시는 일을 나타내고자 하심이라."

나는 이 말씀이 참 좋았다. 암 때문에 전혀 생각지도 못했던 사역이 시작되었다. 하나님의 일이 시작되었다. 나는 제법 큰 교회에서 인간적으로 보면 제법 큰일들을 많이 하면서 목회하다가 은퇴했다. 그런데 지금 암에 걸리고 나서 내게 일어난 일들이 내가 은퇴 전에 했던 일 못지않은 큰일이고 귀한 일이다.

9.

나는 하나님이 암을 사용하셨다고 생각한다. 그래서 이 말씀이 믿어진다.

'하나님, 왜 저를 암에 걸리게 하셨어요? 제가 잘못해서 그랬지요?'

'아니야, 그거 아니야. 잘못했다고 내가 네게 암을 주겠니. 그 암 통해서 내가 하고 싶은 일이 있어서 그랬어.'

'그게 뭔데요?'

'날마다 기막힌 새벽이잖아. CMP 집회잖아.'

그러면 나는 그냥 수긍이 된다. 그래서 이 말씀을 읽으며 나름대로 이런 각오를 했다. '암이 낫기 위해서 기도도 하고 병원도 열심히 다니겠지만, 암을 낫는 데만 쓰지 말고 이 암까지도 하나님을 위해서 끝까지 잘 써먹어야겠다.'

10.

하나님의 백성들을 위로하고 날마다 하나님의 말씀을 선포하다가 나중에 이런 고백을 하고서 하나님 앞에 가면 좋겠다. "고난당한 것이 내게 유익이라 이로 말미암아 내가 주의 율례들을 배우게 되었나이다"(시 119:71).

11.

또 하나 생각해보고 싶은 것이 있다. 본문 말씀에는 맹인에 대한 이야기가 나온다. 나는 지금 시각 장애는 없다. 독자들

225

대부분도 그럴 것이다. 그런데 볼 수 있다고 다 보이는가? 우리는 그런 면에서 죄로 말미암아 눈이 먼 영적인 시각 장애인과 같다. 못 본다. 옳고 그름을 분별할 줄 모른다. 선과 악도 구별할 줄 모른다. 볼 줄 모르니까 딴 길로 가고 쉽게 선동도 당한다. 그런 어리석음 때문에 자신도 어려움을 겪게 되고 남들도 어렵게 하고 세상도 어지럽히는 일들이 얼마나 많이 일어나는지 모른다.

12.

사람이 사람답게 살기 위해서 꼭 가져야 할 중요한 것이 있다. 그것은 '관'(觀)이라는 것이다. 인생관, 가치관과 같은 관이 바르게 서야 한다. 이 관이 뒤틀리면 무엇을 봐도 삐뚤게 본다. 무엇을 봐도 잘못 판단한다. 잘못된 길을 선택하고 갈 수밖에 없다. 예수를 믿음으로 얻는 가장 중요한 축복이 무엇인줄 아는가? 눈을 뜨는 것이다. 관이 생기는 것이다. 무엇이 가치가 있고 없는 것인지를 분별할 수 있는 가치관이 생기는 것이다. 인생관이 달라지는 것이다. 그게 예수 믿는 사람에게 주시는 하나님의 놀라운 축복이라고 나는 믿는다.

13.

'날마다 기막힌 새벽'은 하나님의 말씀을 날마다 읽고 묵상하는 시간이다. 날기새가 실로암 같은 곳이 되었으면 좋겠다. 많은 영적인 시각 장애인들이 날마다 와서 눈을 씻고 마음을 씻고 정신을 씻고 믿음을 씻어서 하나님을 바라보게 되길 바란다. 그래서 옳은 길을 보고 가치 있는 것을 분별해서 이 땅에 살면서도 하나님나라의 삶을 살아가는 복을 받았으면 좋겠다.

●

하나님, 우리는 앞을 보지 못하는 시각 장애인과 같습니다.
죄로 말미암아 욕심의 눈이 멀어서 하나님을 보지 못하고
엉뚱한 것을 바라고 잘못된 길을 선택하여
사망의 길로 치닫는 어리석은 봇물 같습니다.
하나님, 우리의 눈을 밝혀주셔서
하나님을 바라볼 수 있게 하여주시옵소서.
옳고 그름을 분별하게 하여주시옵소서.
가치 있고 가치 없는 것을 분별할 수 있는
영적인 능력을 갖추게 하여주시옵소서.
하나님의 말씀을 찾아 나오는 모든 사람에게
날마다 기막힌 새벽이 영적인 실로암 같은 곳이
되게 하여주시옵소서.

30

자기를 위해 하나님을 내쫓는 사람들

요한복음 9:13-23

13 그들이 전에 맹인이었던 사람을 데리고 바리새인들에게 갔더라 14 예수께서 진흙을 이겨 눈을 뜨게 하신 날은 안식일이라 15 그러므로 바리새인들도 그가 어떻게 보게 되었는지를 물으니 이르되 그 사람이 진흙을 내 눈에 바르매 내가 씻고 보나이다 하니 16 바리새인 중에 어떤 사람은 말하되 이 사람이 안식일을 지키지 아니하니 하나님께로부터 온 자가 아니라 하며 어떤 사람은 말하되 죄인으로서 어떻게 이러한 표적을 행하겠느냐 하여 그들 중에 분쟁이 있었더니 17 이에 맹인되었던 자에게 다시 묻되 그 사람이 네 눈을 뜨게 하였으니 너는 그를 어떠한 사람이라 하느냐 대답하되 선지자니이다 하니 18 유대인들이 그가 맹인으로 있다가 보게 된 것을 믿지 아니하고 그 부모를 불러 묻되 19 이는 너희 말에 맹인으로 났다 하는 너희 아들이냐 그러면 지금은 어떻게 해서 보느냐 20 그 부모가 대답하여 이르되 이 사람이 우리 아들인 것과 맹인으로 난 것을 아나이다 21 그러나 지금 어떻게 해서 보는지 또는 누가 그 눈을 뜨게 하였는지 우리는 알지 못하나이다 그에게 물어 보소서 그가 장성하였으니 자기 일을 말하리이다 22 그 부모가 이렇게 말한 것은 이미 유대인들이 누구든지 예수를 그리스도로 시인하는 자는 출교하기로 결의하였으므로 그들을 무서워함이러라 23 이러므로 그 부모가 말하기를 그가 장성하였으니 그에게 물어 보소서 하였더라

1.

예수님이 베데스다 연못에 누워 있던 38년 된 병자를 고치
신 날은 안식일이었다. 실로암에서 맹인의 눈을 뜨게 하신
날도 공교롭게 안식일이었다. 유대인들, 특히 바리새인들에
게는 그게 큰 문제가 되었다. '안식일에 일했다'는 게 보통 심
각한 문제가 아니었다. 왜냐하면 저들은 안식일에 일하지 않
는 것을 큰 자랑으로 여기며 그것을 전통으로 삼는 사람들이
었기 때문이다. 그래서 예수님을 자기들의 전통과 신앙적인
규례를 어기는 사람이라 판단하게 되었다.

2.

지금도 이스라엘에 가보면 아주 극단적인 유대인들이 있다.
그런 분들은 안식일에 호텔 엘리베이터에서 버튼도 누르지
않는다. 그것도 일이라고 옆 사람한테 눌러달라고 한다. 그
래서 어떤 호텔은 안식일에는 아예 모든 층에서 엘리베이터
가 서게 한다고 한다. 버튼을 누르지 않아도 모든 층에서 엘
리베이터가 다 서니까 그냥 타고 내린다는 이야기를 들은 적
이 있다.

3.

하나님은 안식일을 거룩히 지키라고 율법을 주셨는데, 그것
을 너무 극단적으로 해석하고 또 자기가 잘 지키는 것을 자
랑하다가 율법을 '율법주의화'하였다. 율법에는 생명이 있

다. 그런데 율법주의가 되면서 생명이 빠져나갔다. 껍데기만 남았다.

4.

어떤 사람들은 율법을 멍에라고 생각하는데, 아니다. 율법이 있으므로 우리가 자유로워지는 것이다. "진리를 알지니 진리가 너희를 자유롭게 하리라"(요 8:32). 그 안에 있으면 자유롭다. 율법의 목적이 우리를 자유케 함인데, 이게 율법주의로 가면서 180도 바뀌었다. 인간을 자유하지 못하게 하고 도리어 율법의 노예가 되게 만들었다.

5.

그래서 율법에는 자유와 생명이 있는데, 율법주의에는 생명이 없고 자유가 없게 되었다. 그리고 율법이라는 성의 주인은 하나님이신데, 율법주의라고 하는 성의 주인은 사람이다. 바리새인, 유대인들이 그 성의 주인이 되었다. 율법을 율법주의로 바꾸면서 자기가 하나님이 되었다. 자기가 권력자가 되었다. 그래서 그것을 깨뜨리는 사람을 적으로 인식하게 된 것이다.

6.

율법주의가 본래 하나님이 율법을 주신 목적과 너무 달라져 버렸기에 예수님은 그것을 자꾸 깨려고 하셨다. 예수님이 거리낌 없이 안식일에 병자를 고치시고 소경도 눈 뜨게 하시니까, 유대인들은 예수님을 죽이려고 했다.

7.

예수를 따르는 사람들을 출교하기로 정한 유대인들이 맹인의 부모를 불러 심문한다. 그런데 이 부모가 말을 삼간다. "내 아들이 맞다. 그리고 맹인이었던 것도 맞다. 그런데 지금 어떻게 눈을 떴는지 누가 왜 그렇게 했는지 나는 모른다. 우리 아들한테 물어봐라."

그 부모가 왜 그렇게 이야기했는지에 대해 성경은 예수를 시인하고 따르는 사람을 출교하기로 정했다는 것을 부모가 알았기 때문이라고 기록했다. 그 당시 출교당한다는 것은 요즘과 그 의미가 전혀 달랐다. 요즘엔 교회에서 못 오게 해도 세상에서 사는 데 아무 지장 없다. 그렇다고 학교를 못 가는가, 직장을 못 가는가, 장사를 못 하는가. 그런데 그 당시에 출교당한다는 것은 사형선고와 같았다.

8.

안식일에 병자를 고친 게 뭐 그렇게 대단한 일이라고 유대인들은 이 난리였을까? 죄는 하지 말아야 할 일을 하는 것이다. 그런데 죄의 또 다른 면이 있다. 해야 할 일을 하지 않는 것도 죄라는 사실이다.

우리는 하지 말아야 할 일을 하는 것만 죄로 인식하는 경향이 있다. 해야 할 일을 하지 않는 것이 그에 못지않은, 어쩌면 그보다 더 무서운 죄일지도 모르는데, 그것이 죄라는 사실을 간과할 때가 참 많다.

9.

선이란 해야 할 일을 하는 것이다. 그리고 하지 말아야 할 일을 하지 않는 것이다. 예수님이 안식일에 38년 된 병자를 고쳐주신 것은 죄인가? 선인가? 유대인들, 특히 바리새인들은 그것을 죄라고 여겨 예수님을 죽이려고 했고, 결국은 죽였다. 그런데 예수님이 하신 일은 사람을 살리는 일 아닌가? 그렇다면 선 아닌가? 하지만 유대인들은 그것을 보지 못했다.

10.

유대교는 율법주의화 되면서 생명을 잃었다. 율법의 참 정신을 잃었다. 율법을 잘 지킨다는 것을 자랑하고 뽐내다가 스스로 자기를 높이게 되었고, 교만하게 되었고, 자기들이 율법을 지키는 것의 주인이 되었고, 하나님을 배척하게 되었다. 그래서 예수 없는, 하나님 없는 유대교가 탄생하게 된 것이다.

11.

율법을 지키다가 율법을 율법주의화하는 우를 범하기가 쉽다. '날기새'를 예로 들면 좋을 것 같다. 날기새를 통해서 우리는 하나님의 나라를 견고하게 세워나갈 수 있다. 날기새의 목적은 하나님나라다. 그런데 그 시작과 동기는 좋은데 하다 보니 위험한 요소가 발생하게 되었다. 그게 무엇인가? 구독자가 많아진 것이다. 지지자가 많아지게 된 것이다.

내가 어디를 가든지 인사를 건네는 사람을 꼭 몇 명은 만난다. 식당에서도 만나고, 병원 대기실에서도 만나고, 의사 선생님 중에도 날기새를 보는 분이 있어서 책에 사인해달라고 한 적이 있었다. 영향력이 점점 커지기 시작했다. 아주 유명해졌다. 날기새는 하나님의 성을 쌓는 데 좋은 도구이지만, '김동호'라고 하는 나의 아성을 쌓는데도 아주 좋은 도구가 된다.

12.

처음에는 중심을 잡으려고 하지만 나도 모르는 사이에 하나님은 밀쳐내고 나만 남게 되면 날기새는 율법이 율법주의가 된 것처럼 변질되고 만다. 그러면 생명이 점점 **빠져나가게** 될 것이다. 그것을 눈치채지 못하면 하나님 없는 유대교처럼 이상한 종교를 만들어낼 수 있다. 그래서 조심해야 한다. 깨어 있어야 한다. 율법이 율법주의화 되지 않기 위해서. 율법의 주인이 하나님이신데 자기가 주인 되지 않기 위해서.

13.

세상 사람들이 예수님을 죽인 것이 아니다. 오늘날도 나라가, 세상이 교회를 핍박한다고 생각하지만, 아니다. 내가 보기에 교회를 죽이는 것은 교회다. 이런 실수를 범하는 까닭은 자기를 지키지 못해서다. 자기부인을 하지 못해서다.

"그런즉 먹든지 마시든지 무엇을 하든지 다 하나님의 영광을 위하여 하라"(고전 10:31)라는 말씀을 하루도 잊어서는 안 된다. 무엇을 할 때마다 나를 위해서 하는 일인가, 하나님을 위해서 하는 일인가, 하나님의 나라를 위해 하는 일인가, 내 자랑과 내 영광과 내 유익을 위해서 하는 일인가를 꼼꼼히 묻고 확인하지 않으면 우리도 모르는 사이에 유대인들처럼 하나님을 믿는다고 하면서 속에 하나님이 없는 껍데기 같은 이상한 종교주의자가 되고 말 것이다.

●

율법에는 생명이 있었습니다.
사람들은 그것을 멍에로 오해하지만
하나님이 주인 되시고 하나님의 말씀, 하나님의 진리가 살아 있어서
도리어 그 멍에는 가볍고 그 멍에는 우리를 자유케 하고
"진리를 알지니 진리가 너희를 자유케 하리라" 하는
참 자유가 있었습니다.
율법을 잘 지킨다고 자랑하다가
그 율법을 통해 하나님께 영광 돌리지 않고
그 영광을 자신이 도둑질하다가
율법은 율법주의가 되고 본질이 바뀌었습니다.
인간을 자유케 하는 율법이
인간을 얽매는 사슬이 되었습니다.
그리고 하나님의 성, 하나님의 나라를 쌓지 않고

자기 아성을 쌓게 되었습니다.

예수님이 그것을 자꾸 무너뜨리려 하시니까

하나님을 믿는다는 사람들이

하나님을 십자가에 못 박았습니다.

하나님, 그와 같은 우를 지금 우리도 똑같이 범하고 있습니다.

하나님, 우리를 구원하여주시옵소서. 우리를 도와주시옵소서.

그런 우에 빠지지 않도록 자기를 부인하고

먹든지 마시든지 무엇을 하든지 다 하나님의 영광을 위하여

살아갈 수 있는 참 신앙인이 되게 하소서.

.

31

예수님이 선한 목자이신 이유

요한복음 10:7-12

7 그러므로 예수께서 다시 이르시되 내가 진실로 진실로 너희에게 말하노니 나는 양의 문이라 8 나보다 먼저 온 자는 다 절도요 강도니 양들이 듣지 아니하였느니라 9 내가 문이니 누구든지 나로 말미암아 들어가면 구원을 받고 또는 들어가며 나오며 꼴을 얻으리라 10 도둑이 오는 것은 도둑질하고 죽이고 멸망시키려는 것뿐이요 내가 온 것은 양으로 생명을 얻게 하고 더 풍성히 얻게 하려는 것이라 11 나는 선한 목자라 선한 목자는 양들을 위하여 목숨을 버리거니와 12 삯꾼은 목자가 아니요 양도 제 양이 아니라 이리가 오는 것을 보면 양을 버리고 달아나나니 이리가 양을 물어 가고 또 헤치느니라

I.

성경은 우리를 양에 비유하곤 한다. 시편 23편 1절이 가장 유명할 것이다. "여호와는 나의 목자시니 내게 부족함이 없으리로다." 하나님을 목자라고 했을 때 다윗은 자기 자신을 양으로 비유한 것이었다. 양은 누구를 공격하거나 잡아먹을 수 없는 아주 약한 동물이다. 늘 이리나 사자 같은 무서운 맹

수의 습격을 받으면 꼼짝없이 죽을 수밖에 없는 연약한 동물이다. 양이 생명을 보존할 수 있는 가장 좋은 방법은 목자의 보호 아래 있는 것이다. 좋은 목자가, 능력 있는 목자가 우리를 만들어주고 지켜주고 보호해줄 때 양은 생명을 보존할 수 있다.

2.

과연 우리 인간이 양과 같은 존재일까? 그렇게 무력하고 아무런 능력 없는 존재일까? 아니지 않은가? 세상에 인간처럼 지혜로운 동물이 어디 있는가? 인간처럼 능력이 있는 존재가 어디 있는가? 인간과 같은 동물은 세상 어디에도 없다. 인간이 만들어놓은 과학을 보라. 문명을 보라. 또 문화를 보라. 사람이 하는 일을 하나님과 비교할 수는 없지만, 하나님 다음으로는 다른 어느 동물도 감히 상상 못 할 일들을 한다. 다른 동물이 볼 때 우리 인간은 거의 하나님에 가까운 존재가 아니겠는가. 그런데 어떻게 인간이 양일까?

3.

인간은 굉장히 능력 있는 존재이지만 나는 인간이 양과 같다는 말을 인정한다. 굉장히 무능하다. 굉장히 무지하다. 무엇에 무능하고 무엇에 무지한가? 생명에 무지하다. 행복에 무능하다. 행복하게 잘사는 것에 인간처럼 무지하고 무능한 동물이 없다. 평화, 자유, 이런 일에 인간은 참 무능한 존재다.

그래서 혼자 내버려두면 절대로 길을 찾지 못하고 하나님의 나라에 들어가지 못하는, 영적인 양과 같은 존재다. 그러므로 우리도 목자를 만나야 한다. 좋은 목자를 만나야 한다. 선한 목자를 만나야 한다. 본문에서 예수님은 자기 자신을 선한 목자라고 표명해주셨다. 예수님은 선한 목자이시다.

4.

어떤 목자가 선한 목자일까 생각해보았다.

첫째는 능력이다. 힘이다. 목자가 아무리 착하고 성격이 좋아도 양보다 힘이 없다면, 양의 생명을 해하려고 하는 동물로부터 지켜줄 수 있는 능력이 없다면 그 착함은 양에게 도움이 되지 못한다. 그렇기에 우리의 생명을 보존하기 위해서 우리가 만나야 할 선한 목자의 첫째 조건은 능력이고 힘이다. 그런데 예수님은 천지를 창조하신 하나님 아니신가. 그러므로 예수님은 최고 목자의 첫 번째 조건을 갖추신 분이다.

5.

두 번째는 사랑이다. 목자가 아무리 전능하면 무엇하는가? 힘 있으면 무엇하는가? 양을 사랑하지 않으면 양에게 관심을 갖지 않는다. 그러면 양은 목숨을 지키지 못한다.

전능과 사랑은 선한 목자에게 꼭 필요한 조건이다. 딱 맞아야 한다. 전능하고 사랑이 있을 때 정말 선한 목자의 조건을 갖추어진다. 예수님은 바로 그 두 조건을 갖추지 않으셨는가! 천지를 창조하신 전능하신 하나님이 우리를 사랑하셔서 인간이 되시고, 우리를 구원하시기 위하여 자신의 생명을 십자가에 못 박은 분이 예수님이시니, 그분이 우리의 선한 목자이심은 틀림이 없다.

6.

우리가 의지해야 할 선한 목자의 세 번째 조건은, 사실 첫 번째 조건과 같이 이야기해도 되는데 따로 떼어서 이야기하려고 한다. 세 번째는 지혜이다.

능력도 있고 힘도 있고 양을 사랑하기도 하는데 목자가 지혜롭지 못하고 판단력이 나쁘다면 양들을 잘못된 방향으로 끌고 갈 것 아닌가. 잘못된 길로 인도하게 되지 않겠는가. 그래서 나는 이 세 가지 조건을 생각했다. 힘과 능력, 사랑, 그리고 지혜. 그런데 예수님은 세 가지가 다 충족되는 분이시다. 예수님은 말씀이시다. 로고스이시다. 진리이시다. 그러므로 예수님은 우리의 선한 목자가 맞으시다.

7.

나는 진짜로 예수님이 나의 목자라고 믿는다. 그것을 믿은 것이 내 인생에 가장 큰 축복이라고 생각한다. 암 이야기를 너무 자주 하는데, 나는 폐암에 걸려서 수술과 항암치료를 했고, 그 후에 전립선암을 발견해서 일곱 번의 방사선 치료를 끝냈다. 갑상선에서도 암이 발견되었다.

그렇게 암을 지니고 사는 사람이 얼마나 불안하고 우울하고 두렵겠는가. 나라고 뭐 특별하겠는가. 또 암보다 더 무서운 사람 때문에 겪는 고통도 있다. 나를 좋아해주고 사랑해주는 분들도 많지만 힘들게 하는 분들도 많다. 그러니까 인생으로 생각하면 마치 태풍이 부는 것 같다.

8.

얼마 전 우리 막내아들 가족이 있는 제주도를 다녀왔다. 아이들이 할머니 할아버지 보고 싶다는 말에 혹해서 아이들 보러 잠깐 다녀왔는데, 기가 막힌 타이밍에 다녀왔다. 태풍이 시작되기 직전에 제주도에 도착했고, 태풍이 끝나서 이제 막 서울로 올라갈 수 있는 그때 다시 올라왔다.

내려간 날 밤에 태풍이 시작돼서 바람이 엄청나게 불었는데, 모르고 잤다. 아침에 막내가 "아버지, 밖에 좀 봐요. 바람이 엄청나게 세네요"라고 해서 보니까 바람이 난리도 아니었다. 그런데 그걸 모르고 있었다. 어떻게 그랬을까? 집 안에 있었기 때문이다. 집이 참 튼튼하다. 요즘 집들은 워낙 튼튼하게 짓고 창호 시스템이 얼마나 완벽한지 그렇게 바람이 부는데도 몰랐다. 그때 생각했다.

'아, 이렇게 비바람이 불어도 안전한 집 안에 있으니까 천하태평으로 아무것도 모르고 잠을 자는구나.'

9.

지금 내 삶은 태풍을 만난 것과 같은데 내 마음은 마치 집 안에 있는 것과 같다는 것을 깨달았다. 그때 떠오른 찬송이 있다. "주 안에 있는 나에게 딴 근심 있으랴. 십자가 밑에 나아가 내 짐을 풀었네." 이 찬송이 떠오르면서 그렇게 은혜가 되었다.

10.

하나님의 은혜로 내가 예수님을 믿게 되었다. 선한 목자로 믿게 되었다. 나는 힘이 없다. 지혜도 없다. 부는 바람을 막아낼 아무런 능력도 없다. 그런 나에게 있는 게 있다. 예수님이시다. 그분이 인도해주실 테니까, 그분이 막아주실 테니까, 그분이 해결해주실 테니까, 그게 믿어지니까 바람은 부는데 흔들리진 않고 내 마음속에 참 하나님이 주시는 평안과 평화가 있다는 것을 깨닫게 되었다.

11.

"오직 의인은 믿음으로 말미암아 살리라"(롬 1:17)라는 말씀이 두고두고 맞다. 믿음 때문에 산다. 그 믿음의 대상은 예수님이다. 예수님이 누구이신 것을 믿는가? 선한 목자다. 천지를 창조하신 전능하신 하나님이 나를 사랑하시고 진리로, 지혜로, 옳은 것으로, 바른 것으로, 생명의 길로, 구원의 길로, 인도해주시는 선한 목자라는 것을 믿는 것이다. 그리고 그다음에 중요한 것이 믿고 의지하고 따라가는 것이다. 그러면 태풍 부는 밤에도 편안히 잠들 수 있고, 밥 먹을 수 있고, 일상의 삶을 살 수 있다.

12.

고난 중에 있는 분들이 참 많다. 바람 부는 들판에 홀로 서 있는 것과 같은 느낌이 드는 분들도 있을 것이다. 그런데 우린 혼자가 아니다.

제주도에 말이 많지 않은가. 제주도에서 아들과 지나가는데 어떤 말 한 마리가 들판에 묶여서 세찬 비를 홀로 맞고 있었다. 그 말을 보면서 '주인이 저래도 되나. 뭐라도 가려줘서 비 좀 피하게 하지'라고 생각했다.

예수님은 우리를 홀로 들판에서 비 맞게 두는 그런 목자가 아니시다. 주 날개 아래 우리를 보호하시고 품어주시고 선한 길로, 생명의 길로 인도해주시는 선한 목자이심을 믿는다.

●

우리는 다 양과 같습니다.
우리가 일으켜 놓은 과학, 문명,
엄청난 세상을 보면서 착각도 하지만
구원과 생명과 사랑과 평화와 자유와
그와 같은 아름다운 삶에 대해서 인간은 동물만도 못합니다.
우리는 다 양과 같아서 선한 목자를 만나지 아니하면

그분의 보호와 이끄심을 받지 아니하면
절대로 홀로 구원 얻을 수 없는 존재임을 고백합니다.

예수님이 "나는 선한 목자"라고 말씀해주셨습니다.
옳습니다. 믿습니다.
저는 예수님이 저의 선한 목자이심을 믿습니다.
예수님은 천지를 창조하신 하나님이십니다.
그분은 나를 사랑하셔서 날 살리시겠다고
자신의 생명을 십자가에 못 박으신 분이십니다.
그리고 예수님은 진리요 지혜이십니다.
그분을 믿고 그분의 보호 아래 그분의 인도하심을 따라 살면
태풍이 불어도, 강한 원수가 내 생명을 노려도
안전히 내 생명을 보호하고 밤에 잠자고 또 밥 먹고 생활하며
평화를 누리며 살 줄을 믿습니다.

32

사람들은 우리를 보고 하나님을 본다

요한복음 10:40-42

40 다시 요단 강 저편 요한이 처음으로 세례 베풀던 곳에 가사 거기 거하시니 41 많은 사람이 왔다가 말하되 요한은 아무 표적도 행하지 아니하였으나 요한이 이 사람을 가리켜 말한 것은 다 참이라 하더라 42 그리하여 거기서 많은 사람이 예수를 믿으니라

I.

예수님이 이 땅에 계실 때 많은 사람이 예수님을 배척했다. 예수님을 모함하고 올무에 놓아 죽이려 하고, 결국은 죽였다. 그런데 그 와중에도 예수님을 믿고 따르는 무리도 있었다. 본문을 보니, 예수님이 세례 요한이 세례를 베풀던 곳으로 가셨다. 세례 요한이 활동하던 마을로 들어가신 것이다. 그곳 사람들은 세례 요한에 대한 신뢰가 컸다. 그 삶이 진실했기 때문이다.

2.

본문에 따르면, 요한은 아무런 표적도 행하지 않았다. 기사와 이적과 표적이 세례 요한에게는 없었다. 그저 광야에서 외치는 자의 소리처럼 말씀을 선포하고 그 말씀대로 살았다. 그것 외에는 아무것도 없었는데, 많은 사람이 그를 따랐다. 표적을 보고 따른 것이 아니라 그의 삶을 보고 세례 요한을 좇았다. 세례 요한은 죽었지만 그 마을에 있는 사람들은 세례 요한에 대한 신뢰가 참 높았다.

3.

그런 세례 요한이 있던 마을에 예수님이 들어갔을 때 사람들은 거리낌 없이 자연스럽게 예수님을 믿게 되었다. 그렇게 예수님을 믿은 사람들이 '많았다'라고 성경은 기록하고 있다. "많은 사람이 왔다가 말하되 요한은 아무 표적도 행하지 아니하였으나 요한이 이 사람을 가리켜 말한 것은 다 참이라." 이 말씀 뒤로 '그리하여'란 접속사로 다음 문장과 이어져 있다. "그리하여 거기서 많은 사람이 예수를 믿으니라."

4.

'그리하여'가 무엇을 가리키는 말인가? 세례 요한이 예수님을 참이라 말했기 때문에, 세례 요한이 예수님을 메시아로 증거했기 때문에 많은 사람이 예수님을 믿었다는 것이다. 이유는 그 하나밖에 없다. 그 동네 사람들은 예수님은 잘 몰랐던 모양이다. 그러나 세례 요한이 예수님을 하나님의 아들이라, 메시아라 말했다면, 세례 요한의 말은 참이라며 예수를 믿는 사람이 많았다.

5.

나는 이 말씀 읽을 때 소름이 끼쳤다. 교인들도 다 사람이니까 불완전하지 않은가. 사람들이 전도해서 교회를 다니다가 실망하고 상처받아서 교회를 떠나는 사람들이 있다. 요즘 가나안 성도들이 꽤 많지 않나. 예수님은 믿는데, 하나님은 믿는데, 교회는 싫단다. 사람들이 너무 실망스러워서.
그럴 때 보통 사람들이 하는 말이, "하나님 보고 믿지, 사람 보고 믿나"라는 이야기다. 맞다. 그런데 나는 그 말에 그리 동의하지 않는다. 우리가 전도하는 대상이 하나님을 모르는데, 어떻게 우리도 보지 못한 하나님만 보고 하나님을 믿겠는가. 선교는 사람들이 우리를 보고 예수님을 믿게 되는 구조이다. "하나님은 안 보이는데 저 사람, 저 목사 사는 거 보니까 하나님이 계신 건 틀림없어." 그래서 사실은 사람을 보고 하나님을 믿게 되는 것이다.

6.

본문에서 세례 요한이 세례를 베풀던 그 마을 사람들이 예수님을 많이 믿게 된 이유가 바로 그것 아닌가. 세례 요한을 보고 예수님을 믿게 된 것 아닌가. 사람을 보고 하나님을 믿는 것처럼 반대의 경우도 얼마든지 있을 수 있다. 사람을 보고 하나님을 떠나는 경우가 참 많다.

7.

요즘 한국의 기독교가 참 위험하다. 세상 사람들에게 비춰지는 예수 믿는 사람들의 모습이 내가 보기엔 정상적이 아니다. 상식적이지도 않다. 세상 사람들도 그렇게 안 하는 짓을 아무렇지도 않게 행한다. 교회 문을 막고 자기도 안 들어가고 남도 못 들어가게 하려고 했던 예수님 당시의 바리새인들 같아 보인다. 하나님이 심판하시고 판단하실 일이지만 그와 같은 삶을 살던 사람의 마지막은 하나님의 심판대 앞에서 참 비참하고 후회스러울 것이다.

8.

성경에도 보면 "많은 사람을 옳은 데로 돌아오게 한 자는 별과 같이 영원토록 빛나리라"(단 12:3)라는 말씀이 있다. 우리의 삶이 많은 사람을, 세상 사람들을 하나님께로, 주께로, 주의 몸 된 교회로 이끄는 삶이 되어야 할 것이다.

내가 앞으로 몇 년이나 더 살까? 아마도 아주 길지는 않을 것이다. 꼭 암에 걸려서가 아니라 이제 살아온 날이 훨씬 길고 남은 날은 짧다는 건 정해져 있는 이치다. 짧으니까, 얼마 남지 않았으니까 지난 70년보다 앞으로 살아가야 할 몇 년이 나한텐 훨씬 더 귀한 삶이다.

9.

나의 남은 날을 계수할 때마다 다짐하는 것이 있다. 잘 살아야지. 헛된 생각 버리고 살아야지. 욕심 때문에 바보짓 하지 말아야지. 죄짓지 말아야지. 그렇게 쉬운 건 아니지만 열심히 하나님의 말씀대로 한번 잘살아 봐야지.

예쁘게 아름답게 살아서 사람들이 '아, 내가 예수님은 보지 못했지만 김동호 목사 말은 맞아. 김동호 목사가 하나님에 대해 한 말이 맞아. 예수님에 대해 한 말이 맞아'라고 생각할 수 있게, 그래서 내가 전하는 성경 말씀을 통해서 많은 사람이 예수를 만나고, 교회에 실망해서 교회를 떠났던 사람이 다시 교회로 돌아오게 하는 일을 하다가 하나님 앞에 간다면 그 시간이 혹 짧다고 해도 얼마나 가치 있고 아름다운 삶이 되겠는가.

10.

세례 요한. 내가 부러워하면서 여러 번 설교했었는데 본문의 말씀이 제일 부럽다. 정말 부럽다. 세례 요한이 한 말 때문에 많은 사람이 예수님을 믿었다. 세례 요한이 예수님에 대해서 한 말은 참이다, 옳다. 그래서 많은 사람이 예수를 믿었는데 우리도 그와 같은 삶을 살아갈 수 있으면 얼마나 좋을까. 지금 예수 믿는 사람들 때문에 세상 사람들이 교회를 떠나는 일이 많은 이 세상에 도리어 우리 때문에 하나님께 돌아오는 그런 삶을 사는 복을 받았으면 좋겠다.

●

세례 요한을 보면 볼수록 부럽습니다.

'광야에서 외치는 자의 소리'라고 할 때부터 부러웠는데

이번에는 정말 부럽습니다.

세례 요한이 살던 동네 사람들은 그를 신뢰했기 때문에,

그를 좋아하고 존경했기 때문에

세례 요한이 예수님에 대해서 참이라, 정말 메시아라고 증거한 말 때문에

많은 사람이 예수님을 믿었다는 말씀이 그렇게 부럽습니다.

하나님, 부족한 저도 열심히 살아서

세례 요한의 흉내라도 내며 살 수 있게 하여주시옵소서.

삶이 반듯하고 아름다워서 사람들에게 신뢰받고

그래서 제가 전하는 하나님의 말씀,

제가 전하는 그리스도를 사람들이 의심 없이 받아들이고,

영접하고, 믿고, 구원 얻는 그런 삶을 살다가

하나님 앞에 갈 수 있도록 축복하여주옵소서.

33

예수님이 사랑하시는데 병들 수 있는가

요한복음 11:45-53

45 마리아에게 와서 예수께서 하신 일을 본 많은 유대인이 그를 믿었으나
46 그중에 어떤 자는 바리새인들에게 가서 예수께서 하신 일을 알리니라
47 이에 대제사장들과 바리새인들이 공회를 모으고 이르되 이 사람이 많은
표적을 행하니 우리가 어떻게 하겠느냐 48 만일 그를 이대로 두면 모든 사람
이 그를 믿을 것이요 그리고 로마인들이 와서 우리 땅과 민족을 빼앗아 가리
라 하니 49 그 중의 한 사람 그 해의 대제사장인 가야바가 그들에게 말하되
너희가 아무 것도 알지 못하는도다 50 한 사람이 백성을 위하여 죽어서 온 민
족이 망하지 않게 되는 것이 너희에게 유익한 줄을 생각하지 아니하는도다
하였으니 51 이 말은 스스로 함이 아니요 그 해의 대제사장이므로 예수께서
그 민족을 위하시고 52 또 그 민족만 위할 뿐 아니라 흩어진 하나님의 자녀를
모아 하나가 되게 하기 위하여 죽으실 것을 미리 말함이러라 53 이 날부터는
그들이 예수를 죽이려고 모의하니라

I.

중학교 다닐 때는 반에 예수 믿는 사람들이 거의 없었다. 그

때 친구들에게 전도했다. 예수 믿으라고. 교회 가자고. 그러면 친구들이 빈정거렸다. 기독교 신앙이 비상식적이고 비과학적이라는 이야기를 한 것 같다.

오병이어 가지고 뭐라고 하고, 홍해가 갈라졌다고 뭐라 하고, 나사로에 대해선 어떻게 죽은 사람이 다시 사냐고 비아냥거리고 빈정거렸다. 그때마다 난 똑같은 대답을 했다. "야, 네가 얘기하는 건 사람, 내가 얘기하는 건 하나님. 사람이 물 위를 걸어갔다는 건 말이 안 되지. 그런데 하나님이 물에 빠졌다? 이게 말이 되냐. 하나님이 물 위를 걸으셨다는 게 왜 문제가 되냐? 사람이 물 위를 건넜다는 게 문제가 되지. 하나님은 물에 빠졌다는 게 문제가 되는 것 아니냐. 홍해를 만든 분이 하나님인데 그까짓 것 갈랐다 붙였다 왜 못 하시냐. 사람의 생명을 만드신 이가 그분이신데 왜 사람을 못 살리시겠냐." 나한텐 정말 그 믿음이 있었다. 하나님이신데 하나님이 그렇게 하셨다는 것을 나는 조금도 의심 없이 받아들일 수 있었다.

2.

나도 보지는 못했다. 나사로가 살아나는 것. 그저 하나님이시니까 그러실 수 있었겠다고 믿는 것이다. 나처럼 보지 않고도 믿는 사람들이 세상에 얼마나 많은가.

3.

참 신기한 것은 예수님이 나사로를 살리실 당시 주변에 있는 사람들은 그것을 보지 않았는가? 그런데도 바리새인들은 믿으려 하지 않았다. 물론 그 때문에 예수를 믿는 사람들도 많았지만 바리새인들은 그것이 사실임을 인정하면서도, 많은 표적을 행하는 능력자라는 것을 인정하면서도 예수님을 배척했다. 왜? 예수님을 그렇게 받아들이면 자기의 자리가 흔들릴까 봐. 자기의 성이 무너질까 봐. 로마로부터 다시 침략당해서 빼앗길까 봐.

4.

공자《논어》에 '참 귀한 말이다' 생각하고 마음에 품고 사는 글귀가 하나 있다. '군자유어의 소인유어리'(君子喩於義 小人喩於利). 군자는 매사를 생각할 때 이것이 의로운 일인가 의롭지 못한 일인가를 생각하지만, 소인은 무엇을 판단하고 결정하려고 할 때마다 의를 생각하지 않고 이익을 생각한다는 뜻이다.

5.

군자는 자기에게 손해가 되어도 의로운 일이면 행한다. 군자는 자기에게 손해가 되어도 그것이 의로운 일이면 행한다. 그러나 소인배는 그렇지 않다. 아무리 의로운 일이라도 손해되면 안 한다. '의(義)가 밥 먹여주냐?' 그 말 한마디로 내친다. 바리새인들이 그랬다. 바리새인들은 지켜야 할 것이 많았다. 자기 자리, 자기 명성, 자기의 이권, 자기의 권력. 이것들을 지키려고 하다 보니까 예수님을 배척하게 되었다.

6.

"욕심이 잉태한즉 죄를 낳고 죄가 장성한즉 사망을 낳느니라(약 1:15)"라는 말씀을 늘 마음에 품고 살아야 한다. 욕심에 눈이 멀면 예수님이 죽은 나사로를 살리신 것을 보면서도, 보지 못한다. 우리는 보지 않고도 믿는 것을 그들은 보고도 믿지 못했다. 욕심에 눈이 멀었기 때문이다.

욕심의 문제를 해결하지 못하면 우리도 바리새인 같아질 수밖에 없다. 예수님을 배척하고 예수님을 밀어내고 예수님을 십자가에 못박는 바리새인들과 똑같은 우를 범하기 쉽다. 욕심을 다스리며 살 줄 알아야 한다. 자기를 부인하며 사는 법을 늘 익혀야 한다.

7.

어떻게 욕심을 버릴 수 있을까? 예수님이 니고데모에게 하셨던 말씀을 기억해야 한다. "사람이 물과 성령으로 나지 아니하면 하나님의 나라에 들어갈 수 없느니라"(요 3:5). 성령으로 거듭나면 하나님나라를 본다는 것이다. 하나님나라를 보면 세상에 대한 욕심을 버릴 수 있다.

8.

내가 설교 중에 자주 들었던 예화가 있다. 우리 막내에 대한 이야기다. 막내가 두 돌 좀 지났을 때 '엄마', '아빠' 다음으로 제일 먼저 배운 말이 '백 원'이었다.

백 원이 뭔지도 모르지만 형들이 '백 원, 백 원'하니까 자기도 '백 원, 백 원' 하기 시작했고, 백 원 받아서 가게 가서 사탕도 사고 껌도 사고 하면서 백 원의 가치를 알게 되니 백 원 타려고 '엄마 백 원, 아빠 백 원' 하게 되었다.

9.

어느 날 교회에 출근하려고 가방 들고 나가는데 막내가 현관문을 막아섰다.

"아빠 백 원."

통행세 내라는 것이다. 백 원 주고 가려고 주머니를 뒤졌더니 백 원짜리는 없고 오백 원짜리가 하나 있었다. "이놈 수지 맞았다" 하고 오백 원을 줬다. 그런데 아이가 심각해졌다. 그 오백 원짜리 동전을 손에다 놓고 돈 한 번 보고 나 한 번 보고 그랬다. 돈 같기도 하고 아닌 것 같기도 하고. 내가 그걸 보고 웃었더니 우리 막내가 오해해서 그 돈을 던졌다. '아빠가 장난친다, 돈 아닌 거 주고 나를 놀린다'고 생각했던 모양이다.

그때 큰아이가 들어와서 그걸 봤다. 오백 원짜리 던지고 백 원을 달라고 떼를 쓰니 답답해서 길길이 뛰었다. "야, 정렬

아. 그거 오백 원이다. 백 원짜리 다섯 개다." 아무리 얘기해
도 막내는 못 알아들었다. "백 원, 백 원." 세 살짜리가 그러니
까 예쁘기만 했다.

10.

그런데 다 자란 다음에도 그러면 예쁠까? 내 새낀데 밉기야
하겠냐만은 많이 걱정될 것이다. 지금은 오백 원도 우습게
여겨서 문제지만, 오백 원과 백 원이 있을 때 둘 중 하나만
가지라고 하면 백 원을 포기하는 일은 어려운 일이 아니다.
오백 원을 얻는데 백 번이라도 포기한다.

11.

백 원에 대한 쓸데없는, 속된, 하찮은 욕심을 버리는 길은 하
나님나라를 보는 것이다. 하나님나라를 보면 세상 나라에 대
한 욕심을 버릴 수 있다. 그래서 성령으로 거듭나는 일이 우
리 신앙생활에 얼마나 중요한 일인지 모른다.

12.

성령으로 거듭나려면 하나님 앞에 간구하면 된다. 구하면 주
시고 찾으면 찾게 하시고 문을 두드리면 열어주신다 약속하
셨던 하나님이 구하는 자에게 성령을 선물로 주시지 않겠는
가. '하나님, 나에게도 성령의 거듭남을 허락하여주세요'라
는 소원을 가지고 늘 기도하면 하나님께서 기쁜 마음으로 우

리에게 성령으로 거듭남을 허락해주셔서 영적인 눈을 뜨게 하시고 백 원과 오백 원을 구별하고 세상에 대한 욕심을 하나님나라를 바라보며 제어할 수 있는 큰 권세와 능력을 허락해주실 줄을 믿는다.

13.

그리고 성령 받는 또 하나의 방법은 성경 아닌가. 성경이 성령의 감동으로 기록된 말씀이기 때문에 매일 성경을 공부하고 배우면, 그 말씀이 우리의 삶에 성령의 감동으로 나타나서 성령의 거듭남으로 눈뜨게 하는 놀라운 역사가 일어나게 되는 줄을 믿는다.

성령으로 거듭나서 하나님나라를 바라보고 하나님나라의 가치관을 소유함으로 바울과 같이 세상에 대한 욕심을 배설물처럼 여기게 될 줄을 믿는다. 자기 자리 지키겠다고, 자기 아성을 지키겠다고, 자기의 유익이 무너질까 봐 예수님을 십자가에 못박고 교회를 핍박하는 어리석은 바리새인들 같은 우를 범하지 않는 우리가 되기를 바란다.

●

하나님, 우리는 예수님이 죽은 나사로를 살리신 것을
보지 않고도 믿는데
바리새인들은 보고 확인할 수 있었음에도 믿지 않았습니다.
믿지 못했습니다. 욕심 때문이었습니다.

자기 아성이 허물어질까 봐,

자기 유익을 잃어버리게 될까 봐

믿으려 하지 않았습니다. 보려고 하지 않았습니다.

결국 예수님을 십자가에 못박았습니다.

"욕심이 잉태한즉 죄를 낳고

죄가 장성한즉 사망을 낳느니라"(약 1:15)라고 하신

이 말씀을 늘 기억합니다.

우리는 죄인이어서 늘 욕심에 사로잡힙니다.

성령으로 거듭나게 하시사 하나님나라를 바라보게 하옵소서.

그리하여 백 원과 같은 세상에 대한 욕심을

바울처럼 배설물로 여길 수 있게 하옵소서.

늘 예수님을 바라볼 수 있게 하시고

믿을 수 있게 하시고 따를 수 있게 하시고

모든 삶을 하나님 중심으로 살아갈 수 있게 하옵소서.

34

욕심에 눈이 멀어 보고도 안 믿는 사람들

요한복음 11:1-16

1 어떤 병자가 있으니 이는 마리아와 그 자매 마르다의 마을 베다니에 사는 나사로라 2 이 마리아는 향유를 주께 붓고 머리털로 주의 발을 닦던 자요 병 든 나사로는 그의 오라버니더라 3 이에 그 누이들이 예수께 사람을 보내어 이 르되 주여 보시옵소서 사랑하시는 자가 병들었나이다 하니 4 예수께서 들으 시고 이르시되 이 병은 죽을 병이 아니라 하나님의 영광을 위함이요 하나님의 아들이 이로 말미암아 영광을 받게 하려 함이라 하시더라 5 예수께서 본래 마 르다와 그 동생과 나사로를 사랑하시더니 6 나사로가 병들었다 함을 들으시 고 그 계시던 곳에 이틀을 더 유하시고 7 그 후에 제자들에게 이르시되 유대로 다시 가자 하시니 8 제자들이 말하되 랍비여 방금도 유대인들이 돌로 치려 하 였는데 또 그리로 가시려 하나이까 9 예수께서 대답하시되 낮이 열두 시간이 아니냐 사람이 낮에 다니면 이 세상의 빛을 보므로 실족하지 아니하고 10 밤에 다니면 빛이 그 사람 안에 없는 고로 실족하느니라 11 이 말씀을 하신 후에 또 이르시되 우리 친구 나사로가 잠들었도다 그러나 내가 깨우러 가노라 12 제자 들이 이르되 주여 잠들었으면 낫겠나이다 하더라 13 예수는 그의 죽음을 가리 켜 말씀하신 것이나 그들은 잠들어 쉬는 것을 가리켜 말씀하심인 줄 생각하는 지라 14 이에 예수께서 밝히 이르시되 나사로가 죽었느니라 15 내가 거기 있지

아니한 것을 너희를 위하여 기뻐하노니 이는 너희로 믿게 하려 함이라 그러나 그에게로 가자 하시니 16 디두모라고도 하는 도마가 다른 제자들에게 말하되 우리도 주와 함께 죽으러 가자 하니라

I.

본문은 나사로와 그의 누이 마리아와 마르다에 대한 이야기다. 예수님이 그 삼 남매를 많이 사랑하셨던 것 같다. 특히 나사로를 사랑하셨는데 그 나사로가 병들어서 죽게 되었다. 마리아, 마르다가 사람을 보내서 예수님에게 이렇게 말한다. "예수님, 예수님이 사랑하시는 자가 병들었습니다. 죽게 되었습니다."

2.

"(주께서) 사랑하시는 자가 병들었나이다."
이게 우리 믿음의 상식과 일치할까? 하나님의 사랑을 받는 사람이 병들었다. 하나님이 사랑하시면, 하나님의 사랑을 받는 사람이라면 병들면 안 되는 것 아닌가? 하나님이 사랑하시지 않는 자가 병들고, 하나님이 사랑하시는 자는 건강해야하는 것 아닌가?
그런데 성경은 예수님이 사랑하시는 자가 병들었다고 이야기한다. "예수께서 본래 마르다와 그 동생과 나사로를 사랑하시더니." 사랑했다고 말씀하시는데 그 사랑하는 나사로가

병들었다. 이 말씀이 내 마음에 깊이 와닿았다.

3.

우리는 예수님이 사랑하시면 건강해야 하고, 부자가 돼야 하고, 하는 일도 잘 돼야 한다는 통념을 가지고 있다. 병이 든다든지 사업에 실패한다든지 어려움이 있다든지 고난을 당하면 하나님이 사랑하시지 않는다고 단정짓는다. 나는 그게 사탄의 속임수라고 생각한다. 그렇게 해서 자꾸 하나님을 멀리하게 하고 의심하게 하는 술수가 아닌가 싶다.

4.

내가 집회 가서 설교할 때 교인들에게 자주 하는 질문이 있다. "예수 믿는 사람이 부자인가, 안 믿는 사람이 부자인가?" 답은 '사람 나름'이다. 예수 믿는 사람 중에도 부자가 있고 가난한 사람이 있다. '예수 믿으면 부자 된다'는 말은 좋은 말이지만, 그렇다면 가난한 사람은 예수를 잘못 믿었기 때문이라는 얘기 아닌가? 큰일 날 소리다. 예수 잘 믿는데도 가난한 사람이 있고, 예수 안 믿는 사람 중에도 부자가 많은데 그건 어떻게 설명할 수 있을까? 좀 섭섭하지만 '사람 나름'이라는 말이 정답에 가깝다.

5.

하나 더, 똑같은 맥락인데 "예수 믿는 사람이 건강한가, 안 믿는 사람이 건강한가?" 그 답도 '사람 나름'이다. 나는 신유의 은사를 믿는다. 그리고 요즘에는 하나님이 나에게도 그 은사를 좀 주시면 좋겠다는 마음이 있기도 하다. 그러나 예수를 믿는다고 다 건강한 건 아니고, 건강하지 못하다고 예수를 잘못 믿는 것도 아니다. 예수를 믿어도 병들 수 있고, 하나님이 사랑하시는데도 세상에서 고난 당할 수 있고, 또 실패할 수 있다는 사실을 쉽지는 않지만 받아들여야 사탄에게 속지 않고 흔들림 없는 신앙생활을 할 수 있게 될 것이다.

6.

나면서부터 앞을 못 보는 시각 장애인에 대해서 제자들이 누구의 죄인지 물었더니 '누구의 죄도 아니다. 하나님의 일을 드러내려 함이라'라고 말씀하셨던 것과 똑같은 맥락의 말씀이 이번에도 주어지고 있다. 사랑하시는 자가 병들었다고 했는데, 예수님은 "하나님의 영광을 위함"이라고 하셨다. 나사로가 병들어서 죽게 된 것이 하나님의 영광을 위함이라는 것이다. 왜? 예수님이 살리실 것이니까. 그것을 통하여 하나님을 드러낼 수 있으니까.

7.

이 말씀을 내 경우에 적용해서 한번 생각해봤다. 나도 병들었다. 죽을 수도 있는 병에 걸렸는데 하나님의 영광을 위하여 하나님이 내 병을 사용하신다. 무엇을 통해서? 살리심으로. 그러나 예수 믿고 하나님이 사랑하시면 암에 걸린 사람이 다 낫는다고 할 수 있을까? 그건 또 아니다.

8.

나는 완치되면 좋겠다. 그게 정직한 내 심정이다. 그래서 가끔 몰래 아무도 모르게 하나님 앞에 이렇게 기도한다. "하나님, 죽는 건 좋은데 암으로는 죽지 않게 해주세요." 쉽게 말하면 편히 죽게 해달라는 기도를 살짝살짝 한다. 완치를 바라고, 재발 없이 소프트랜딩하기를 바란다.

그런데 그렇지 않은 경우도 있다. 나도 재발할 수 있다. 나는 그 가능성을 늘 열어놓고 있다. 재발한다고 해도 "내가 그렇게 하나님을 사랑하는데 왜 재발하게 하세요?" 그렇게 하나님 앞에 원망하거나 따지지 않을 것이다. 만에 하나 원치 않는 재발이 된다고 해도 늘 생각하고 준비한 것처럼, 이것은 죄로 말미암아 불안정하게 된 이 세상에서 누구에게나 일어날 수 있는 일이기 때문에 그게 나한테 일어난다고 해도 나는 하나님을 탓하지 않을 것이다.

9.

암이 재발해서 고통당하다가 힘들게 이 세상을 떠나게 된다면 그것을 통하여 어떻게 하나님께 영광을 돌릴 수 있을까? 완치되어서 암으로 죽지 않는 것은 쉽게 말하면 하나님이 나를 살리신 것이고, 암이 재발하여서 고통받다가, 고생하다가 죽게 된다면 하나님이 나를 살리지 않으신 것일까? 나는 그렇게 생각하지 않았다.

두 경우 다 생명이 있다. 완치되면 건강한 모습으로 그 삶을 다 하나님께 드리려고 최선을 다할 것이다. 그러나 내가 원치 않지만 암이 재발하여 고생하게 된다면 그 속에서도 나는 최선을 다해 생명을 찾아낼 것이다. 고통 중에도 하나님을 원망하지 않는 것, 그중에도 기뻐하고 감사하며 천국을 살아내는 것, 그것을 위해서 하나님께 매달리고 기도해서 정말 미친듯이 싸워갈 것이다.

그것을 통해서 믿는 사람들에게, 같이 암으로 고통 당하는 친구들에게, 그리고 믿지 않는 세상 사람들에게 '하나님을 믿는다는 것은 정말 생명이 있는 것이구나. 저 속에도 생명이 있구나. 믿음은 참 위대한 것이구나. 아름다운 것이구나' 증명해 보이고 싶다.

IO.

그렇게 되면 그게 다 하나님의 영광을 위하여 내가 병든 것이 되지 않겠는가. "먹든지 마시든지 무엇을 하든지 다 하나님의 영광을 위하여 하라"(고전 10:31)라는 말씀을 나는 '재발이 되든지 재발이 안 되든지 다 하나님의 영광을 위하여 사용하라'라는 말로 들었다. 쉽지 않은 일이다. 당연히 쉽지 않은 일이다. 그러나 적지 않은 믿음의 위인들이, 선배들이 이미 그와 같은 삶을 통해서 하나님께 영광 돌리는 삶을 살았다.

II.

〈교회 오빠〉라는 영화로도 제작되어 우리에게 잘 알려진 이 관희 집사의 이야기가 중요한 예가 되지 않겠는가. 죽어가면 서도 끝까지 하나님을 붙잡고 실족하지 않고 욥과 같이 하나 님께 영광을 돌려서 많은 사람에게 감동을 주고, 하나님 앞 에 아름다운 믿음을 증거한 사람들이 있지 않은가.

12.

말은 쉽다. 생각하는 것도 쉽다. 그러나 그건 정말 미션 임파 서블이다. 내게는 그 힘이 없다. 내가 인정한다. 지금 아프지 않으니까, 암이 재발하지 않았으니까 쉽게 얘기할 수 있지 만, 막상 암이 재발해서 고통을 당한다면 이런 말을 쉽게 못 할 거라고 나는 생각한다. 그게 나다. 나에게는 생각한 것을 살아낼 힘이 없다.

그런데 하나님이 힘을 주시면, 그 능력을 주시면 능히 그와 같은 삶 살게 될 줄을 믿는다. 먹든지 마시든지 병들었든지 건강하든지 무슨 일을 만나든지 하나님의 영광을 위하여 사 용할 줄 아는 믿음의 장수 같은 사람 되고 싶다.

●

사랑하는 나사로가 병들었다는 말씀 속에서

믿음의 교훈을 얻습니다.

하나님을 잘 믿으면 병도 안 들고

모든 일이 형통하다고 생각하기 쉽지만, 사실은 그렇지 않습니다.

그렇게 믿고 살면 풀 수 없는 삶의 미스터리들이 너무 많고

하나님을 잘못 믿고 하나님을 떠나기도 쉽습니다.

사랑하는 나사로가 병들어 죽었습니다.

예수님은 하나님의 영광을 드러내기 위함이라고 하였습니다.

하나님, 저도 병들었습니다. 낫기를 원합니다.

재발하지 않았으면 좋겠습니다. 고통 없이 죽었으면 좋겠습니다.

그렇게 되면 하나님께 영광 돌리는 삶을 끝까지 살 수 있겠습니다.

그러나 하나님, 재발한다고 해도, 고통받는다고 해도

죽음과 같은 고통 속에도

하나님만이 우리에게 주실 수 있는 생명이 있습니다.

좌절하지 않고 원망하지 않고 기쁘게 감사하며

아름답게 훌륭하게 살 수 있는

생명의 능력이 주께 있는 줄을 믿습니다.

35

나 때문에 사람들이 예수 믿으려면

요한복음 12:9-11

9 유대인의 큰 무리가 예수께서 여기 계신 줄을 알고 오니 이는 예수만 보기 위함이 아니요 죽은 자 가운데서 살리신 나사로도 보려 함이러라 10 대제사장들이 나사로까지 죽이려고 모의하니 11 나사로 때문에 많은 유대인이 가서 예수를 믿음이러라

I.

앞에서 세례 요한 때문에 많은 사람이 예수님을 믿었다고, 세례 요한을 신뢰했기 때문에 세례 요한이 예수님을 증거하니까 의심 없이 예수를 믿었다는 이야기를 했었다. 여기서 살펴볼 것도 비슷한 이야기다.

본문에 보니 "나사로 때문에 많은 유대인이 가서 예수를 믿음이러라"라는 말씀이 나온다. 나사로 때문에 많은 사람이 예수를 믿었다. 얼마나 부러운 말씀인지 모른다. 나 때문에 실망하여, 실족하여 예수 안 믿는 사람들이 생긴다면 얼마나 불행한 일인가. "저 사람 하는 걸 보니까 예수 믿는 거 다 소

용없어. 예수 믿는 사람이 저런다면 믿어서 뭐 하나?"

만일 내가 그런 이야기를 듣는다면 그것은 정말 예수님의 말씀처럼 연자 맷돌을 매고 바다에 빠뜨려지는 것보다 더 못한 일이 아니겠는가.

그런데 우리 때문에 누구 한 사람이라도 예수를 믿고 예수 믿을 마음이 난다고 하면, 그것은 가난하든 부하든 세상적으로 성공했든 혹 성공하지 못했든 관계없이 크게 성공한 삶을 살았던 사람이 아니겠는가.

2.

그런데 왜 나사로 때문에 사람들이 예수를 믿었을까? 그 이유는 간단하다. 죽었다가 살아났기 때문이다. 예수님 때문에 죽었다 살아났기 때문에 사람들이 나사로가 살아난 것을 보고 예수님을 하나님의 아들로 믿게 되었다는 것이다.

그러면 나사로 같은 삶을 살려면 우리도 죽었다가 살아나야 할까? 꼭 그래야만 그런 삶을 살 수 있는 걸까? 나는 조금 다른 식으로 접근하여 이 문제를 풀어봤다.

죽음의 원인은 늘 반복하여 말하는 것처럼 죄 아닌가. 성경은 또 죄의 원인을 욕심이라고 풀었다. 욕심이 죄를 낳고 죄가 자신과 세상을 죽음으로 만들어놓고 말았다.

3.

80년대 초반에 나는 해외 유학생을 비롯해 이민 1.5세나 2세들을 위한 코스타 집회에 열심히 다녔다. 코스타를 다니기 시작한 지 2,3년쯤 됐을 때의 주제가 잊히지 않는다.

'거룩과 능력.'

그 주제를 가지고 미국에 있는 학생들에게 설교했었고, 파리에 가서도 그 설교를 했던 기억이 생생하다. 내가 설교하면서 청년들에게 들려주었던 예화가 있다.

4.

어느 공무원의 이야기다. 꽤 높은 고위직 공무원인 것 같은데, 예수님을 믿는 분이었다. 지금은 좀 나아졌겠지만, 자기 일을 좀 쉽게 하려고 공무원에게 뇌물을 주고 결탁하는 일들이 지금보다도 더 많았을 때, 어느 회사의 사장이 이 공무원에게 일을 잘 부탁한다면서 책상 밑으로 봉투를 쥐여주었다. 그때 그 예수 믿는 공무원이 정중하게 돈을 돌려주면서 이렇게 말했다. "충분히 이해합니다. 아마 제가 사장님이래도 그랬을 겁니다. 그런데 사장님, 저 예수 믿는 사람입니다. 저 이거 받을 수 없습니다. 그런데 사장님, 걱정 안 하셔도 됩니다. 이 일은 되는 게 옳습니다. 제가 잘 도와드려서 잘 되게 해드릴 터이니 걱정하지 마세요."

5.

그때 유학생들이 대개 박사과정에 있는 학생들이었는데, 내가 그 청년들에게 이렇게 도전했던 기억이 있다. 박사과정 마치고 하나님의 소명이 있다면 공무원을 좀 해봐라. 박사과정 마치고 공무원이 되면 그래도 꽤 진급이 빠르고 높은 자리에 오를 가능성이 크지 않은가. 밤낮 예수 믿는 사람들이 뇌물을 줘야 하는 자리에만 있으면 어떡하나. 뇌물을 받을 수 있는 높은 자리를 얻은 후에 예화에 언급한 그 공무원처럼 한다면 세상이 얼마나 좋아지겠는가.

6.

그러면서 내가 학생들에게 연습시켰다. "자, 우리가 공무원이 됐다고 생각하자. 누가 봉투를 주면서 잘 부탁한다고 하면 이렇게 말해보자. 따라 해라." 그리고서 이렇게 말했다. "충분히 이해합니다. 저라도 그랬을 것입니다. 그러나 저는 예수 믿는 사람입니다. 이것 받지 못합니다. 이 일은 잘될 일이니 잘될 겁니다. 제가 잘 도와드려서 잘되게 해드릴 터이니 걱정하지 말고 돌아가십시오."

7.

이런 사람들이 예수 믿는 사람 중에서 하나가 아니라 둘이 나오고 둘이 아니라 백 명, 천 명이 나온다고 하면 그 사람들 때문에 예수 믿는 사람들이 더 나오지 않겠는가. 그 사람들 때문에 예수를 믿으려 하지 않겠는가. 왜 그럴까? 그 속에 생명이 있는 것을 볼 것이기 때문이다.
사람들도 다 안다. 욕심 때문에, 욕심으로 말미암은 죄 때문에 이 세상이 죽어가고 있고 죽었다는 사실을 그들도 다 안다. 그런데 알면서도 어떻게 할 수가 없다. 남이 못 하는 건 둘째치고 자기도 거기서 벗어나지 못하고 있다는 것을 잘 알지 않은가. 그런데 어떤 예수 믿는 사람 하나가 아무렇지도 않게 "저 예수 믿는 사람입니다, 저 그거 못 받습니다. 그러나 잘 도와드리겠습니다"라면서 욕심을 벗어난, 깨끗하고 꿋꿋한 아름다운 삶을 사는 것을 보면 그게 마치 죽은 나사로가 살아난 것처럼 보이지 않을까.

8.

나는 이런 일이 실제로 일어난다면 나사로 때문에 많은 사람이 예수를 믿었듯이 우리 때문에 세상의 많은 사람이 예수를 믿을 것이라는 생각이 들었다. 기독교 인구가 적었을 때, 아주 초창기였을 때, 초대 기독교인들은 숫자는 적었지만 세상적인 신뢰가 있었다. "저 교회 다닙니다. 저 교회 집사입니다. 저 교회 장로입니다"라고 얘기하면 사람들은 '정직하겠구나. 사람은 착하겠구나. 자기가 손해 볼지언정 남한테 나쁘게는 안 하겠구나. 꾀부리지 않고 성실하겠구나'라는 기본적인 신뢰가 있었다. 그런 생명 같은 것들이 실제로 초기 예수 믿는 우리 선배들, 우리 부모님 세대에는 있었기 때문이다.

9.

그런데 우리는 요즘 그 소중한 것을 잃었다. 우린 요즘 정직하지 못하다. 예수 믿는 사람도 착하지 않다. 자기 이익에 목숨을 걸고 자꾸 세상을 밀어붙이려고 한다. 성실하지도 못하다. 예전에 점점 나빠질 때 이런 단계를 거쳤다. "예수 믿는 사람들도 똑같아." 그 말은 무슨 뜻인가? 전에는 똑같지 않았다는 뜻이다. 그런데 요즘은 예수 믿는 사람들도 다 똑같다는 것이다. 그렇게 한 단계 악화되더니 요즘엔 이런 말이 나오기 시작했다. "교회 다니는 사람이 더하다." 오히려 세상 사람만 못해지기 시작했다. 세상 사람들이 우리를 가르쳐야 하는 단계에 이르고 말았다. 살았다고 하는 이름은 있으나, 교회 다닌다고 하는 허울은 있으나, 집사요 장로요 목사라고 하는 타이틀은 있으나 사람들에게 인정받지 못한다. 보여주지 못한다. 나사로 때문에 많은 사람이 예수 믿은 것 같은 삶은 고사하고 우리 때문에 사람들이 교회를 떠나고 교회를 불신하고 선교의 열매가 떨어지는 삶을 살게 된 것 같다.

10.

남 생각하지 말고, 다른 생각하지 말고 우리가 정신 차려야 한다. 우리부터라도 먼저 우리 안에 예수의 생명을 가져서 세상 사람들이 죽은 나사로가 살아난 것을 보고, 그 생명을 보고 예수를 믿었듯이 우리 속에 있는 귀한 예수의 생명 때문에 세상이 바뀌고 사람들이 예수를 믿는 그런 삶을 살아갈 수 있기를 바란다.

II.

예수 믿는 사람은 그 속에 예수의 생명이 있어야 한다. 고난만 많으면 무엇하고, 세상적으로 아무리 성공하면 무엇하고, 유명하면 무슨 소용이 있겠는가. 그 속에 생명이 없는데. 생명이 있어야 그것을 보고 세상 사람들이 예수를 믿지 않겠는가. 날마다 하나님의 말씀을 사모하는 우리에게 매일 주어지는 말씀이 생명이 되어서 그 생명이 삶으로 나타나기를, 그래서 많은 사람이 우리 때문에 예수 믿게 되는 놀라운 역사가 일어날 수 있게 되기를 바란다.

●

죽은 나사로 때문에 많은 사람이 예수를 믿었습니다.
죽음까지도 생명으로 부활케 하시는
하나님의 능력을 보았기 때문입니다.
세상은 죄 때문에, 욕심 때문에 죽어가고 있습니다.
많이 죽었습니다.
세상 사람들도 다 압니다.

그 죽음의 권세를 이겨내지 못해서 다 죽어가고 있는데
예수 믿는 사람이 욕심 다 버리고, 죄 된 욕심을 버리고
꿋꿋하게 그러면서도 건방지지 않고 부드럽고 온유한 자세로
사는 모습을 보여준다면 죽은 나사로가 살아난 것처럼
예수의 생명이 우리에게 있는 것을 보고

세상 사람들도 예수님을 많이 믿지 않을까 생각해보았습니다.

하나님, 우리도 그렇게 살게 하여주옵소서.

날마다 하나님의 말씀을 사모하며 사는데

말씀이 우리 속에서 예수의 생명 되게 하사

우리 속에 있는 그 생명을 보고, 세상과 다른 삶을 보고

많은 사람에게 복음을 증거 할 수 있는

이 시대의 그리스도인들이 되게 하옵소서.

36

지금부터라도 한 알의 밀알처럼

요한복음 12:24

24 내가 진실로 진실로 너희에게 이르노니 한 알의 밀이 땅에 떨어져 죽지 아니하면 한 알 그대로 있고 죽으면 많은 열매를 맺느니라

I.

나는 1971년도에 신학교에 입학했다. 그때 정원이 20명이었는데 12명이 지원해서 미달이었다. 그 당시 신학교 입학지원자는 거의 해마다 미달이었다. 그러니까 소명감을 갖고 지원하면 세상적인 실력이 부족해서 신학교에 떨어지는 일은 없었다. 신학교는 그렇게 세상적인 인기가 없었다.

2.

내가 신학교 입학하던 해에 내가 다니던 모교회에서 장로 선거가 있었다. 어느 집사님 한 분이 피택이 되었는데 다른 교회로 도망가셨다. 자기 장로 못 한다고. 신학교 입학지원자가 미달인 것과 목사 안 하겠다는 것과 장로 안 하겠다는 것

이 맥이 같았다. 목사 되는 게 너무 힘들어서, 장로가 되면 너무 힘들기 때문에. 교회가 작고 힘없고 가난했기 때문에 그 무거운 짐을 져야 하는 것이 힘들어서 장로 선거도 치열하지 않았다.

3.

내가 부목사 때 집이 중화동에 있었고 교회는 청량리에 있었는데, 매일 버스 타고 다니다가 자전거를 하나 샀다. 그렇게 먼 거리가 아니기 때문에 자전거만 있으면 버스비를 아낄 수 있겠다 싶어서 산 것이다. 그것을 담임목사님이 보시고는 "그건 뭐 하러 샀냐?"라고 하지 않으시고 "참 잘 샀다. 잘했다"라고 하셨다. 그런데 그다음에 이해할 수 없는 말씀을 하셨다. "지금은 자전거 타다가 이제 자가용 사면 되겠네." 그냥 놀리려고 하신 말씀이 아니고 진심이었다. 그래서 더 당황스러웠다.

그때 마음에 떠오른 생각이 '목사가 어떻게 자가용을 타지?'였다. 그때는 목회하는 목사가 자가용 탈 수 있을 거라는 기대와 꿈을 전혀 가지지 못하던 때였다. 그런데 목사님의 말씀이 예언처럼 됐다. 내가 목사가 됐는데, 목사도 자가용 타는 시대가 되었다.

4.

나는 1977년도에 결혼했다. 결혼할 때 내가 교회에서 전도사로 일하며 받던 봉급은 당시 학교 선생님이던 아내 봉급의 3분의 1 정도밖에 되지 않았다. 물론 그때는 전임 전도사가 아니었기 때문에 그랬던 것 같다. 신대원을 졸업하고 1978년도에 전임 전도사, 쉽게 말하면 풀타임 전도사가 되었다. 그리고 어느 날 신문에서 버스 안내원의 봉급이 나온 것을 보았다. 당시 버스에는 요금을 받고 승객들에게 안내해주는 사람이 있었다. 버스 안내원도 월급 적고 고생하는 직종 중 하나였는데, 그래도 나보다 봉급이 퍽 많았다. 그 당시에 목회한다면 그런 것은 각오해야 했다.

5.

한국 교회가 급속히 부흥하기 시작했다. 그리고 대형교회들이 나타나기 시작했다. 내가 신학교에 진학할 때만 해도 5,6백 명만 모이면 큰 교회였다. 천 명 모인다고 하면 대형교회였다. 그런데 지금 한국 교회가 얼마나 커졌는가. 천 명 모이는 교회는 많고 몇만 명 모이는 교회들도 꽤 나오기 시작하지 않았는가.

알다시피 나도 그 시대의 바람에 제법 큰 교회, 대형교회라고 불리는 작지 않은 교회의 담임목사로 섬기다가 은퇴했다. 덕분에 적지 않은 봉급을 받았다. 큰 교회 담임목사니까. 비서도 있었다. 운전해주는 기사님도 있었다.

6.

좋았다. 솔직히 좋았다. 기사님이 운전해주는 차를 타고, 비서가 일일이 다 챙겨주고 사소한 것 하나 신경 쓰지 않게 해주는데 왜 싫었겠는가. 좋았다. 좋은 줄만 알았다. 그런데 돌이켜보니까 한국 교회가 급속히 성장한 후로 나 같은 목사가 나오게 된 것이 좋은 것만은 아니었다. 나와 같은 목사들이 비서도 두고, 자가용도 타고, 기사도 두고 웬만한 회사의 사장 못지않은 삶을 살게 되면서부터 신학교 입학경쟁률은 높아지기 시작했다.

7.

우리는 소명으로 신학교에 갔고, 후배들은 돈 보고 갔다고 함부로 매도하려는 게 아니다. 그런데 그게 자연적인 현상 아닌가. 교회가 커지니까 신학교 입학경쟁률이 높아졌다. 또 교회마다 장로 선거가 과열되기 시작했다. 그러면서 그전에 대부분 연장자 순서대로 하는 것이었던 노회장 선거가 치열해지기 시작했다. 노회장뿐만 아니라 총회장, 전국 연합회 회장 등 조직들이 커지면서, 교회가 커지고 힘도 생기고 돈도 생기고, 그러면서 교회가 좋아지지 않았다.

8.

물은 낮은 곳으로 흐르는 법인데 교회가 점점 강해지고 높아지니까 한국 교회가 변질되기 시작했다. 총회장쯤 되면 교황과 같은 힘을 갖게 되다 보니까 교회가 강해지기 시작했다. 그러나 물은 높은 데서 낮은 곳으로 흐르는 법. 교회가 세상 보다 낮아야, 교회가 좀 만만해야 물이, 세상이 우리에게 흘러 들어올 터인데, 교회가 높아지니까 세상이 흘러 들어오지 못하게 되었다. 도리어 그것이 선교를 가로막는 일이 되고 말았다. 세상이 우리에게 들어오지 않게 되었다. 왜? 우리가 높아졌기 때문이다. 강해졌기 때문이다.

9.

교회는 대형교회 때문에 좋아진 게 아니라 이름도 없이, 빛도 없이 조그마한 교회 붙들고 새벽 강단 지키고 교인들 심방하고 어려운 가정들 좇아다니면서 눈물로 기도하며 섬겼던 목회자들 때문에, 그런 그리스도인들 때문에 생명력을 유지하고 열매를 맺을 수 있었다는 생각을 본문 말씀을 읽으면서 마음속으로 깊이 해보았다.

10.

예전에는 자기를 희생해서 교회 살리겠다고 하는 사람들이 참 많았다. 그럴 수밖에 없었다. 교회 덕 볼 일이 없었기 때문이다. 그러니까 교회 목사가 되고 장로가 되는 일은 자기 살을 깎아서 교회를 살리겠다는 마음이 없으면 아예 시작도 못했던 때다. 그런데 그때는 도리어 교회에 생명이 있었다. 교회를 위하여, 세상을 위하여, 하나님의 나라를 위하여 자기를 한 알의 밀알처럼 땅에 심으려고 하는 사람들이 오히려 많았기 때문이다.

II.

지금은 교회는 많아지고 교인들의 숫자는 많아졌지만, 교회 덕을 보고 교회에서 자신을 과시하고 자기의 이익을 챙기려는 사람들이 더 많아졌다. 그러다 보니 자기를 희생해서 땅에 묻으려고 하는 밀알 같은 교인들의 숫자는 오히려 교인의 숫자가 적던 예전만도 못하게 되었다.

그러니까 선교의 열매가, 복음의 열매가 점점 줄어들 수밖에. 한 알의 밀알이 땅에 떨어져 죽지 않으면 열매를 맺지 못한다. 한 알의 밀알이 땅에 떨어져 썩어지면 많은 열매를 맺는다는 말씀은 두고두고 진리의 말씀이다.

I2.

과연 나는 주님 때문에, 교회 때문에, 하나님나라 때문에 무슨 손해를 보고 살았나 생각에 잠겼다. 부끄럽게도 나는 교회 때문에 덕을 크게 보고 산 사람이다. 세상 부럽지 않은 삶, 살았던 사람이다.

이제 생명이 얼마나 남았는지 모르지만, 지금이라도 정신 바짝 차리고 예수님 때문에 손해 보고, 예수님 때문에 바보 되고, 예수님 때문에 매 맞고, 예수님 때문에 죽임당하는, 정말 한 알의 밀알이 되어 하나님나라를 위하여 쓰임 받는 그런

삶을 살아야겠다는 마음이 절실해졌다. 정말 기도하는 마음
으로 그 마음을 받았다.

13.

교회 덕 보려고 하지 말고, 교회에서 자기 영광 누리려고 하
지 말고, 세 부리려고 하지 말고, 잇속 챙기려고 하지 말고,
하나님이 너무 좋아서 교회가 너무 좋아서 교회 때문에 손해
보고, 교회에서 바보 되고, 하나님 때문에 자기를 죽이는 한
알의 밀알 같은 사람이 되어서 하나님의 영광이 땅에 떨어진
이 세상에서 다시금 하나님의 영광을 드높이는 생명력 있는
열매를 많이 맺게 하는 이 시대의 밀알 같은 그리스도인들이
다 되기를 주의 이름으로 축원한다.

●

한 알의 밀알이 땅에 떨어져
썩어지지 않으면 열매를 맺을 수 없고,
한 알의 밀알이 땅에 떨어져
썩어 죽으면 많은 열매를 맺는다고 하였습니다.
교회가 작고, 힘들고, 어려울 때는
자기를 땅에 묻는 한 알의 밀알과 같은 목회자들,
교회 지도자들, 교인들이 대부분이었습니다.
그래서 교회에는 생명력이 있었고
그것 때문에 교회는 많은 열매를 맺었습니다.

교회가 커지고 부흥하면서부터 변질되기 시작했습니다.

신학교 입학 경쟁률도 높아지고

서로 장로 하려고, 권사 하려고, 회장 하려고 하면서부터

교회는 생명력을 잃었습니다.

교회를 이용해서 자기 잇속 챙기는 사람은 많아졌으나

교회를 위하여, 하나님나라를 위하여, 예수님을 위하여,

자기를 부인하고 십자가 지려는 사람이 적어짐으로

교회는 교회다워지지 못하고 열매를 맺지 못하게 되었습니다.

하나님, 만 가지 은혜를 받았으니

얼마나 더 살지는 알 수 없으나

남은 삶만큼이라도 정신 바짝 차려서

주님을 위하여 밀알처럼 땅에 묻을 수 있는 삶을 살다가

하나님 앞에 갈 수 있도록 도와주시옵소서.

37

세상을 바꾸는 사람

요한복음 13:1-7

1 유월절 전에 예수께서 자기가 세상을 떠나 아버지께로 돌아가실 때가 이른 줄 아시고 세상에 있는 자기 사람들을 사랑하시되 끝까지 사랑하시니라 2 마귀가 벌써 시몬의 아들 가룟 유다의 마음에 예수를 팔려는 생각을 넣었더라 3 저녁 먹는 중 예수는 아버지께서 모든 것을 자기 손에 맡기신 것과 또 자기가 하나님께로부터 오셨다가 하나님께로 돌아가실 것을 아시고 4 저녁 잡수시던 자리에서 일어나 겉옷을 벗고 수건을 가져다가 허리에 두르시고 5 이에 대야에 물을 떠서 제자들의 발을 씻으시고 그 두르신 수건으로 닦기를 시작하여 6 시몬 베드로에게 이르시니 베드로가 이르되 주여 주께서 내 발을 씻으시나이까 7 예수께서 대답하여 이르시되 내가 하는 것을 네가 지금은 알지 못하나 이 후에는 알리라

I.

선교사님들이 한국에 처음 들어와서 세운 교회들이 몇이 있는데 대표적인 교회가 새문안교회, 연동교회, 안동교회 같은 교회들이다. 그때 같이 세워진 교회가 또 있는데, 바로 승동

교회다. 승동교회는 지금 합동 측 교회가 하나 있고 통합 측 교회가 있는데, 통합 측 승동교회에서 내가 첫 담임목회를 했다.

2.

승동교회에 참 귀한 역사가 하나 있다. 초창기 목사님 중에 왕손 출신 목사님이 있었다. 이 씨 왕조의 왕손, 이재형 대감이다. 하마터면 왕이 될 뻔도 했을 만큼 가까운 왕족이었는데, 이 왕족이 승동교회 목사가 되었다. 대단한 사건이다. 그가 누구한테 전도를 받는가 하면 자기 마부에게서 전도를 받았다. 중화동 쪽에 경동제일교회라는 아주 오래된 교회가 있는데, 그 경동제일교회의 영수(당시 선교사나 목사를 돕는 사람)인 마부의 전도로 결국 예수를 믿게 되었다.

3.

이재형 대감의 집은 인사동 승동교회와 담장을 같이 하고 있었다고 한다. 그래서 결국 승동교회 교인이 되었고, 나중에 신학을 공부하여 목사까지 되었다. 처음 예수를 믿기로 한 뒤 이재형 대감은 승동교회에서 열린 부흥사경회에 참석했다. 아무래도 초신자니까 좀 머뭇머뭇하면서 뒤에 서 있었는데 앞에 자기에게 전도했던 마부가 참석한 것이 보였다. 너무 반가워서 무릎걸음으로 걸어가서 그 마부를 불렀다. 그런데 뭐라고 불렀는지 아는가? "형님!"이라고 불렀다. 정말 소를 끼칠 만큼 깜짝 놀랄 일이다. 왕손은 양반 정도가 아니다. 왕이 될 뻔도 했던 왕손이 천민 출신인 마부를 형님이라고 불렀다.

4.

마부 엄 영수가 '누가 부르나' 하고 뒤를 돌아보다가 정말 뒤로 자빠질 정도로 놀랐다. 왕손이, 자기가 모시는 주인어른이 예배당에 온 것도 놀라운 일인데, 자기를 형님이라고 부르니 깜짝 놀라서 "나리, 그게 무슨 말씀이십니까"라고 묻자 이재형 대감이 했던 대답이 유명하다. "예수 안에서는 다 형제 아닙니까. 나보다 나이가 많으니까 형님이죠." 이게 초기 한국 기독교의 위력이었다. 세상을 아주 통째로 뒤집어 엎었다.

5.

승동교회는 초창기에 제1대 초대 장로님이 백정이었다. 박 아무개라고 하는 장로님이셨는데 백정은 천민 중의 천민이었다. 아이들도 하대하고 반말하는 천민인 백정이 교회 리더십이 되었다. 그리고 그 장로님의 아들은 한국 최초로 서양 의학을 배워 제중원(현 세브란스병원)의 의사가 되었다.
나는 암 치료 때문에 정기적으로 세브란스병원에 간다. 그러다 조금 시간이 남으면 병원을 산책할 때가 있다. 본관에서 암 병동으로 이어지는 긴 복도를 걷다 보면 병원의 역사가 쭉 기록되어 있는데, 거기에 사진과 함께 박서양 의사에 대한 이야기가 있었다. 백정의 아들로 의사가 된 그 분이다. 기록을 보니까 독립군들의 군의관으로도 일했다고 쓰여 있었다. 그래서 해방된 후에 훈장을 받는 모습도 볼 수 있는데, 정말 있을 수 없는 일이다. 반상의 구별이 엄격했던 우리나라에서 누가 그걸 바꿀 수 있으리라고 상상이나 했겠는가. 그런데 기독교가 들어오면서 아무렇지도 않게 하루아침에 뒤집혀 버렸다.

6.

그랬더니 많은 사람이 예수를 믿게 되었다. 그 정신이 어디서 왔을까? 아마도 본문 말씀 아닐까? 예수님이 제자의 발을 씻기신 것, 너희들도 이렇게 해야 한다고 당부하신 말씀, 그 정신이 바로 기독교의 정신 아니겠는가. 그게 우리 한국 교회에서 최고로 큰 역사를 일으켰던 것이다.

7.

섬김과 부림, 어느 게 더 좋은가? 섬기며 사는 게 좋은가, 남을 부리면서 사는 게 좋은가? 솔직히 남을 부리고 사는 게 더 좋지 않을까? 왜 공부를 잘하려고 하고, 왜 돈을 많이 벌려고 할까? 왜 성공하고, 출세하려고 할까? 왜 사람들은 높아지려고 할까? 섬기려고? 아니다. 섬김을 받으려고 그런다. 섬기는 것이 싫으니까 높아지려 한다. 그래야 내가 섬김을 받을 수 있으니까.

8.

세상은 강자가 약자를 부리고 약자가 강자를 섬긴다. 당연히 낮은 자가 높은 자를 섬기고 가난한 자가 부자를 섬기는 것이 원칙이다. 그런데 예수님은 정반대의 삶을 가르쳐주셨다. 강한 자가 되어서 약자를 섬겨라. 부한 자가 되어서 가난한 사람의 짐을 대신 져주거라. 높은 자가 되어 낮은 자를 섬겨라. 그러면 세상이 바뀐다. 하나님나라가 된다.

9.

'갑질'이라는 말을 들어본 적이 있을 것이다. 갑질은 인간의 본능이다. 우리 마음속에도 있다. 갑질하면서 살고 싶어서 공부하고 돈 벌고 애쓰며 사는 것 아닌가. 그런데 기독교 정신은 그것을 바꾸는 것이다. 우리도 공부 열심히 한다. 돈도 벌 수 있으면 열심히 벌어야 한다. 출세해야 한다. 예수 믿는 사람들이 왜 그런 욕심을 가지고 공부해야 할까? 섬기려고. 공부해서 남 주려고. 돈 벌어서 남 주려고. 출세해서 약한 사람 섬기려고. 그런 마음을 직장에서, 가정에서, 동네 주변에서, 이웃들에게 실천하고 살면 그것 때문에 이 땅에 하나님의 나라가 이루어질 줄을 믿는다.

IO.

내가 늘 자주 인용하는 이사야서 11장에선 하나님의 나라는 어린 양과 사자가 함께 뒹구는 나라, 강한 자가 약한 자를 돌

보고 보호하고 울타리가 되어주는 세상이라 했다. 선생님이 제자의 발을 씻기신 그 사건을 우리 마음에 깊이 담아두고 머리로만 아는 사람이 아니라 몸으로, 삶으로 실천하며 우리보다 약하고 힘없고 가난한 사람들을 잘 섬기면서 사는 사람들 되기를 바란다.

11.

내가 이런 설교를 하면 이렇게 답하는 사람들이 있다. "그렇게 살면 그들이 고마워하지 않고 우리를 더 얕잡아 봐요. 우리를 더 이용하려고 해요."

맞다. 그럴 수 있다. 하지만 그건 그 사람들의 문제다. 그러거나 말거나 꿋꿋이 우리의 길을 지키면 저들도 결국은 감동하여서 조금은 더 좋은 세상이 되지 않을까. 그런 억울함이 있어도, 그런 섭섭함이 있어도 예수님의 정신을 잘 실천하면서 살아가는 우리가 되면 좋겠다.

12.

우리 예수 믿는 사람은 세상과 달리 사는 사람이지 않겠는가. 초대교회에서 일어났던 일은 혁명도 그런 혁명이 없었다. 어떤 혁명으로도 성공시킨 일이 없다. 그런데 기독교는 피 한 방울 흘리지 않고 도리어 우리가 피를 흘리면서 세상을 바꾸었다. 하루아침에 바뀌고 말았다.

낮은 자를 섬기고 우리보다 약한 자를 돕고 살기 위해서 부자 되고, 성공하려는 이상한 사람들이 되기를 바란다. 힘들어도 우리보다 더 힘든 사람들을 돌아보면서, 격려하면서, 저들의 발을 씻기면서 살아가는 우리가 되기를 바란다.

●

하나님의 방식은 세상의 방식과 다릅니다.
약자가 강자를 섬기고, 낮은 자가 높은 자를 섬기며
가난한 자가 부한 자의 종이 되는 것이 세상의 원칙인데
하나님은 우리에게 반대로 살라 하십니다.
제자가 스승의 발을 씻기는 것이 예의인데
예수님은 제자의 발을 씻기시면서
'너희들도 이와 같이 하라' 말씀하여주십니다.

초기 한국 기독교는 그 정신을 실천함으로
도저히 바꿀 수 없었던 반만년의 반상 문화를
하루아침에 뒤집어 버렸습니다.
천민 중의 천민이었던 백정이 장로가 되고,
그의 아들은 의사가 되고
그렇게 하루아침에 세상이 바뀌었는데
그와 같은 능력의 근본이 제자의 발을 씻기신
예수님으로부터 말미암았음을 기억합니다.

하나님, 우리도 그렇게 살게 하여주시옵소서.

섬김을 받으려 하지 말고 섬기려 하며 살게 하여주시옵소서.

더 잘 섬기기 위하여 공부하고,

더 잘 섬기기 위하여 돈 벌고,

더 잘 섬기기 위하여 출세하는

이상한 사람들이 되게 하여주시옵소서.

38

내 속에도 있는 가룟 유다

요한복음 13:21-30

21 예수께서 이 말씀을 하시고 심령이 괴로워 증언하여 이르시되 내가 진실로 진실로 너희에게 이르노니 너희 중 하나가 나를 팔리라 하시니 22 제자들이 서로 보며 누구에게 대하여 말씀하시는지 의심하더라 23 예수의 제자 중 하나 곧 그가 사랑하시는 자가 예수의 품에 의지하여 누웠는지라 24 시몬 베드로가 머릿짓을 하여 말하되 말씀하신 자가 누구인지 말하라 하니 25 그가 예수의 가슴에 그대로 의지하여 말하되 주여 누구니이까 26 예수께서 대답하시되 내가 떡 한 조각을 적셔다 주는 자가 그니라 하시고 곧 한 조각을 적셔서 가룟 시몬의 아들 유다에게 주시니 27 조각을 받은 후 곧 사탄이 그 속에 들어간지라 이에 예수께서 유다에게 이르시되 네가 하는 일을 속히 하라 하시니 28 이 말씀을 무슨 뜻으로 하셨는지 그 앉은 자 중에 아는 자가 없고 29 어떤 이들은 유다가 돈궤를 맡았으므로 명절에 우리가 쓸 물건을 사라 하시는지 혹은 가난한 자들에게 무엇을 주라 하시는 줄로 생각하더라 30 유다가 그 조각을 받고 곧 나가니 밤이러라

1.

벌써 하나님나라로 가신지 여러 해 되신 내 모교회의 임택 진 목사님의 이야기를 자주 한다. 나는 초등학교 1학년 때부 터 다니던 청량리중앙교회에서 신학교도 가고, 교육전도사 도 하고, 전임전도사도 하고, 부목사도 하다가 1982년에 영 락교회 부목사로 갔다. 내가 전임전도사 시절에 청량리중앙 교회가 45주년이 되었는데, 45주년을 기념해서 쉽게 말하면 교회 역사책을 쓰는데 목사님이 나에게 집필을 해보라고 하 셔서 자료를 모으고 모아 조금 어설프지만 원고를 썼던 기억 이 있다.

2.

원고를 쓰기 위해 사진도 모으고, 사연도 듣다가 평생 내 삶 의 교훈이 되는 사연을 알게 되었다. 청량리중앙교회가 당시 한 200명 정도 모이는 교회였는데, 상도동 쪽에 있는 700명 정도 모이는 어느 교회에서 임택진 목사님을 담임목사로 청 빙한 적이 있었다. 당시 출석 성도 700명이면 대형교회였다. 그런 교회에서 청빙을 했으니 아마 목사님의 마음이 조금 움 직였던 것 같다.

그걸 눈치챈 장로님들이 목사님을 막았다. 제일 선임 장로님 이 목사님을 찾아가서 이렇게 말했다. "목사님, 큰 교회로 가 시면 생활비를 더 많이 드리겠지요? 우리도 생활비 올려드 릴 테니 가지 마세요." 그때 엄청난 말씀을 임 목사님이 하셨다. "우시장의 소는 부르는 사람에 따라 값이 올라가기도 하고 내려가기도 하지만 저는 우시장의 소가 아닙니다. 돈 더 준다고 가고 돈 안 준다고 떠나고 그러지 않습니다."

그리고 결국 목사님은 교회에 머무셨다. 그러고 나서 나에게 더 줄 돈이 있으면 이참에 예배당에 의자를 놓자고 하셔서 그때 처음으로 교회에 의자를 놓고 예배드리기 시작했다. 내가 전도사 때 그 글을 쓰면서 결심했다.

'나도 우시장의 소처럼 살지 말아야지. 예수님 팔아서 내 잇속 챙기지 말아야지. 삯꾼 되지 말아야지.' 깨달음과 감동과 결심은 쉬웠지만, 그대로 사는 것은 참 쉽지 않았다.

3.

장로님 중에 메리야스 공장을 크게 하시던 장로님이 있었다. 당시 우리나라에서 제일 큰 메리야스 공장이었다. 직원들이 한 600명 이상 되었던 큰 공장인데 목요일마다 직장예배를 드렸다. 점심시간에 재봉틀을 다 치워놓고 앉아서 예배드렸다고 한다. 그때 내가 신대원 졸업반이었는데, 그 장로님이 나에게 "전도사님, 우리 직장에 와서 설교해주실래요?"라고 해서 간 적이 있다. 그렇게 설교하고 나니까 교통비라면서 봉투를 주셨다. 집에 와서 보니까 봉투 안에 7천원이 들어 있었다. 당시 7천 원이면 적지 않은 돈이었다. 큰 돈이었다.

4.

그런데 그 이후로 매달 한 번에서 두 번을 오라고 하시는 것
이다. 그래서 매달 그렇게 가니까 7천 원도 생기고 만 4천 원
도 생기는 게 좋았다. 용돈이 늘 궁했던 몹시 가난한 신학생
에게는 큰돈이었으니까.

어느 주일 날 유년부 예배를 마치고 그 장로님의 부인인 권사
님을 만났다. 권사님이 "전도사님, 우리 직원들이 전도사님 설
교를 참 좋아하네요. 이번 달에는 한 번만 오시지 말고 네 번
계속 와서 설교해줄 수 있어요?"라고 물으셨다. 내가 "예, 가
겠습니다. 갈 수 있습니다"라고 대답은 했는데, 머릿속에 이상
한 생각이 들었다. 참 말하기도 부끄럽지만 '4×7=28'이었다.

5.

한 번 설교하면 7천 원씩 주니까 그걸 네 번 가면 이번 달에
는 2만 8천 원이 생기게 된다는 계산이었다. 얼마나 속상하
고 얼마나 부끄러웠는지 모른다. 신학생이고 전도사쯤 됐으
면 그런 마음은 안 가지고 살아야 하는 것 아닌가? 일흔 넘는
평생을 예수를 믿었으니 이쯤 됐으면 그런 마음은 없어야 하
는 것 아닌가? 그런데 그렇지 않다. 평생 그 마음과 싸우면서
살아야 할 만큼 우리는 속물이다. 예수님 팔아먹는 게 다른
일이겠는가. 설교하고 교통비 받는 일이 정당하다고는 할 수
있지만, '4×7=28'이라면서 다닐 수는 없는 일 아닌가.

"우시장의 소는 부르는 사람에 따라 값이 올라가기도 하고

내려가기도 하지만 나는 우시장의 소가 아닙니다." 그 말에
그렇게 충격과 은혜를 받았으면서도 그걸 지키며 살기가 참
어려웠다.

6.

벌써 여러 번 얘기했지만, 교회가 가난하고 작을 때에는 목
사도 되려고 하지 않았고 장로도 되려고 하지 않았다. 교회
덕 볼 일이 없었다. 덕 보는 게 아니라, 내 살을 뜯어 갖다 붙
여줘야만 교회가 사는 때였다. 그런데 교회가 커지면서부터
교회에 세상적인 재미들이 많이 붙기 시작했다. 교회의 힘을
이용해서 자기의 신분 상승을 꾀하는 사람들도 있고, 또 목
회자 중에는 교인들의 힘을 동원해서 정치적인 야심을 채우
려는 엉뚱한 사람들도 나타났다. 목회자만 그럴까? 교인들
은 안 그런가? 그렇지 않다.

7.

한국 교회는 보통 남자보다 여자가 더 많다. 왜 많은 줄 아는
가? 긍정적인 요인을 꼽자면, 여자들이 남자보다 부드럽고
겸손해서 훨씬 더 종교적이고 신앙적이기 때문에 그렇다. 그
런데 또 다른 이유가 하나 있다. 조금 비판적이고 부정적인
요인이다. 한국 사회는 아직도 남자와 여자가 평등하지 않기
때문이다.
물론 여자가 대통령도 되고, 정치도 하고, 지도자도 하는 때

이지만 아직도 완전하지 않다. 그런데도 옛날과 비교하면 여성의 권위가 엄청나게 상승한 건 틀림없다. 옛날에 여자는 이름으로 불리지도 않았다. 이 씨, 박 씨, 수원댁이라고 부를 때가 있었다. 존재감이 없었다. 여자들은 대개 결혼하기 전에는 누구 딸로 불렸고, 결혼하면 누구 아내로 불리고, 아이를 낳으면 누구 엄마로 불리고, 누구 할머니로 불렸다. 누구의 누구로 존재하지 자기 스스로 존재하지 못했다.

8.

그런데 교회가 그것을 깨뜨렸다. 교회는 여자의 이름을 불러준 곳이다. 이름만 불러주는 줄 아는가? 그에게 일을 맡긴 조직이다. 권찰, 집사, 권사, 여전도회 임원, 회장, 이게 무슨 계급처럼 상승도 한다. 이것을 통해서 여성들이 자신의 존재감을 느끼고 사회적인 욕구가 충족되기 때문에 교회처럼 매력적인 집단이 없었다. 그러나 그것 때문에 교회 다니기 시작하면 교회는 점점 나빠진다.

9.

가룟 유다 이야기를 한 적이 있다. 자신이 가룟 유다라고 생각하는 사람은 아마 없을 것이다. 앞에서 '4×7=28'이라고 했을 때 나는 '아, 내가 가룟 유다였구나. 가룟 유다구나. 나에게도 가룟 유다의 기질이 있구나'란 생각을 했다. 교회를 이용해서 신분 상승을 추구하고 정치적인 욕구를 충족시키

려 하고 인간적인 출세를 하고자 한다면 다 그게 가룟 유다
의 후예가 아닌가 싶었다. 사심 없이 깨끗한 마음으로 하나
님을 사랑하고 하나님의 말씀을 사랑하여 인간적이고, 세속
적인 욕심과 야망을 채우기 위하여 예수님을 팔아먹는 일을
무의식중에라도 하지 않고 모든 것을 버려두고 예수를 좇아
섬기며 살아가면 얼마나 좋을까.

우리 속에 가룟 유다가 있다는 걸 알아야 한다. 가룟 유다는
특별한 사람이 아니다. 우리 속에 있는 나 자신이다. 우리도
늘 잘못하면 예수님 부인하고 배반하고 팔아먹고 자기 이익
을 위해서 이용하기 쉬운데, 늘 깨어 조심하며 정말 주를 사
랑하고 예수님을 사랑하는 순결한 신부 같은 그리스도인들
이 다 되기를 주의 이름으로 축원한다.

IO.

이 말을 듣고 '권사 안 할 거야. 장로도 안 할 거야'라면서 권
사, 장로를 다 이상한 사람으로 취급하면 그것은 또 엉뚱한
길로 빠지는 것이다. 권사, 해야 한다. 장로, 해야 한다. 목사
도 해야 한다. 단, 순수한 마음으로 하는 것이 중요하다. 깨끗
하고 순수한 마음으로, 인간적인 야망과 욕심을 채우기 위해
서 하나님을 이용하지 않고 하나님을 잘 섬길 수 있는 그리
스도인이 되어야 한다.

●

가룟 유다는 예수님을 은 삼십에 팔아먹었습니다.

우리는 죄인인 것은 늘 인정하며 살지만

우리도 가룟 유다라는 생각을 하지 못하고 삽니다.

그런데 생각해보면

우리 속에도 가룟 유다의 마음이 있습니다.

그 기질이 있습니다.

그 권능이 있습니다.

그리고 슬쩍슬쩍 예수님을 잘 팔아먹습니다. 이용합니다.

예수님 때문에 주의 몸 된 교회를 섬기는 게 아니라

집사가 되고, 권사가 되고, 장로가 되고, 교회 리더십이 되어

권력을 얻고 정치적인, 사회적인 야망을 얻기 위해서

교회 생활하기가 얼마나 쉬운지 모릅니다.

따지고 보면 그것도 다 예수님을 팔아먹는 행위 아니겠습니까.

하나님, 그런 욕망은 다 내어버리고

십자가를 지고 세상의 모든 욕심 다 버리고

순수한 마음으로 주를 따라 섬기고 살아가는

우리가 되게 하옵소서.

39

사랑의 은사를 사모하라

요한복음 13:34,35

34 새 계명을 너희에게 주노니 서로 사랑하라 내가 너희를 사랑한 것 같이 너희도 서로 사랑하라 35 너희가 서로 사랑하면 이로써 모든 사람이 너희가 내 제자인 줄 알리라

I.

우리가 너무나 잘 아는 말씀이다. 하나님이 모세를 통해서 우리에게 계명을 주셨다. 십계명이다. 1계명부터 4계명은 하나님에 대한 계명이고. 또 5계명에서부터 마지막 10계명은 사람에 대한 계명이다. 그런데 예수님은 이 십계명을 아주 간단히 이렇게 정리해주셨다.

"새 계명을 너희에게 주노니 서로 사랑하라."

마치 음악으로 이야기하면 코드 같다. 코드를 잡으면 거기에 '도미솔도'가 나오는 것처럼 하나의 코드를 가르쳐주셨는데, 그것이 '사랑'이다. 하나님을 사랑하고 이웃을 사랑하라. 계명을 사랑 하나로 코드화시키셨다.

2.

1계명부터 4계명은 하나님을 사랑하면 다 지킬 수 있다. 하나님을 사랑하는데 하나님 외에 다른 신을 섬길 리가 만무하다. 하나님을 사랑하는데 하나님의 날을 무시할 리가 만무하다. 또 사람을 사랑하면, 이웃을 사랑하면 5계명부터 10계명까지 지킬 수 있다. 부모를 공경하고 살인하지 않을 것이며 거짓말하지도 않을 것이고 남의 것 탐내지도 않을 것이다. 그러니 사랑이 계명의 코드가 맞다. 그것을 예수님은 '새 계명을 너희에게 준다'라고 말씀하셨다.

3.

사람이 살아가는 데 있어서 가장 중요한 것은 누가 뭐래도 사랑이다. 사랑하지 않으면, 그리고 사랑받지 못하면 어떤 좋은 조건 속에서도 우리는 살 수 없다.

사람이든 세상이든 자연이든 동물이든 식물이든 사랑받지 못하면 시름시름 앓고 병들고 결국에는 죽게 된다. 세상의 많은 사람이 사랑받지 못해서 외롭게 병들어 죽어가고 있다. 자연도 그렇고 세상도 그렇다.

4.

그런데 왜 우리는 사랑을 하지 못하고 살아가는가? 그것도 따지고 보면 다 죄 때문이다. 죄 속에 숨겨져 있는 이기적인 욕심, 받으려고만 하고 주려고 하지 않는 이기적인 본능 때문에 우리는 사랑을 잘하지 못하고 남에게 상처를 준다. 내 욕심을 위해서 사랑을 다 잃어버린 채 살아가고 있다.

5.

윤동주 시인의 시 중에 이런 구절이 있다. "모든 죽어가는 것들을 사랑해야겠다." 사랑받지 못해서 죽어가고 있는 모든 것들을 사랑하겠다는 그 마음에서 시인이기 이전에 신앙인의 아름다운 삶의 모습이 느껴진다.

6.

예수님은 우리에게 새 계명을 명령처럼 주셨다. "사랑하라"라는 말씀으로 말이다. 우리가 그 말씀을 받았으니 이제 그 사랑을 붙잡고 노력하고 실천해야 할 텐데, 사랑이 뭘까? 구체적으로 어떻게 하는 게 사랑일까?

7.

나는 한 가지를 붙들고 설명하려고 한다. 사랑은 늘 함께 있는 것이다. 사랑은 헤어지지 않는 것이다. 떨어지지 않는 것이다. 그래서 결혼한다. 헤어지기 싫어서, 같이 있고 싶어서, 늘 함께 있고 싶어서 하는 게 결혼이다. 그래서 사랑은 늘 함께 있는 것이다. 함께 있지 않으면 사랑하는 것이 아니다. 사랑은 늘 함께 있고 싶은 마음이다.

8.

그래서 예수님은 사랑이시다. 예수님은 임마누엘이시니까. 예수님의 이름이 임마누엘이지 않은가? 임마누엘은 '하나님이 우리와 함께 계신다'라는 뜻이다. 하늘 보좌를 버리고 인간의 몸을 입고 이 땅에 오셔서 우리와 함께 계셨던 예수님, 사람이 되신 예수님, 그 자체가 사랑이시다.

9.

우리도 하나님을 사랑하려고 하면 늘 하나님과 함께 있어야 한다. 그래서 '코람데오'란 말을 쓰지 않는가? '늘 하나님 앞에서'란 뜻이다. 늘 하나님을 잊어버리지 말고 코람데오, 의식 속에서도 무의식 속에서도 늘 하나님과 함께, 하나님으로 꽉 차 있는 삶을 사는 것, 그게 하나님을 사랑하는 삶이다.

10.

앞에서도 언급했지만, '예수 천당'이라는 말로 전도하던 평양의 최권능 목사님이 신사참배를 거부하다가 일본 순사에게 잡혀가서 매를 맞고 고문을 당할 때, 순사에게 맞을 때마다 '예수 천당'을 외쳤다고 한다. 내 속에는 예수가 꽉 차 있어서 움직일 때마다 삐져나오기 때문이라고. 나는 그게 참 마음에 깊이 와닿았다. 예수로 꽉 차 있어서 의식 속이든 무의식 속이든 예수를 떠나지 못했던 그 목사님의 삶을 생각하니, 그게 사랑이다. 코람데오, 늘 하나님을 떠나지 않고 하나

님을 잃어버리지 않고 하나님을 잊어버리지 않고 사는 것이
하나님을 사랑하는 삶일 것이다.

II.

사람을 사랑하는 것도 마찬가지다. 사랑한다면 늘 함께 있어
야 한다. 나는 사람들과 함께 있는 일에 익숙하지 못했다. 사
람을 싫어하는 건 아닌데 같이 있어 본 적이 없어서, 늘 혼자
있었기 때문에 낯선 사람이 갑자기 다가오면 참 불편했다. 내
성적인 성격이어서 사람을 피하고, 숨고, 혼자 있는 것을 좋
아했다. 그런데 내가 암에 걸려서 항암치료를 받을 때, 아주
극도로 힘들고 고통받고 있을 때, 양평에 몇 달 있었는데 그
때 고생한다고 찾아와 병문안해주시는 분들이 그렇게 고마
웠다.

I2.

암에 걸리지 않은 사람들이 한 가지 착각하는 게, 암이 너무
고통스러우니까 찾아가면 더 힘들 것이라고 생각하는 것이
다. 그래서 안타까워하면서도 힘들까 봐 안 찾아가는 경우가
많다. 물론 사람마다 조금 다를 수는 있지만, 나의 경우에는
평소 사람 만나는 일에 익숙하지 않은 사람인데도 또 몸이
많이 안 좋아서 앉지도 눕지도 못할 만큼 힘들 때였는데도 누
군가 찾아와주는 게 그렇게 좋았다. 누군가 와서 같이 이야기
를 나누다 보면 잠시라도 고통을 잊곤 했다.

그래서 그때 결심했다. 있는 힘껏 시간을 내서 암 환자 한 사람이라도 더 찾아가서 만나야겠다고 말이다. 그게 위로하는 것이다. 하나님이 "내 백성을 위로하라"라고 하신 것은 "사랑하라"라는 것인데 사랑은 함께 있는 것이다. 찾아가는 것이다.

13.

자식을 사랑한다면 자식과 함께 있는 시간을 늘려야 한다. 일이 아무리 분주하고 힘들어도 자식과 함께하는 시간은 정해놓고 보내야 한다. 내가 우리 큰아들 이야기를 했던 적이 있는데, 박사과정을 공부하면서 정말 힘들고 분초를 아껴서 써야 할 때도 가끔 보면 토요일에 딸들을 데리고 나가서 데이트하곤 했다. 미술관에도 가고 음악회도 가고 그렇게 아이들을 위해서 시간을 쓰는 것이 사랑이다.

14.

부모를 사랑한다면 부모와 함께 있는 시간을 늘려야 한다. 사실 나는 이 말을 할 자격이 없다. 어머니를 모시고는 살았지만, 어머니가 편찮으셔서 병원에 계실 때는 바쁘다는 핑계로 자주 찾아뵙지 못했다. 그땐 잘 몰랐는데, 그건 어머니를 사랑한 게 아니었다. 사랑은 마음으로 하는 게 아니라 함께 있고 손잡아주고 얘기해주는 것이라고 생각한다.

15.

늘 함께 있어야 할 사람들, 외로운 사람들이 참 많다. 가난한 사람들, 쪽방에서 사는 사람들이 많다. 내가 동안교회에 있을 때 '이삭줍기'라는 운동을 했었다. 높은뜻교회에서도 했는데, 매달 귀퉁이 돈을 모아서 가난한 이웃을 돕고 섬기는 일이었다. 동안교회에 있을 때는 한 달에 십만 원씩 모았다. 그때 십만 원은 적은 돈이 아니었다. 그 돈으로 자원봉사 하는 교인들에게 독거노인을 뵈러 갈 때 귤 천 원어치라도 사들고 가서 한두 시간씩 이야기 들어드리고 오라고 부탁했던 적이 있다. 돈을 보내드리는 것도 사랑이지만 돈보다 중요한 건 시간이고, 마음이고, 손잡아주는 것이 아닐까 생각한다.

16.

본문 말씀을 보다가 문득 이 생각이 들었다. 고린도전서 12장에 은사에 대한 말씀이 있다. 사람들이 은사를 가지고 누가 더 높으냐고 하니까 '은사는 다 똑같은 것, 평등한 것'이라고 이야기하다가 마지막 절에 이렇게 말한다. "너희는 더욱 큰 은사를 사모하라"(고전 12:31).

그러면서 시작되는 게 고린도전서 13장 사랑에 대한 말씀이다. 그걸 보면 사랑은 은사다. 은사는 하나님께 구하면 주신다.

17.

더 큰 은사를 사모하라는 말씀은 기도하라는 뜻이다. 우리 모두 하나님께 기도하자. 사랑의 은사를 허락해달라고. 그래서 사랑 때문에 병들고 사랑 때문에 외로워하고 사랑 때문에 힘들어하는 사람들의 위로가 되게 해달라고. 그렇게 기도하면 하나님이 우리에게 사랑의 은사를 허락해주실 것이다.

●

예수님이 우리에게 새 계명을 허락해주셨습니다.

명령하여주셨습니다. 서로 사랑하라.

하나님, 쉬운 말씀이지만 저희에겐 너무너무 힘든 말씀이고

또 찔리는 바도 많은 말씀입니다.

하나님, 이웃, 가족을 사랑하지 못하고 살았던 죄인임을

주님 앞에 고백하고 회개합니다.

남은 생이라도 사랑의 은사를 받아서

하나님을 사랑하고 이웃을 사랑하고

외로운 사람들을 사랑하고 고통받는 사람들을 사랑하고

힘든 사람들을 마음껏 사랑하며

하나님의 제자로서 살아갈 수 있게 축복하여주시옵소서.

날마다
기막힌
새벽 3

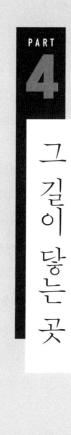

PART

4

그 길이 닿는 곳

40

근심하지 않고 살 수 있을까

요한복음 14:1-6

1 너희는 마음에 근심하지 말라 하나님을 믿으니 또 나를 믿으라 2 내 아버지 집에 거할 곳이 많도다 그렇지 않으면 너희에게 일렀으리라 내가 너희를 위하여 거처를 예비하러 가노니 3 가서 너희를 위하여 거처를 예비하면 내가 다시 와서 너희를 내게로 영접하여 나 있는 곳에 너희도 있게 하리라 4 내가 어디로 가는지 그 길을 너희가 아느니라 5 도마가 이르되 주여 주께서 어디로 가시는지 우리가 알지 못하거늘 그 길을 어찌 알겠사옵나이까 6 예수께서 이르시되 내가 곧 길이요 진리요 생명이니 나로 말미암지 않고는 아버지께로 올 자가 없느니라

I.

하나님이 에덴동산을 창조하시고 아담과 하와에게 하신 말씀이 있다. '동산의 다른 나무 열매는 다 먹어도 되지만 선악을 알게 하는 나무 열매는 먹지 말라. 먹는 날에는 반드시 죽으리라'라고 말씀하셨다. 불행히도 우리의 선조 아담과 하와는 사탄의 유혹에 넘어가 하나님의 말씀을 어겼고, 실낙원(失樂園)

하여 하나님의 말씀대로 이 땅에 죽음이 들어오게 되었다.

2.

죽음은 고통이다. 죽는 과정이 그렇게 만만치 않다. 이 세상은 죽음의 고통이 지배하는 세상이다. 암도 걸려보고 나이도 들어가면서 남은 시간을 계산할 때가 되니까 죽음이 조금씩 가까운 현실이 되는데, 아무리 아무렇지 않은 척해도 죽음은 만만치 않다. 우울해지고 무거워지고 두려워지는 것이 우리 인간이고, 나도 그렇다.

3.

그러므로 이 죽음의 세상을 살아간다는 것은 근심과 걱정과 고통과 불안과 염려와 두려움으로 꽉 차 있는 삶을 살아가는 것이다. 그런 세상에서 우리는 하루하루를 기적같이 살아가고 있다. 그것을 잊어버리려고 그저 열심히 일하기도 하고, 어디 몰입하기도 하고, 어떤 사람은 술을 마시기도 하고, 어떤 사람은 쾌락을 좇아 춤을 추기도 하고 오락을 즐기기도 한다. 하지만 그것은 마치 잠시 마약에 취한 것과 같다. 깨면 더 불안하고 더 무섭고 더 무거운 삶의 현실을 느낄 수밖에 없다.

4.

제정신이 들면 깊은 잠을 잘 수 없으리만큼 삶은 무겁고 어둡다. 늘 근심하며 걱정하며 살아갈 수밖에 없는 우리를 향하여 예수님은 간단하고 분명하게 말씀하신다.

"너희는 마음에 근심하지 말라."

5.

근심하며 살 수밖에 없는 우리에게 근심하지 말라고 하시는 말씀은 복음이다. 하나님이 근심하지 말라고 하셨으면 근심하지 않을 수 있다는 뜻이다.

'어떻게 근심하지 않을 수 있어요?' 물을 때 하나님은 이렇게 대답해주신다. '하나님을 믿으니까. 나를 믿으니까 근심하지 말아라. 너희들이 나 믿지 않니. 나 믿으면 근심하지 말아라.'

6.

그러면서 "내가 너희를 위하여 거처를 예비하러 가노니"라고 말씀하신다. 죽음으로 망가진 이 세상으로 끝이 나는 게 아니라, 이것을 뛰어넘을 수 있는 새 하늘과 새 땅을 준비하고 계신다는 말씀이다. 이 세상은 죽음으로 끝이 나지만 그것을 뛰어넘으면 죄로 말미암아 타락해서 무너졌던 이 세상과 다른 본래 하나님이 창조하셨던 그 에덴동산과 같은 새 하늘과 새 땅이 우리를 위하여 예비되어 있다. 그러니 근심하지 말라.

7.

요한계시록에 보면 예수님이 예비하시는 새 하늘과 새 땅을 이렇게 표현했다. "준비한 것이 신부가 남편을 위하여 단장한 것 같더라"(계 21:2). 보통 예수님을 신랑으로 우리를 신부로 비유하는데 여기에선 그게 바뀐다. 우리가 신랑이고 예수님이 신부이다. 예수님이 신랑을 위하여 단장하는 것처럼 새하늘과 새 땅을 그렇게 최선을 다하여 예쁘고 아름답게, 완벽하게 준비하고 계신다. 그래서 거기는 슬픔도 없고, 아픔도 없고, 눈물 흘리는 것도 없고, 죽는 것도 없다.

8.

우리가 살아가는 세상은 수리가 불가능할 만큼 망가진 세상이다. 그래서 하나님은 이 세상을 수리하려 하지 않으시고 새로 만들기로 작정하신 것 같다.

연식이 오래된 자동차가 여기 고치면 저기가 고장 나고, 저기 고치면 또 다른 데가 고장 나듯이 요즘 내 몸이 그렇다. 폐암에 걸렸을 때 젊은 의사 선생님에게 물었다. "나는 평생 담배도 안 피웠는데 왜 폐암에 걸렸지요?" 그 젊은 의사 선생님의 대답이 명언이었다. "어르신, 연세가 들면 그냥 걸립니다." 그 말이 이해됐다. 70년을 썼는데 폐암에 걸릴 수도 있지 않은가.

9.

함께 사는 아내도 나와 같이 늙어간다. 확실히 예전 같지 않다. 여기저기 아픈 곳이 드러난다. 내가 아픈 건 견딜만한데 아내가 힘들어하면 참 마음이 무거워진다. 아내 아픈 꼴은 못 보고 살 것 같다. 너무 힘들다. 그런데 이게 나 하나만의 문제가 아니라 모든 사람이 겪는 문제 아닌가. 이것을 피해 살 수 있는 사람이 어디 있겠는가. 우리 모두 걸어가야 할 철도의 레일과 같다. 피할 수 없다.

세상 참 힘들다. 무겁다. 두렵다. 그래도 나는 열심히 살 것이다. 무서우면 하나님께 더 매달리고, 두렵고 무거울 때 하나님을 의지하며 남은 시간 할 수 있는 최선을 다해서 가장 아름답고 훌륭한 것으로 내 삶을 장식하기 위해 힘쓰고 노력할 것이다.

10.

그러나 내 소망은, 내 시민권이 이 세상에 있지 않다는 것이다. 사람은 결국 죽을 것이다. 기독교방송 CBS의 〈올포원〉이라는 프로그램에서 '죽음'이라는 주제를 가지고 나를 포함하여 세 명의 목사가 설교하고 이야기를 나눈 적이 있었다. 내가 설교를 마치고 죽음에 관한 질문에 답을 하다가 이런 이야기를 한 것이 기억난다. 죽음이 무서운데 죽음보다 더 무서운 것이 있다고.

11.

죽음보다 더 무서운 게 뭔지 아는가? 죽지 않는 것. 이 세상에서 죽는 건 무섭지만 죽지 않으면 어떻게 되겠는가. 그건 끔찍한 일이다. '백세 시대, 백세 시대'라고 하는데 벌써 많은 사람에게 희망도 되지만 두려움도 된다는 사실을 알지 않은 가. 한 200세까지 산다? 그럼 골치 아파질 것이다.

12.

죽음은 피할 수 없는 일이고, 또 하나님이 정하신 예정된 일이다. 그런데 우리의 소망은 죽음으로 끝나는 것이 아니다. 하나님이 새 하늘과 새 땅을, 눈물도 아픔도 근심도 없는 완벽한 세상을 우리를 위하여 만들고 계시다는 것에 우리의 소망이 있는 줄을 믿는다. 그러니 이 세상이 힘들고 어렵고 두려워도 빛나고 높은 그것을 바라보는 소망으로 이 힘든 세상을 이겨나가며 예수님이 말씀하신 것처럼 근심하지 않고 걱정하지 않고 두려워하지 않고 이겨 살아보려고 한다.

13.

나도 힘들지만, 우리 모두 다 힘들지 않은가. 힘들고 근심거리가 그치지 않는 세상인데 하나님을 믿으니 이 세상이 전부가 아니다. 빛나고 높은 저곳을 바라보는 영원한 소망으로 힘든 세상을 이겨낼 수 있기를 바란다. "너희는 마음에 근심하지 말라 하나님을 믿으니 또 나를 믿으라 내 아버지 집에 거할 것이 많도다"(요 14:1,2). 아멘. "내가 곧 길이요 진리요 생명이니 나로 말미암지 않고는 아버지께로 올 자가 없느니라"(요 14:6). 아멘.

우리는 예수의 길을 가고 있으니 그저 이 길을 따라 한 걸음 한 걸음 가다 보면 하나님나라에 이르게 될 줄을 믿는다. 그 소망의 나라를 품고 살아서 근심과 걱정과 두려움이 지배하는 세상을 이겨낼 수 있는 그런 믿음의 승리자들이 다 되기를 바란다.

14.

믿음은 뛰어넘는 것이다. 근심을 뛰어넘고, 절망을 뛰어넘고, 고통을 뛰어넘는 것이다. 그래서 근심 중에서도 평안을 누리고 절망 중에서도 소망하며 살아가는 것이다. 하나님을 믿는 믿음으로, 근심하지 말라 하시는 말씀을 믿는 믿음으로, 근심할 수밖에 없는 세상에서 근심하지 않고 살아가는 기적 같은 삶을 살아내는 우리가 되기를 간절히 바란다.

●

죄로 말미암아 죽게 된 이 세상에서 사는 것은
죽을 만큼 힘들고 어렵고 두렵고 무섭습니다.
슬픔, 아픔, 고통, 괴로움, 두려움이
그치지 않는 세상을 살아가는데
예수님은 우리에게 너희는 마음에 근심하지 말라
하나님을 믿으니 또 나를 믿으라고 하십니다.
내가 너희를 위하여 거처를 예비하러 가노니
그곳은 슬픔도 아픔도 고통도 죽음도 없는

영원한 나라일 것이라 말씀하십니다.
하나님, 하나님을 믿고 예수님을 믿고
영원한 하나님나라를 믿는 믿음이
세상에서 당하는 근심과
걱정과 두려움과 아픔을 이겨낼 수 있도록
저희 믿음을 축복하여주시옵소서.
믿음으로 근심과 걱정과 두려움과 아픔을
뛰어넘게 하여주시옵소서.

41

나는 복종을 좋아합니다

요한복음 14:15-21

15 너희가 나를 사랑하면 나의 계명을 지키리라 16 내가 아버지께 구하겠으니 그가 또 다른 보혜사를 너희에게 주사 영원토록 너희와 함께 있게 하리니 17 그는 진리의 영이라 세상은 능히 그를 받지 못하나니 이는 그를 보지도 못하고 알지도 못함이라 그러나 너희는 그를 아나니 그는 너희와 함께 거하심이요 또 너희 속에 계시겠음이라 18 내가 너희를 고아와 같이 버려두지 아니하고 너희에게로 오리라 19 조금 있으면 세상은 다시 나를 보지 못할 것이로되 너희는 나를 보리니 이는 내가 살아 있고 너희도 살아 있겠음이라 20 그날에는 내가 아버지 안에, 너희가 내 안에, 내가 너희 안에 있는 것을 너희가 알리라 21 나의 계명을 지키는 자라야 나를 사랑하는 자니 나를 사랑하는 자는 내 아버지께 사랑을 받을 것이요 나도 그를 사랑하여 그에게 나를 나타내리라

I.

복음 중의 복음은 하나님이 우리를 사랑하신다는 것이다. 천지를 창조하신 창조주 하나님이 나를 사랑하신다. 그것은 특권 중의 특권이고 축복 중의 축복이 아닐 수 없다. 하나님은

우리를 사랑하신다. 사랑하셔서 우리에게 가장 좋은 것을 늘 주고 싶어 하신다.

2.

창세기에서 하나님이 처음 창조하여 우리에게 주신 세상을 보면 하나님이 우리를 얼마나 사랑하시는가를 볼 수 있다. 엿새 동안 힘써서 창조하시고 이레째 되는 날 쉬셨다고 하지 않았는가. 전능하신 하나님이 하루를 쉬셔야 할 만큼 최선을 다하신 창조였다. 우리에게 좋은 것을 주고 싶어서. 조금이라도 완벽한 것을 주고 싶으셔서. 하루 쉬셔야 할 만큼 정말 혼신의 힘을 다해서 이 세상을 창조해주셨는데 이 아름다운 세상을 보면, 풍성한 자연을 보면 하나님이 우리를 얼마나 사랑하시는가를 알 수 있다.

3.

그런데 자연보다 더 귀한 사랑의 선물과 축복이 있다. 그것이 무엇일까? 나는 그것이 '말씀'이라고 생각한다. 말씀, 율법, 계명이다. 우리는 말씀과 계명을 율법이라고 표현하며 무거운 멍에로 생각한다. 우리에게는 원죄로 불순종의 영이 있기 때문에 하나님이 말씀하시면 거부감이 있다.

대놓고 거부는 못 해도 무겁게 느껴지고 도망가고 싶어 하고 불순종하고 싶어 하고, 그 말씀대로 따르면 손해 볼 것 같고, 소중한 자유를 잃어버릴 것 같고, 노예처럼 살 것 같은 착각이 우리에게 있다. 그래서 계명이라고 할 때 '이게 하나님의 사랑이야. 하나님이 우리를 사랑하셔서 주신 축복이야. 선물이야'라는 말을 선뜻 받아들이지 못한다.

그런데 그렇지 않다. 최고의 선물이자 최고의 축복은 계명이다. 왜 하나님이 계명을 주셨을까? 그 안에, 그 진리 안에 자유가 있고, 생명이 있고, 행복이 있고, 기쁨이 있고, 천국이 있기 때문이다. 그러므로 계명은 하나님이 우리를 사랑하셔서 우리에게 주신 선물이다.

4.

사람들은 반대로 생각한다. 그런데 계명이 없으면, 율법이 없고 말씀이 없으면, 그래서 사람들이 하나님의 법을 따라 살지 않고 욕심의 법을 따라 살게 되어서 그 욕심 때문에 죄짓고 살아가게 된다면 어떤 일이 일어날까? 자유가 없어진다. 참 평화가 없어진다. 하나님의 나라가 없어진다. 그것이 지금 우리가 살아가고 있는 이 세상 아닌가. 그러므로 계명은 하나님이 우리를 사랑하여 주신 축복의 선물임에 틀림이 없다.

5.

하나님이 아무리 우리를 사랑하시면 무엇하나. 우리가 하나님을 사랑하지 않는다면 사랑은 완성되지 않는다. 그건 하나님의 짝사랑으로 끝나게 되고 말 것이다. 사랑은 일방적인 것이 아니라 쌍방적이다. 둘이 하나가 될 때 사랑이 완성된다.

하나님의 사랑이 축복인데 우리가 하나님을 사랑하지 않으면 그 사랑의 축복을 받을 수 없다. 누릴 수 없다. 요한복음 1장 12절에서 말씀하신 자녀의 권세를 누릴 수 없다.

6.

하나님이 우리를 사랑하셨으니까 우리만 사랑하면 된다. 그러므로 믿음에 있어서 가장 중요한 완성은 하나님을 사랑하는 것이다. 믿는 것의 궁극은 하나님을 사랑하는 것이다. 하나님을 사랑하면 사랑이 완성되어서 하나님의 자녀가 되는 권세를 누리게 될 것이다.

7.

그런데 사랑하려면 상대방의 사랑을 받아들여야 한다. 하나님의 사랑을 받아줘야 한다. 하나님의 사랑을 받아주지 않으면 하나님을 사랑하는 게 아니다.

또한 하나님이 우리를 사랑하셔서 주신 축복과 선물이 계명이기 때문에 우리가 하나님을 사랑하려면 그 사랑의 선물을 받아야 한다. 계명을 받아야 한다. 그래서 예수님이 이런 말씀을 해주신 것이다. "나의 계명을 지키는 자라야 나를 사랑하는 자니 나를 사랑하는 자는 내 아버지께 사랑을 받을 것이요 나도 그를 사랑하여 그에게 나를 나타내리라"(요 14:21).

8.

한용운 시인의 시 중에 〈복종〉이라는 유명한 시가 있다. 그 중 "남들이 자유를 사랑한다지마는, 나는 복종을 좋아하여요"라는 구절이 기억난다. 시인은 복종이 자신의 행복이라고 고백했다. 시인이 누구를 대상으로 이런 시를 썼는지는 모르겠지만, 나는 이 시를 읽으며 이것이 예수님에 대한 나의 고백이면 좋겠다고 생각했다.

'사람들은 자유를 좋아한다지만, 나는 복종을 좋아하여요. 나는 예수님의 계명을 지키고 싶어요. 그 멍에를 지고 싶어요. 왜요? 사랑하니까. 그리고 그것이 나의 행복이니까. 하나님의 멍에를 메고 하나님의 계명을 따라 그의 말씀에 순종하여 산다는 것이 내 기쁨이고 즐거움이고 행복이니까.'

이렇게 고백하면서 예수님을 믿으며 살아가는 자가 되면 얼마나 좋을까?

9.

앞에서 말한 대로, 믿음의 완성은 사랑이다. 하나님을 진정으로 사랑하는 사람이 될 때 우리의 믿음은 완성된다. 하나님을 사랑하는 우리가 되기를 바란다. 예수님을 사랑할 줄 아는 사람이 되기를 바란다. 그러기 위하여 그의 계명을 지키는 사람들이 되기를 바란다.

●

하나님, 나를 사랑하면 나의 계명을 지키라고

주님이 말씀하여주셨습니다.

계명은 하나님이 우리를 사랑하여 주신 축복입니다.

그런데 우리는 오해합니다.

올무로, 멍에로, 나를 부자유케 하는 것으로.

그래서 그 계명에서 벗어나려 합니다.

하나님을 사랑하면 예수님의 계명을 지켜야 합니다.

한용운 시인의 시를 생각했습니다.

복종 속에서 사랑을 느끼고, 표현하고,

행복을 누리는 시인의 마음을

우리가 예수님에 대하여 가질 수 있게 하여주시옵소서.

42

평안을 네게 주노라

요한복음 14:25-27

25 내가 아직 너희와 함께 있어서 이 말을 너희에게 하였거니와 26 보혜사 곧 아버지께서 내 이름으로 보내실 성령 그가 너희에게 모든 것을 가르치고 내가 너희에게 말한 모든 것을 생각나게 하리라 27 평안을 너희에게 끼치노니 곧 나의 평안을 너희에게 주노라 내가 너희에게 주는 것은 세상이 주는 것과 같지 아니하니라 너희는 마음에 근심하지도 말고 두려워하지도 말라

I.

하나님이 말씀으로 이 세상을 창조하시기 이전, 세상은 공허하고 혼돈하고 흑암이 깊음 위에 있었다. 하나님이 말씀으로 이 세상을 창조하기 시작하시자 공허하던 세상은 온갖 아름다움으로 충만해졌고 혼돈은 기가 막힌 질서로, 그리고 흑암은 밝은 빛으로 순식간에 바뀌고 말았다.

그런데 아담과 하와의 불순종으로 말미암아 세상은 다시 창조 이전의 세상으로 돌아가고 말았다. 공허와 혼돈과 흑암이 난무하는 세상이 되고 말았다. 혼돈, 무질서라는 뜻의 카오스.

이 혼돈된 세상에서 나타나는 것은 불완전이고 불안정이다.

2.

나는 암을 앓고 있는데, 나의 경우 유전자 돌연변이가 생겨서 암이 생긴 것이라고 한다. 그런데 이 돌연변이라는 것이 불안정한 상태에서 나타나는 아주 주된 현상 아닌가. 하나님의 창세의 원 세상에는 돌연변이라는 게 있을 수 없다. 모든 게 하나님의 계획과 질서와 그 규칙 안에서 일어나는데 인간의 죄로 말미암아 세상에는 돌연변이라는 예측하지 못하는, 예상할 수 없었던 일들이 확확 퍼진다.

이런 불완전, 불안정, 돌연변이와 같은 일들 때문에 우리는 불안하다. 언제 그런 일이 나에게 닥칠지 알 수 없기에 늘 불안하다. 참 평안을 잃어버리고 평화를 잃어버리고 천국을 잃어버리고 전전긍긍하는 그런 세상을 살아갈 수밖에 없기에 늘 불안하다. 그래서 이 세상은 근심과 걱정과 두려움의 연속이다.

3.

그렇기에 우리의 삶은 근심과 걱정과 두려움의 연속이다. 조금 나아지나 싶으면 또다시 찾아오고, 좀 괜찮아지나 싶으면 또다시 무거워지는 것이 우리 일생이라고 이야기할 수 있다. 암 선고를 받았을 때 누구나 다 그렇겠지만 나도 죽음을 생각했다. 남의 죽음이 아닌 내 죽음을 처음으로 실감 나게 생각했다. 아직도 멀리 있는 죽음이 아니라 갑자기 내 코앞으로 찾아온 나의 죽음을 생각했다. 암 선고를 받으면 누구나 다 똑같을 것이다. 당황스러웠다. 매우 당황스러웠다. 그러나 처음에는 그게 얼마나 무서운 건지 사실 잘 알지 못했다.

4.

항암을 하면서 암이 얼마나 무서운지를 알게 되었다. 겪어 보니까 더 무서워지고 더 두려워지고 더 불안해지고 걱정스러워졌다. 잘 치료한 셈인데, 내가 앓은 암은 재발할 가능성이 있어서 그것 때문에 늘 무겁고 두렵고 불안한 게 현실이다. 내 힘과 내 의지와 내 용기로, 내가 가지고 있는 것으로 이겨내고 태연하게 산다는 것은 쉽지 않았다. 쉽지 않은 게 아니라 불가능한 것이었다. 체면 때문에라도 그래야 한다고 생각은 하는데, 그래서 그런 척은 하면서 사는데, 내면은 그렇지 않다. 난 그게 정직한 것이고, 그게 인간적인 것이고, 그것이 우리 삶의 현실이라고 생각한다.

5.

죽음은 보편적으로 음침한 골짜기를 통과해야만 한다. 그래서 시편 23편에서 사망의 음침한 골짜기라는 표현을 쓰지 않는가? 죽음이 무서운 게 아니라 통과해야 하는 음침한 골짜기가 무서운 것이다. 죽음은 언젠가 죽어야 하니까 받아들일 수 있다. 그런데 그 음침한 골짜기를 통과해야만 한다는 것이 싫은 것이다. 무서운 것이다. 두려운 것이다. 그것이 우리를 근심하게 하고, 그것이 우리를 두렵게 하고, 그것이 우리를 어둡게 한다.

6.

내 소원은 죽지 않는 게 아니다. 죽지 않고 싶다는 소원을 어떻게 가질 수 있겠는가. 음침한 골짜기를 지나가지 않고 편안한 죽음을 맞으면 딱 좋겠지만, 그 골짜기를 지나가지 않았으면 좋겠다는 것만도 아니다. 설령 나도 그 골짜기를 지나가게 된다고 할지라도 내 기도 제목이자 내 싸움은 이것이다.
'어떻게 하면 두려워하지 않을 수 있을까? 어떻게 하면 근심하지 않을 수 있을까? 어떻게 하면 불안해하지 않고 그 길을 통과해낼 수 있을까? 어떻게 하면 우울해하지 않고 그 길을 걸어갈 수 있을까? 어떻게 하면 마음에 평정심을 잃지 않고 예수 믿는 사람답게 그 음침한 사망의 골짜기를 통과할 수 있을까?'
이것이 지금 나의 제일 큰 숙제고 바람이다.

7.

그런데 그 능력이 나에게는 없다. 그 능력은 우리 인간에게는 없다. 이렇게 절박한 나에게, 그게 현실이 된 나에게 예수님의 말씀은 복음이다. 복음 중의 복음이다. 내가 믿는 예수님이, 하나님이신 예수님이 나에게, 우리에게 말씀하신다.

8.

"평안을 너희에게 끼치노니 곧 나의 평안을 너희에게 주노라 내가 너희에게 주는 것은 세상이 주는 것과 같지 아니하니라 너희는 마음에 근심하지도 말고 두려워하지도 말라."

길은 이것밖에 없다. 예수님이 주시는 수밖에 없다. 나한텐 없다. 그 힘과 능력이. 예수님이 주시는 수밖에 없기에 내가 기댈 데는 그것밖에 없다. 그러니까 나는 믿어야 한다. 그리고 매달릴 것이다. '하나님, 그 평안을 제게 주세요. 예수님, 저에게 꼭 주세요. 어떤 음침한 골짜기를 다닐지라도 그것을 이겨내고 그 속에서 잠잘 수 있고 그 속에서 평안할 수 있는 평안, 제게 주세요. 하나님이 주신다고 하셨으니까, 내가 믿고 받을 테니까 꼭 주세요'라고 간절히 매달릴 생각이다.

9.

지금 불안한가? 삶이 무겁고, 무섭고, 근심이 많다면 지금 주시는 예수님의 말씀을 꼭 붙잡아라. 예수님이 우리한테 거짓말을 하시겠는가? 주님이 말씀하셨으면 믿는 자에게 그 복을 꼭 내려주실 줄을 믿는다. "나의 평안을 너희에게 주노라. 내가 너희에게 주는 평안은 세상이 주는 것과 같지 않아. 그러니까 근심도 하지 말고 두려워하지도 말아라."

이 말씀이 우리에게 주시는 가장 축복의 말씀인 줄을 믿는다. 사망의 음침한 골짜기를 지나는 것과 같은 이 험한 세상을 살아갈 때 이 말씀으로, 하나님이 주시는 평안으로 근심과 두려움 없이 하나님을 찬송하면서, 믿음의 품위를 지키면서 근사하게 아름답게 승리하는 삶을 살아갈 수 있기를 주의 이름으로 축원한다.

10.

힘든 게 당연한 일이다. 힘들지 않다면 철이 없든가 만용을 부리는 것이다. 세상이 힘들고 무서운 게 당연한 일이다. 우리 힘으로는 벗어날 길이 없다. 그런데 딴 사람도 아니고 예수님이 "내가 평안을 줄 거야. 믿는 자들에게, 너희들에게 평안을 줄 거야. 세상은 절대로 줄 수도 없는 그 평안을 줄 거야. 그러니 근심할 거 없어. 두려워하지 말아라"라고 하신다. 이 말씀이 정말 복음의 말씀인 줄을 믿는다. 그 말씀 붙잡고 하나님이 주시는 평안을 끝까지 지키고, 그 평안을 가지고 음침한 골짜기를 통과해서 하나님나라에 이르게 되기를 바란다.

●

우리가 살아가는 세상은
죄로 말미암아 죽을 수밖에 없는 세상입니다.
그 죽음의 통로가 사망의 음침한 골짜기 같아서
두렵고, 무섭고, 떨리고, 불안하고
그것 때문에 근심에 차고, 우울하고
사는 게 너무나 힘들고 무겁습니다.
이 문제를 풀 수 있는 것이 아무것도 없습니다.

과학으로 풀 수 없습니다. 돈으로 풀 수 없습니다.

우리의 지혜와 꾀로 풀 수 없습니다.

우리의 능력으로 해결할 수 없습니다. 절망적입니다.

예수님이 우리에게 복음의 말씀을 주셨습니다.

'나의 평안을 너희에게 주노라.

내가 너희에게 주는 평안은

세상이 너희에게 주는 것과 같지 아니하니라.

그러니 너희는 마음에 근심하지도 말고,

두려워하지도 말아라.'

이 말씀을 붙잡습니다.

하나님, 이 평안을 주시옵소서.

평안의 복을 주시옵소서.

그리하여 근심과 두려움을 물리치게 하여주시옵소서.

43

사탄의 전술 전략

요한복음 15:1-12

1 나는 참포도나무요 내 아버지는 농부라 2 무릇 내게 붙어 있어 열매를 맺지 아니하는 가지는 아버지께서 그것을 제거해 버리시고 무릇 열매를 맺는 가지는 더 열매를 맺게 하려 하여 그것을 깨끗하게 하시느니라 3 너희는 내가 일러준 말로 이미 깨끗하여졌으니 4 내 안에 거하라 나도 너희 안에 거하리라 가지가 포도나무에 붙어 있지 아니하면 스스로 열매를 맺을 수 없음 같이 너희도 내 안에 있지 아니하면 그러하리라 5 나는 포도나무요 너희는 가지라 그가 내 안에, 내가 그 안에 거하면 사람이 열매를 많이 맺나니 나를 떠나서는 너희가 아무것도 할 수 없음이라 6 사람이 내 안에 거하지 아니하면 가지처럼 밖에 버려져 마르나니 사람들이 그것을 모아다가 불에 던져 사르느니라 7 너희가 내 안에 거하고 내 말이 너희 안에 거하면 무엇이든지 원하는 대로 구하라 그리하면 이루리라 8 너희가 열매를 많이 맺으면 내 아버지께서 영광을 받으실 것이요 너희는 내 제자가 되리라 9 아버지께서 나를 사랑하신 것 같이 나도 너희를 사랑하였으니 나의 사랑 안에 거하라 10 내가 아버지의 계명을 지켜 그의 사랑 안에 거하는 것 같이 너희도 내 계명을 지키면 내 사랑 안에 거하리라 11 내가 이것을 너희에게 이름은 내 기쁨이 너희 안에 있어 너희 기쁨을 충만하게 하려 함이라 12 내 계명은 곧 내가 너희를 사랑한 것 같이 너희도 서로 사랑하라 하는 이것이니라

1.

〈동물의 왕국〉 같은 프로그램을 보면 맹수들이 사냥할 때 사냥감들이 만만치 않으니까 병들거나 다쳐서 뛰지 못하거나 특히 어린 새끼들을 공격한다. 그런데 새끼들을 공격할 때 저들이 쓰는 전술 전략이 있다. 그것은 무리로부터 떼어놓는 것, 어미로부터 떼어놓는 것이다. 어린 새끼가 어미에게서 떨어지게 되면 결국 맹수의 밥이 되고 만다.

2.

마귀는 우는 사자처럼 삼킬 자를 찾는다고 성경에서 말씀한다. 쉽게 말하면 마귀가 우리의 생명을 사냥하는 것이다. 죽음으로 몰아넣기 위해서. 그런데 사탄이 쓰는 전략이 맹수와 똑같다. 우리를 하나님으로부터 떼어놓으려는 것이다. 하나님과 같이 붙어 있으면 공격할 수가 없기 때문이다. 그런데 떨어져 있으면 만만해진다. 그래서 마귀가 우리를 삼키기 위해서, 사냥하기 위해서 쓰는 최고의 전략은 하나님에게서 떨어지게 하는 것이다.

3.

어떻게 하면 하나님에게서 떨어지게 할 수 있는가 할 때 사탄의 전략은 간단하다. 불순종을 이용하는 것이다. 하나님의 말씀을 듣지 않는 것이다. 하나님의 말씀을 듣지 않는다는 것은 벌써 하나님과의 관계가 틀어졌다는 것 아닌가.

선악과가 좋은 예가 될 것이다. "선악과는 따먹지 말아라"라고 하나님이 말씀하셨는데 사탄이 그 말씀을 어기게 한다. "괜찮아. 따먹어도 괜찮아. 하나님이 네가 하나님같이 될까 두려워서 그러신 거야"라며 하나님과 우리 사이를 이간질했다. 결국 아담과 하와가 하나님께 불순종했다. 그랬더니 처음으로 나타난 현상 중의 하나가 무엇인가? 하나님을 피하여 숨었다.

4.

범죄하기 전에는, 하나님의 말씀에 순종하며 살 때는 하나님이 반가웠다. 하나님이 오시는 것을 기다렸다. 하나님과 사이가 좋았다. 하나님과 관계가 좋았다. 그런데 불순종이 들어가자마자 하나님이 무서웠다. 하나님이 불편했다. 그래서 하나님을 피했다. 하나님을 피하여 숨었다. 죄, 불순종 때문이다.

5.

죄는 하나님과의 관계를 단절시킨다. 신학적으로 죽음을 설명할 때 하나님과의 관계 단절이라고 부른다. 하나님과 관계가 단절되면 죽으니까 구원도 이렇게 정의할 수 있다. 하나님과의 관계 회복. 하나님과의 관계가 다시 회복되면 구원을 얻는 것이다. 그러니까 우리의 생명과 죽음, 구원과 멸망은 어디에 달려 있는가 하면 하나님과의 관계이다.

6.

예수님과의 유명한 비유 중에 포도나무의 비유가 있다. '나는 포도나무야. 너희는 가지지.' 아, 비유가 정말 절묘하다. 우리가 살기 위해서, 열매를 맺기 위해서 해야 할 일은 하나밖에 없다. 그냥 붙어 있으면 된다. 나무에 붙어 있으면 가지는 산다. 그리고 가지는 나무로부터 영양분을 받아서 많은 열매를 맺게 된다. 그런데 가지가 나무로부터 떨어지면 말라죽는다. 불에 던져 살라버린다(요 15:6 참조). 얼마나 기가 막히고 정확한 예인지 모르겠다.

그래서 예수님은 본문에서 '나는 포도나무고 너희는 가지니까 너희들은 나에게서 떨어지면 안 돼. 내 안에 거하라. 그리하면 너희가 생명을 얻고 많은 열매를 얻게 될 것이고, 그것 때문에 네 삶에 기쁨이 넘칠 것이다'라는 말씀을 주시는 것이다.

7.

하나님으로부터 떨어지지 않고 하나님 안에 거하기 위해서 해야 할 일이 무엇인가? 우리가 하나님으로부터 떨어지게 된 이유가 무엇이었는가? 계명을 지키지 않은 것이다. 하나님의 말씀을 거역한 것이었다. 그래서 하나님 밖으로 밀려나게 되었다. 떨어지게 되었다. 그래서 예수님이 말씀하신다. "내가 아버지의 계명을 지켜 그의 사랑 안에 거하는 것같이 너희도 내 계명을 지키면 내 사랑 안에 거하리라"(요 15:10). 내 안에 거하려면 내 계명을 지키라는 것이다.

8.

예수님은 지금 우리에게 '하나님의 계명을 지켜야 나를 사랑하는 것이다. 계명을 지키는 것이 내 안에 있는 것'이라는 말씀을 반복하여 주고 계신다. 이 말씀을 그냥 흘려듣지 말고 마음에 꼭 새겨두어야 한다.

그리고 그 계명에 대해 예수님이 반복해서 강조하시는 것이 있다. "내 계명은 곧 내가 너희를 사랑한 것같이 너희도 서로 사랑하라 하는 이것이니라." 서로 사랑하면, 이웃을 사랑하면 그것이 계명을 지키는 것이고, 그러면 그럴수록 우리는 예수님 안에 거하게 되고, 우리는 더 많은 열매를 맺게 될 것이다.

9.

코로나 상황이 여전히 지속되고 있다. 많은 사람이 고통을 당하지만, 정말 하루 벌어 하루 먹고 사는 우리 이웃들, 가난한 이웃들이 얼마나 큰 어려움을 당하는지 모른다. 생계가 막막하다. 소상공인들도 말할 것도 없다. 코로나 때문에 하루 세끼를 걱정하는 사람들이 우리나라에도 정말 많다. 또 가난한 이웃 나라들, 아프리카나 동남아시아에도 많아졌다.

10.

내가 날기새 유튜브 영상을 촬영하면서 "우리 에스겔 선교회에 한 달에 자장면 한 그릇 사주세요"라고 이야기했더니 많은 분이 후원을 해주셨다. 그래서 적지 않은 돈이 들어오

게 됐는데, 돈이 들어오니까 걱정이 되었다. '잘 써야 하는데. 쓰지도 못하고 모아두면 그건 죄인데.'

그래서 많이 고민하다가 '밥퍼 사역'을 하는 다일공동체에 후원했다. 코로나 때문에 밥퍼 사역을 못하고 있다 보니, 그곳에서 하루 한 끼 끼니를 해결하던 분들이 당장 끼니를 해결할 곳이 없었다. 안타까운 사정을 듣고 동대문구청에서 한 상자에 햇반, 라면, 김치, 삼계탕, 마스크 등을 넣어서 일주일 분량의 생존키트를 만들어 보급했는데, 2백 명분만 감당할 수 있고, 나머지는 어렵다고 했다. 그 일에 그 후원금이 사용되었다.

11.

또 에스겔 선교회 소속으로 케냐와 필리핀에서 선교하는 선교사님을 통해서 현지의 어려운 사정을 듣게 되었는데, 그곳의 많은 분들이 해외로 나가 일하지 못하게 되자 당장 끼니를 굶을 만큼 사정이 어렵다고 한다. 그래서 그곳으로도 후원금을 보냈다.

12.

한꺼번에 큰 후원금을 사용해야 해서 무거웠지만, 조금 힘들었지만, 참 기뻤다. 생각만 해도 기쁘다. 에스겔 선교회에 자장면 한 그릇의 돈이 도랑물처럼 모이니까 후원금을 보내드릴 수 있었다. 정말 신이 났다. 이 단순한 일도 우리가 계명을 지킨 것이다. 어려운 사람들 생각하고 기억하고 그에게 우리의 작은 정성을 베푼 것이 계명을 지킨 것 아닌가. 그게 예수 안에 있는 것 아닌가. 그것 때문에 많은 열매를 맺게 되지 않았는가.

13.

본문 말씀 중에 내가 좋아하는 말씀이 있다. "내가 이것을 너희에게 이름은 내 기쁨이 너희 안에 있어 너희 기쁨을 충만하게 하려 함이라." 정말 기뻤다. 천국을 사는 것처럼 기뻤다. 계명을 지키고 예수 안에 있으면 열매를 맺고, 그 열매 때문에 기뻐하면 그 어디나 하늘나라가 되는 걸 경험할 수 있었다.

14.

예수 안에 거하는 삶을 살길 바란다. 부지불식간에라도 하나님에게서 떨어질까 조심하며 살 수 있기를 바란다. 하나님의 계명을 지키고 또 예수님의 사랑 안에 거함으로 많은 열매를 맺고, 그것을 통해서 신나는 삶, 기쁨이 충만한 삶, 우울하고 불안하고 무섭고 두렵고 불행한 이 세상에서 천국의 삶을 같이 살아낼 수 있기를 주의 이름으로 축원한다.

●

맹수가 어린 동물을 사냥할 때
어미로부터 새끼를 떼어놓듯이
사탄이 우리의 생명을 똑같이 사냥합니다.

무슨 수를 써서라도 우리를 하나님으로부터 떨어지게 하려고

불순종하게 하고 하나님의 계명을 무거워하게 하고

피하게 하여 죄를 짓게 합니다.

선악과를 따먹지 말라는 말씀을 어기고 범죄하였을 때

아담과 하와가 했던 첫 번째 행동이

하나님을 피하여 숨은 것이었습니다.

하나님과 거리가 멀어졌습니다. 불편해졌습니다.

결국은 나무에서 떨어져 나간 가지처럼 말라 죽게 되었고

열매를 맺을 수도 없게 되었습니다.

'나는 포도나무요 너희는 가지다. 내 안에 거하라.

내 안에 거하기 위하여 계명을 지켜라.

계명 중에 최고는 이웃을 사랑하는 것이다.

그러면 많은 열매를 맺을 것이고 그러면 내 기쁨이 너희 안에 있어

너희 기쁨이 충만할 것이다.'

하나님 사랑하고 이웃 사랑하고 하나님의 말씀에 순종하여

하나님으로부터 떨어지지 아니하면 살고

열매를 맺고 기뻐하며 천국의 삶 살게 될 줄을 믿는데

그와 같은 삶을 계속 살 수 있도록

저희를 붙잡아주시옵소서.

44

우린 어느 순간에도 혼자가 아니다

요한복음 16:32,33

32 보라 너희가 다 각각 제 곳으로 흩어지고 나를 혼자 둘 때가 오나니 벌써 왔도다 그러나 내가 혼자 있는 것이 아니라 아버지께서 나와 함께 계시느니라 33 이것을 너희에게 이르는 것은 너희로 내 안에서 평안을 누리게 하려 함이라 세상에서는 너희가 환난을 당하나 담대하라 내가 세상을 이기었노라

I.

가지고 있으면 또 함께 있으면 행복해지고 힘이 되고 위로가 되는 것들이 있다. 그게 무엇일까?

많은 사람이 좋아하고 힘으로 삼는 것 중의 하나가 돈이다. 돈, 그렇게 만만한 것이 아니다. 우스운 것 아니다. 돈 없으면 얼마나 힘든가.

돈 없는 건 무서운 일이다. 솔직히 돈이 있으면 든든하지 않은가. 그리고 좋지 않은가. 나도 좋다. 돈은 우리에게 힘이 된다. 많은 사람이 돈을 좇아다니는 데는 그만한 이유가 있다.

2.

권력, 그것도 매력적이다. 한 번 맛보면 놓기가 어렵다. 권력을 가지면 자기 마음대로 할 수 있고, 자기가 생각한 것을 이룰 수 있는 기회가 많아진다. 그래서 사람들은 권력을 추구하고 늘 그것을 가지고 있으려고 한다. 성공, 명예, 다 마찬가지일 것이다.

3.

조금 더 한 단계 높아지면 사람이다. 좋은 친구들이 많은 사람은 참 행복한 사람이다. 든든하다. 그리고 어려울 때 위로도 되고 힘도 된다. 가족, 아내, 남편, 자식, 형제가 우애가 있어서 서로 사랑하고 아낀다면 그것처럼 든든하고 우리의 삶을 행복하게 하는 것이 없을 것이다.

4.

그러나 돈이든지, 권력이든지, 명예든지, 친구라든지, 나를 사랑하는 가족이라든지 하는 것에는 한계가 있다. 전능한 게 아니지 않은가? 돈이 할 수 있는 범위가 있고 그걸 넘어서면 돈은 무력해진다. 권력도 마찬가지고 사람도 마찬가지다. 함께하면 좋은데 의지해서 살만한 것은 되지 못한다.

5.

결국 인생의 마지막에는, 솔직하게 말해서 죽음 앞에서는 혼자다. 내가 아직 죽지는 않았지만, 잠깐이라도 죽음의 고통을 맛보았다고 할 수 있는데, 항암치료 받을 때 참 힘들었다. 정말 힘들었다. 그런데 앞에서 이야기한 것들이 내 삶의 문제를 하나도 해결해주지 못했다. 돈으로 해결될 수 있는 게 아니었다. "나 큰 교회 목사였어." 그게 무슨 소용인가? 아파 죽겠는데. 아무 소용없다. 명예, 소용없다. 친구들이 많은 위로가 되고 가족들도 고마웠지만, 그들이 아무리 나를 사랑해도 해줄 수 없는 것들이 있었다. 결국은 고통 앞에, 죽음 앞에 사람은 혼자다.

6.

그때 느끼는 감정이 무엇인가 하면 '아, 나는 혼자구나. 결국 이 모든 문제는 내가 혼자 짊어지고 가는 수밖에 없구나'이다. 그 외로움, 두려움, 불안함이 내 삶을 불행하게 했다. 혼자니까. 이해인 수녀의 시 중에 "별 없는 겨울 숲을 혼자서 가니"라는 표현을 본 적이 있었는데, 꼭 그 마음이었다. 별 없는 겨울 숲을, 아무것도 없는 쓸쓸한 겨울 숲을 결국 혼자서 갈 수밖에 없다.

7.

예수님도 거기에 다다르셨다. 3년 동안 공생애 사역을 하실 때는 제자들도 있고 많은 사람이 따라도 다니고, 예루살렘에 입성하실 때는 '호산나. 호산나' 열광하며 따르는 무리가 있었지만, 십자가 지실 순간이 되니까 "너희가 다 각각 제 곳으로 흩어지고 나를 혼자 둘 때가 오나니 벌써 왔도다"라고 말씀하신다.

사람은 누구나 혼자 놓여질 때가 있다. 예수님도 그러셨고 우리도 그렇다. "혼자 둘 때가 오나니 벌써 왔도다." 그리고 예수님은 외로워 보이고, 적막해 보이고, 불안하고, 쓸쓸하고, 무섭고, 불행해할 것으로 보이는 그 상황을 '그러나'라는 말로 딱 뒤집으신다.

"그러나 내가 혼자 있는 것이 아니라 아버지께서 나와 함께 계시느니라." 내가 혼자 있는 것처럼 보여도 나는 혼자 있는 것이 아니다. "아버지께서 나와 함께 계시느니라." 누구도, 어느 것도 도움이 안 되고 힘이 될 수 없는 지경, 홀로 서 있어야 하는 그 지경에 함께 계실 수 있는 분이 딱 한 분 계신다. 우리 하나님이시다!

8.

너무너무 감사한 것은 홀로 있는 그 순간에 나와 함께 계시는 하나님은 나를 사랑하시는 분이시고 천지를 창조하신 전능하신 창조주시라는 것이다. 돈 없어도, 권력 없어도, 명예 없어도, 친구들이 도와주지 못해도, 나를 사랑하는 가족들이 안타까워할 뿐 내 삶에 도움이 될 수 없는 그 지경에서도 그 한 분 손만 붙잡으면 능히 평안할 수 있고 능히 기쁠 수 있고 능히 그 죽음과 외로움과 고난과 역경을 다 이겨낼 수 있다.

그런 충분한 힘과 능력이 있는 분이 나와 함께 계신다. 이게 우리 기독교 신앙의 백미 아닌가.

9.

예수님이 이렇게 말씀하신다. "이것을 너희에게 이르는 것은 너희로 내 안에서 평안을 누리게 하려 함이라 세상에서는 너희가 환난을 당하나 담대하라 내가 세상을 이기었노라." 고난을 당하는 우리, 고통 중에 누구도 도울 수 없어 홀로 무거운 짐을 지고 고생하는 우리에게 주시는 복음의 말씀인 줄을 믿는다. '내가 너와 함께 있다. 이것을 내가 너희한테 이야기하는 까닭은 평안을 주기 위해서다. 세상에서 환난을 당하지만 담대해라. 내가 세상을 이기지 않았니. 너희도 이길 수 있어'라는 것이다.

10.

정말 믿음의 장부들이 있다. 목회하다 보니까 말기 암으로 임종을 앞둔 교인들을 가끔 심방할 때가 있다. 젊은 청년을 보낸 적도 있다. 연세 많은 권사님, 장로님들을 보내드린 적도 있다. 그런데 정말 믿음 좋은 분들은 마지막 순간에 평안하셨다. 평안할 수 있는 자리가 아닌데, 그래서 대부분 두렵고, 무섭고, 벌벌 떨고, 거부한다는데, 그 분들은 죽음 앞에서도 그렇게 태연하였다.

II.

나보다 나이가 한두 살 아래인 권사님이 일찍이 암으로 세상을 떠나셨다. 그래서 내가 임종 예배에 갔었다. 예배드리고 얼마 되지 않아서 하나님 앞으로 가셨는데, 임종 예배를 드리는 순간까지 얼굴이 그렇게 편안해 보였다. 그 권사님은 돌아가시기 전까지 잊지 못할 농담을 나에게 하셨다. 미인박명이라고, 자기가 미인이라서 명이 짧다고. 그 자리에 있던 모두가 얼마나 배를 잡고 웃었는지 모른다. 그 분의 남편도 웃고, 자식도 웃고, 예배하러 간 목사도 웃고. 그러고 얼마 지나지 않아 세상을 떠나셨다.

I2.

그런 여유가 어떻게 생길 수 있었을까? 혼자 있는 게 아니니까. 죽음이 끝이 아니니까. 하나님이 믿어지니까. 하나님이 함께 계시니까 환히 웃으며 평안한 마음으로 세상을 떠날 수 있었던 것이다. 한동대 총장님이었던 김영길 장로님도 세상을 떠나실 때 마지막 말씀이 "See you again"이었다. 믿음은 그런 것이다.

I3.

내가 늘 몰래몰래 하나님께 기도하는 게 있다. '하나님, 저도 죽을 때 환히 웃게 해주세요. 정말 기쁜 얼굴로 우리 가족들과 이별할 수 있게 해주세요. 그것으로 제 믿음의 증거를 삼

게 해주세요. 그 능력이 제게는 없으니 하나님 그 은혜를, 능력을 주세요.'

14.

우리가 좋아하고 의지하던 모든 것들이 아무 힘을 발휘하지 못하는 때가 온다. 그런데 우린 혼자가 아니다. "세상에서는 너희가 환난을 당하나 담대하라 내가 세상을 이기었노라." 이 말씀이 우리에게 얼마나 큰 힘이 되는지 모른다. 실제로 믿음의 장부들은 그렇게 살았다. 이 말씀을 믿는 믿음 가운데, 원망하고 두려워하고 불안해하고 부정할 수밖에 없는 힘든 시간을 평화롭게 기뻐하며 농담하며 찬송하며 하나님께 영광 돌리며 그 삶을 마감하는 걸 보았다. 그 믿음이 우리에게 큰 능력이 될 줄을 믿는다. 하나님께서 나에게 그 은혜 주시기를 바라본다.

●

세상 사는 동안 힘이 되고 든든하고
좋은 것들이 꽤 많습니다.
하나님, 돈도 참 좋고, 꽤 힘이 됩니다.
높은 자리, 거기에 주어진 권력도 좋습니다.
사랑하는 친구들, 나를 사랑하는 아내와 자식들,
얼마나 든든한 힘이 되는지 모릅니다.
그러나 그것들은, 한계가 있습니다.

도우려고 해도 더 이상 도울 수 없는 선이 분명해서

결국은 고난 앞에, 죽음 앞에

우리는 단독자로 설 수밖에 없습니다.

그런데 그 자리에 하나님을 믿지 않는 자로 선다면

정말 혼자일 수밖에 없는데 우리는 단독자가 아닙니다.

우리는 아버지와 함께 있는 하나님의 자녀입니다.

세상은 다 나를 버리고, 나와 함께할 수 없어도

그 마지막 자리에서도 끝까지 나를 붙잡고 함께 계시는 분이

예수님이시고 하나님이신 줄을 믿습니다.

하나님을 믿는 믿음으로 그 외로움과 두려움과

막막함과 불행함을 이기고 평안하고 기뻐하고 환하게 웃고

승리하는 삶을 살라 하신 말씀 주셔서 감사합니다.

하나님, 마지막 순간에 하나님 때문에 환히 웃고 기뻐하며

감사하며 찬송하며 소망 중에

사랑하는 세상과 친구들 떠날 수 있도록 저희를 붙잡아주시옵소서.

45

주와 함께 누릴 영광을 소망하며

요한복음 17:24-26

24 아버지여 내게 주신 자도 나 있는 곳에 나와 함께 있어 아버지께서 창세 전부터 나를 사랑하시므로 내게 주신 나의 영광을 그들로 보게 하시기를 원하옵나이다 25 의로우신 아버지여 세상이 아버지를 알지 못하여도 나는 아버지를 알았사옵고 그들도 아버지께서 나를 보내신 줄 알았사옵나이다 26 내가 아버지의 이름을 그들에게 알게 하였고 또 알게 하리니 이는 나를 사랑하신 사랑이 그들 안에 있고 나도 그들 안에 있게 하려 함이니이다

I.

평생 예수를 믿고 살았고 또 그 예수님을, 말씀과 복음을 증거하는 목사로 살아왔지만, 하나님을 나의 이성으로 다 이해할 수는 없다. 다 이해한다고 말할 수 없다. 그래도 다 이해할 수 없는 것뿐이지 전혀 이해가 안 되는 것은 아니다. 성경에서 말씀하는 것처럼 꼭 거울로 보는 것처럼 희미하게는 보인다. 얼굴과 얼굴을 대하여 보는 것처럼 보이지 않아서 답답하고 때로는 이해가 안 되고 때로는 오해도 생기지만, 거울로

보는 것처럼 보이는 것만으로도 하나님을 부인할 수는 없다.

2.

내가 어느 기독교대학에서 강의할 때였는데, 기독교대학에 입학하긴 했지만 교회 안 다니는 학생들도 참 많았다. 그런 학생들에게 기독교 과목을 강의하려면 참 힘들다. 학생들이 거부반응을 보이기 때문이다. 그런데 첫 시간에 내가 이런 제안을 했다. "너희들, 이 수업에 들어오는 거 싫지? 힘들지? 내 숙제 한 가지만 한다면 강의 내내 들어오지 않아도 내가 에이플러스(A+) 주마." 그러면 자던 학생들도 눈을 번쩍 뜨고 쳐다본다. "이 세상에 신이 존재하지 않는다는 무신논증을 내가 이해하든 못하든 너희 나름대로 논리적으로 증명하면 내가 에이플러스(A+) 주마."

3.

무신논증을 논리적으로 써서 학점을 받은 학생은 한 명도 없다. 그건 불가능하다. 억지는 부릴 수 있어도 논리적으로 신이 존재하지 않는다는 것을 증명할 수는 없다. 그러나 하나님이, 신이 이 세상에 존재한다는 것을 논리적으로 증명할 수 있는 유신논증은 꽤 많다. 나는 이 세상이 우연히 생겨나서 진화했다는 것을 믿을 수가 없다. 이해가 안 되기 때문이다. 그것을 내 이성으로는 도저히 납득할 수 없기 때문이다.

4.

나는 유튜브 촬영을 늘 가지고 다니는 스마트폰으로 한다. 이 손바닥만한 스마트폰이 가지고 있는 기능이 엄청나다. 엄청난 기능을 가진 스마트폰이 우연히 생겨났다고 이야기하는 사람은 단 한 사람도 없다. 누군가 스마트폰을 만들었다는 걸 다 안다. 그리고 이만한 기능을 개발한 사람들은 참 능력이 있는 존재들이라는 걸 누구나 다 안다. 그게 이성이다.

5.

우리가 살아가는 이 세상은 물론이고 우주는 말도 안 되게 엄청난 것이다. 그 모든 것들이 살아 있고, 질서 있고 아름답게 움직여가고 있다. 아침이 되고 저녁이 되고, 겨울이 되고 봄이 되는 이런 일들이 질서정연하게 움직여지고 있다. 모든 것이 어떤 전능자의 설계에 의해서 그 설계도대로 움직여지는 것을 우리가 보면서 살아간다. 그분이 누구인지를 보지는 못했어도 그분이 만드신 세상을 보면 그분이 계시다는 것과 그분이 얼마나 전능하신 분이라는 것을, 우리의 상상을 초월한 전능하신 분이라는 것을, 그래서 신이라는 것을, 창조주라는 것을 알 수 있다. 얼굴을 보지 못해서 희미하지만 그것은 분명히 알 수 있다.

6.

하나님이 만드신 세상을 들여다보면 완벽하고 아름답고 그 속에 우리 인간을 얼마나 사랑하셨는지를 발견할 수 있다. 왜냐하면 이 세상의 중심을 인간으로 정하셨기 때문이다. 우리를 위하여, 우리가 살기 좋도록 마치 신부가 신랑을 위하여 단장한 것같이 전능하신 하나님이 우리를 위하여 이 세상을 만들어주셨다는 것을 이성으로 느낄 수 있다. 성경이 그렇게 말씀하시니까 이해가 된다. 희미하여 다 보이지 않는 것은 믿기로 하였다. 나는 하나님이 이 세상을 아름답게 만드셨다는 것, 완벽하게 만드셨다는 것을 믿는다.

7.

그런데 이 세상이 망가졌다. 많이 망가졌다. 사람들에 의해서 망가졌다. 이 세상도 사람의 손이 닿지 않는 곳은 아직 완벽하고 아름답다. 그런데 사람의 손길이 닿기만 하면 망가지고 파괴되고 공해가 생기고 문제가 생긴다. 인간의 죄악으로 말미암아 망가진 세상에서 살면서 그 망가진 세상이 주는 고통과 아픔과 상처를 가지고 살다가 결국 우리는 죽게 되어 있다. 그리고 그 고통은 이루 말로 다 할 수 없다. 그런데 내가 믿는 하나님이, 내가 믿는 성경이 우리에게 이렇게 말씀하신다. '내가 새 하늘과 새 땅을 준비하겠다. 너희들이 이 망가진 세상에서 사는 게 내가 마음이 아파. 불편해. 내가 너희를 건져줄 거야. 구원해 줄 거야. 새 하늘과 새 땅을 만들고 있단다. 그리고 거기서 구원받은 자들이 다시 창세기로 돌아가서 그런 아름다운 세상에서 하나님과 함께 영원히 살 것이다'라고 성경에서 말씀하시는데, 그것도 역시 내 이성으로는 거울로 보는 것처럼 희미하다. 그러나 나는 믿는다.

8.

암에 걸리면서부터 내 인생이 바뀌기 시작했다. '아, 내가 하산 중이구나'라는 것을 아주 실감하게 되었다. '내가 생각한 것보다 빨리 올 수도 있구나'라는 생각을 하면서 처음엔 당황도 하고 불안하기도 했다. 지금도 잠깐만 정신을 놓으면 우울해지고 불안해지는 그런 삶을 산다.

9.

나는 죽을 것이다. 우리 모두 죽는다. 젊은이도 죽는다. 나는 이제 그 길에 들어선 것이다. 어떤 과정을 통해서 죽을는지 알 수 없지만 죽는 것은 정해졌다. 이제는 부인할 수 없는 길에 들어섰다. 나도 죽음의 골짜기에, 그 터널에 들어섰다. 터널은 캄캄하다. 어둡다. 불안하다. 무섭다.

그러나 나는 믿음으로, 이제껏 믿어온 믿음으로 이 터널에서 내 인생이 끝나지 않고 터널 끝에 밝은 세상이 있다는 것을 믿는다. 거기서 우리 예수님이 나를 기다리고 계신다는 사실을 나는 믿는다. 암에 걸리고 나서부터 내 삶이 힘들었을까? 사실은 그렇지 않다. 젊었을 때도, 청년 때도 언제나 삶은 고통스럽고 무겁고 힘들고 어려웠다.

10.

하나님을 믿지 않았으면, 새 하늘과 새 땅의 소망이 없었으면 아마 자살할 수도 있지 않았을까? 사는 게 죽는 것만 못하다는 것을 느꼈을 때는 수도 없이 많았다. 그런데도 그 힘든 세상을 이기고 버틸 수 있었던 큰 희망은 터널 끝에 밝은 세상, 창세기에서 보여주는 그 완벽한 세상을 하나님이 나를 위하여 다시 예비하시고 기다리고 계신다는 부활의 소망 때문이다. 이제 정말 터널에서 가장 어두운 부분에 내가 서 있지만 그저 평범한, 늘 잊고 지나가던 말씀이 새삼스럽게 마음에 와닿았다. 그것이 본문의 말씀이다.

11.

"아버지여 내게 주신 자도 나 있는 곳에 나와 함께 있어 아버지께서 창세 전부터 나를 사랑하시므로 내게 주신 나의 영광을 그들로 보게 하시기를 원하옵나이다"(요 17:24). 예수님의 말씀이다. 이 예수님의 소원이 십자가를 지심으로 다 이루어졌다. 그래서 우리는 터널 끝에서 부활할 것이고, 예수님이 계시는 곳에서 예수님과 함께 예수님이 누리시는 영광을 우리도 함께 누리며 살아가게 될 줄을 믿는다. 나는 이 부활의 소망, 영생의 소망을 붙잡고 힘든 마지막 터널을 지나가려고 한다.

12.

내가 영락교회에서 부목사로 일할 때, 정릉에 있는 어느 가정을 심방한 적이 있다. 할머니 한 분이 돌아가시기 직전이어서 임종 예배를 드리러 갔는데 할머니가 혼수상태셨다. 예배를 드리는데 자녀들이 너무 안타까우니까 어머니를 붙잡고 흔들면서 "어머니, 정신 차리세요. 좀 깨보세요"라고 했는데 그때 할머니가 깨어나셨다. 그리고 짜증을 내셨다. 내버려두지 깨웠다고.

대개 '임사체험'이라고 하는데, 그 할머니가 그런 임사체험을 하신 것 같다. 그 분은 그때 '꽃길'이라고 하셨다. 말로 표현할 수 없는 꽃길, 밝은 천국 같은데, 너무 행복하고 좋았는데 깨워서 다시 왔다고 짜증을 내던 생각이 얼핏 났다.

할머니가 그런 이야기를 안 하셔도 나는 하나님나라를 믿는다. 하나님나라가 힘든 세상을 살아가는 원동력이 되고 힘이 된다. 힘들고 어려운 세상 살아도 '나 있는 곳에 함께해서 내가 누리는 영광을 누리게 하옵소서' 기도하신 예수님의 그 기도를 믿고 이겨 승리하기를 바란다.

●

비록 거울을 보는 것처럼 희미하지만 우리의 이성으로도
하나님이 계신다는 것, 하나님이 전능하시다는 것
그리고 하나님이 우리를 사랑하신다는 것을
느낄 수 있고 볼 수 있습니다.
하나님이 우리를 위하여 준비하셨던
창세기의 아름다운 세상을 믿습니다.

인간이 다 망가뜨려 놓았지만
그래도 하나님의 창조 솜씨가 묻어 있어서
그것만 보아도 창세기의 말씀이 다 이해되고 믿어집니다.
하나님께서는 우리가 망가뜨린 세상을
다시금 우리를 위하여 예비하고 계십니다.

창세기 때 모습 그대로,
신부가 신랑을 위하여 단장한 것과 같이
예비하고 계신 그곳에 예수님이 먼저 가셔서
예수를 믿고 그의 말씀을 따르는 자들을 주님과 함께하게 하시어
주님이 누리는 영광을 우리도 누리게 하시리라는 말씀을 주셨습니다.

하나님, 힘듭니다. 두렵습니다. 무섭습니다. 무겁습니다.
하나님 이 소망을 가지고, 이 말씀을 가지고
모든 힘듦과 어두움과 무거움을 이기며 살 수 있게 하여주시옵소서.

46

십자가를 바라보면

요한복음 18:1-11

1 예수께서 이 말씀을 하시고 제자들과 함께 기드론 시내 건너편으로 나가시니 그 곳에 동산이 있는데 제자들과 함께 들어가시니라 2 그 곳은 가끔 예수께서 제자들과 모이시는 곳이므로 예수를 파는 유다도 그 곳을 알더라 3 유다가 군대와 대제사장들과 바리새인들에게서 얻은 아랫사람들을 데리고 등과 횃불과 무기를 가지고 그리로 오는지라 4 예수께서 그 당할 일을 다 아시고 나아가 이르시되 너희가 누구를 찾느냐 5 대답하되 나사렛 예수라 하거늘 이르시되 내가 그니라 하시니라 그를 파는 유다도 그들과 함께 섰더라 6 예수께서 그들에게 내가 그니라 하실 때에 그들이 물러가서 땅에 엎드러지는지라 7 이에 다시 누구를 찾느냐고 물으신대 그들이 말하되 나사렛 예수라 하거늘 8 예수께서 대답하시되 너희에게 내가 그니라 하였으니 나를 찾거든 이 사람들이 가는 것은 용납하라 하시니 9 이는 아버지께서 내게 주신 자 중에서 하나도 잃지 아니하였사옵나이다 하신 말씀을 응하게 하려 함이러라 10 이에 시몬 베드로가 칼을 가졌는데 그것을 빼어 대제사장의 종을 쳐서 오른편 귀를 베어버리니 그 종의 이름은 말고라 11 예수께서 베드로더러 이르시되 칼을 칼집에 꽂으라 아버지께서 주신 잔을 내가 마시지 아니하겠느냐 하시니라

1.

기독교 신앙의 핵심은 십자가다. 십자가를 빼놓으면 기독교는 존립할 수가 없다. 십자가의 목적은 우리의 구원이다. 십자가는 상상할 수 없는 엄청난 고통이고 두려움인데, 그것을 하나님이 감당하신 까닭은 단 하나, 우리를 살리시기 위함이다. 죄로 말미암아 죽게 된 우리를 구원하시기 위하여 하나님은 예수 그리스도를 이 땅에 보내시고 십자가에 달려 돌아가시게 하셨다. 왜 하나님은 우리를 구원하시기 위하여 하필 십자가라는 길을 택하셨을까?

2.

사망의 원인은 죄다. 그러니까 사망에서 우리를 구원하려면 죄의 문제를 해결해야만 한다. 그런데 죄는 죄를 지은 죄인이 해결할 수 없다. 그것은 하나님이 용서해주실 때만 없어지는 것이다. 그런데 그냥 하나님이 말씀으로만 용서한다고 하셔도 되는데 하나님은 공의의 하나님이시라 정당한 대가를 지불하고 우리 죄를 사하여주는 길을 택하셨다.

3.

죄를 사하는 것이 용서인데, 용서는 무엇과 연관이 되어 있는가? 사랑과 연관이 돼 있다. 사랑하면 용서할 수 있다. 사랑하지 못하면 용서하기 어렵다. 베드로가 형제의 죄를 일곱 번이라도 용서하겠다고 말한 것은 대단한 것이었다.

그런데 예수님은 베드로에게 일곱 번뿐 아니라 일흔 번씩 일곱 번이라도 용서해주라고 말씀하셨다. 산술적으로 이야기하면 490번인데 사람이 사람의 죄를 490번까지 용서하는 게 가능할까? 가능하다. 꼭 한 경우에 가능하다. 어떤 경우에 가능할까? 남편이 아내를? 아내가 남편을? 그건 불가능하다. 형제가 형제를? 그것도 불가능하다. 친구가 친구를? 그것도 불가능하다. 딱 하나, 부모는 자식의 죄를 490번까지라도 아마 용서할 수 있을 것이다. 길이 있다면 거기 있을 것이다.

4.

얼마만큼 사랑하는가가 어디까지 용서하는가를 결정한다. 하나님이 우리의 죄를 사해주시기 위하여 택하신 길은 십자가였다. 그 십자가는 사랑이다. "하나님이 세상을 이처럼 사랑하사"(요 3:16) 할 때 '이처럼'이 십자가다. 그만큼 사랑하시기 때문에 그 사랑 앞에 용서받지 못할 죄는 없어지게 된 것이다.

5.

십자가 설교할 때 꼭 드는 예화가 있다. 미우라 아야코라는 일본의 기독 소설가가 《양 치는 언덕》이라는 소설을 썼다. 나오미라고 하는 목사 딸이 주인공으로 나오는데 료이치라는 바람둥이 술꾼의 유혹으로 부모를 버리고 도망가서 같이 산다. 부모 마음이 얼마나 힘들었을까? 이 년 정도 그 남자와 같이 살다가 너무 힘들어서 견디다 못해 나오미는 결국 친정으로 돌아온다. 작가는 나오미가 친정에 들어갈 때의 모습을 이렇게 그렸다. 부모 버리고 도망갔던 딸이 '아버지, 어머니'하고 들어갈 수는 없으니 차마 문을 열지 못하고 골목을 서성거린다. 그러다 두드리지는 못하고 문을 살짝 밀어보았는데 문이 잠겨 있지 않았다. 나오미를 본 아버지가 달려 나와 이렇게 이야기한다. "나오미, 이제 오느냐." 그 부분에서 감동 받았다.

'아, 그게 부모 마음이지. 아, 그게 하나님 마음이지.'

우리가 회개하고 하나님께로 돌아오면 언제나 문 열어놓고 기다리시다가 '너 이제 오느냐' 하실 하나님을 생각하며 감동하였다.

6.

이후 료이치가 나오미를 찾아오고 폐병에 걸린 사실을 알게 된다. 그 당시 폐병은 지금 암처럼 무서운 병이었다. 걸리면 살아남기 힘든 병이었다. 나오미는 받아주려고 하지 않았지만, 부모님의 권유로 료이치는 나오미의 친정에서 요양하게 된다. 그러면서 료이치는 목사인 나오미의 아버지를 통해 예수님을 알게 된다. 요양하며 그림을 잘 그리던 료이치는 시간이 날 때마다 다락방에 올라가 그림을 그리기 시작한다. 그 그림은 누구에게도 보여주지 않으려고 흰 천으로 덮어놓았다. 나오미가 무슨 그림인지 묻자, 크리스마스 때 당신 주려고 그리는 그림이라고 답한다.

크리스마스이브, 료이치의 전 여자친구가 료이치를 불러냈다. 여자가 술을 권하는데 료이치는 마시지 않는다. 하룻밤 자고 가라고 유혹하는데도 넘어오지 않자 그 여자가 몰래 술에 수면제를 타서 그 한 잔만 마시면 가도 좋다고 말한다. 그래서 료이치가 그것을 마시고 졸음을 참고 집으로 돌아가다가 길에서 잠들어서 동사한다.

7.

그 소설의 클라이맥스는 장례를 다 마치고 료이치가 그렸던 그림을 꺼내 보는 장면이다. 그것은 십자가에 달리신 예수 그리스도의 그림이었다. 그 발밑에 한 청년이 얼굴도 들지 못하고 고개를 푹 숙인 채 예수님의 발을 붙들고 있었다. 그리고 그 청년의 손등 위로 예수님의 피가 뚝뚝 떨어지고 있었다. 그 청년이 료이치 자신이었다.

아, 그때 받은 충격은 이루 말로 다 할 수 없다. 나는 마음으로 소리를 질렀다. '료이치는 깨끗하다. 료이치는 아름답다. 료이치는 구원받았다.' 그때 눈물을 흘리며 불렀던 찬송이 "죄에서 자유를 얻게 함은, 주의 보혈 능력 있도다"였다. '십자가에 이런 능력이 있구나' 하는 것을 나는 그 소설을 통해서 실감했다. 그만큼 사랑하시기 때문에 누구든지 믿고 돌이키고 붙잡기만 하면 그의 죄가 주홍같이 붉을지라도, 흰 눈같이, 양털같이 깨끗하게 사함 받고 구원받는 줄을 믿는다.

8.

내가 1980년 5월 6일에 목사 안수를 받았는데, 안수 받기 전에 사탄이 나를 공격했다. '너 같은 놈이 어떻게 목사가 될 수 있냐.' 그러면서 내가 지었던 죄들이 생각났다. 양심의 가책이 있었다. 내가 생각해도 나는 목사 될 자격이 없었다. 한 사흘 정도를 많이 고민했다. 그때 마지막에 깨달았다.

'내가 사탄에게 속고 있구나.'

내가 죄인인 것은 맞는데 내가 예수 그리스도의 십자가를 믿음으로 사함받은 죄인이라는 것을 놓치고 사탄에게 속고 있었던 것이다. 예수님도 나를 다 아시는데, 예수님은 내가 목사 되는 것을 못마땅해 하지 않으셨다. 기뻐하셨다. '내가 십자가에서 힘들었지만 내가 십자가에 달림으로 우리 김동호가 죄 사함 받고 목사 된다.' 그날 내가 예수님의 십자가의 보람이라는 것을 깨닫게 되었다. 그래서 더는 사탄에게 속지 않았다. 당당하게 안수받았다. 뻔뻔하게 받은 것이 아니다.

9.

그래서 그날 나는 사도 바울의 고백을 내 고백으로 하나님께 드릴 수 있게 되었다. "나의 나 된 것은 하나님의 은혜라. 십자가 외에는 자랑할 것이 없다. 내가 나 된 것은, 김동호 된 것은, 목사가 된 것은, 오늘날까지 하나님 말씀 붙들고 이 사역을 감당할 수 있게 된 것은, 하나님을 위하여 쓰임 받는 그릇이 된 것은 내가 깨끗해서가 아니라 하나님이 나를 깨끗게 하셨기 때문이다. 그러므로 자랑할 것 없다. 자랑하려면 십자가만 자랑해야 한다."

이 고백을 나도 할 수 있게 되었다.

IO.

십자가는 사랑이다. 전능하신 하나님이 나를 사랑하셔서 모든 죗값을 치르시고 나를 구원하셨는데, 세상이 아무리 힘들다 해도 무슨 소용인가. 마귀가 아무리 우는 사자처럼 덤벼든대도 무엇하겠는가. 하나님이 엄청난 값을 치르셨는데. 그래서 사탄이 송사하지 못한다고 성경은 기록하지 않았는가.

II.

예수님은 그 고난의 잔을 피하지 아니하고 담담히 받아들이셨다. 예수님도 두렵고 무거운 십자가였지만 "아버지께서 주신 잔을 내가 마시지 아니하겠느냐"라며 담담히 받아들이셨다. 그것이 참 마음 아프고 죄스럽지만 이 말씀 때문에, 이 사건 때문에 우리가 살았고 또 살 것이니 그저 감사하게 받아들이는 수밖에 없는지 모른다.

I2.

힘들고 어려울 때 예수님을 바라보라. 예수님의 십자가를 바라보라. 내가 가장 힘들고 어려울 때 십자가 바라보고 살았다. '내가 이까짓 것 때문에 죽고 망할 것이었다면 우리 예수님이 날 위하여 십자가 지시지도 않으셨다' 하고 일어났던 경험이 있다. 십자가 붙들고 험한 세상 이겨 살아가는 우리가 되기를 주의 이름으로 축원한다.

●

예수님이 십자가의 길을 향하여 예루살렘으로 들어가십니다.
드디어 예수님이 붙잡히시는 날이 되었을 때
'하나님이 내게 허락하신 잔을
내가 어떻게 마시지 않을 수 있겠느냐' 하고 받아들이십니다.
그리고 십자가를 지십니다.
그 때문에 우리의 죄는 사함을 얻게 되었고,
우리는 사망에서 영생으로, 구원으로 옮겨지게 되었습니다.
힘들고 어려운 세상을 살아갈 때
예수님을 바라보게 하옵소서.
십자가를 붙잡을 수 있게 하여주옵소서.
내가 이까짓 것 때문에 죽고 망할 존재라면
우리 예수님이 날 위하여
십자가 지시지도 않으셨다는 믿음으로 승리하게 하옵소서.
십자가 붙들고 살아가게 하옵소서.

47

하나님과 같은 꿈을 꾸는 사람

요한복음 18:25-27

²⁵ 시몬 베드로가 서서 불을 쬐더니 사람들이 묻되 너도 그 제자 중 하나가 아
니냐 베드로가 부인하여 이르되 나는 아니라 하니 ²⁶ 대제사장의 종 하나는 베
드로에게 귀를 잘린 사람의 친척이라 이르되 네가 그 사람과 함께 동산에 있
는 것을 내가 보지 아니하였느냐 ²⁷ 이에 베드로가 또 부인하니 곧 닭이 울더라

I.

예수님 당시에 꽤 많은 사람이 예수님을 따랐다. 벳새다 광
야에는 어린아이와 여자를 빼고도 오천 명이 넘었다고 기록
하고 있다. 또 예수님이 예루살렘에 나귀 타고 입성하실 때
는 많은 사람이 종려나무 가지를 들고 '호산나 호산나', 마치
왕이 오시는 것처럼 영접하던 때도 있었다.

그뿐만이 아니다. 예수님에게는 제자들도 있었다. 3년 동안
모든 것을 버려두고 예수님과 함께 다니고, 먹고, 마시고, 자
면서 예수님을 따르던 제자들이 있었다. 열두 명이나 되었
다. 그런데 예수님이 십자가를 지시는 때가 다가오니까 다

떠났다. 그 수많은 군중도 다 예수님을 떠났고, 심지어는 제자들도 떠났다. 다른 사람은 다 부인해도 자기는 절대로 예수님을 부인하지 않겠다던 베드로까지도 예수님을 부인했다. "닭 울기 전에 네가 세 번 나를 부인하리라"(요 13:38) 하신 말씀대로 베드로는 예수님을 부인했다.

2.

왜 그랬을까? 왜 그들은 예수님을 그렇게 따르다가 마지막 결정적인 순간에 다 예수님을 떠나게 되었을까? 첫째는 물론 용기가 없었기 때문이다. 베드로는 꽤 용기가 있는 사람이었다. 칼을 들고 덤벼들었던 적도 있었으니까. 그런데 인간의 용기로는 끝까지 믿음을 지킬 수 없다. 우리 속에 있는 어떤 의지, 결심, 각오, 결단 같은 것들로 끝까지 신앙을 지킨다고 생각하는 일은 무모한 일이다. 그것으로는 불가능하다. 예수님이 옳아 보여도 막상 십자가에 달리게 되니까 자기도 그 고난을 당할 것 같아서 다 도망가고, 흩어지고, 모른 척하지 않았는가.

3.

그런데 이 비겁함, 용기 없음보다 더 중요한 이유가 있다. 나는 그것을 동상이몽으로 풀었다. 예수님과 같이, 같은 침상에 눕기는 했지만 꿈은 전혀 다른 꿈을 꾸면서 살았다. 많은 사람은 벳새다에 있는 사람들이 떡을 먹고 배불렀기 때문에 예수님을 따랐다. 또 수많은 사람은 예수님이 병자를 고쳐주셨기 때문에 병 나음을 얻을까 하고 따라다녔다. 또 중요한 원인이 있었는데 예수님을 정치적인 메시아로 이해하고 예수님이 메시아가 될 것으로 생각하고 따랐던 사람들도 있었다. 특히 제자들은 예수님이 메시아가 되면 한자리 차지하겠다는 인간적인 야망을 품고 예수님을 따랐다. 이몽(異夢)이다. 자신들의 꿈이 예수님의 꿈과 다르다는 것을 깨달았을 때, 예수님을 통하여는 자기의 꿈과 욕심을 이룰 수 없다는 것을 알게 되었을 때 그들은 서슴없이 예수님에게서 돌아서고 말았다.

4.

그런데 이상한 일이 일어났다. 그런 사람들이 사도행전에 보면 초대교회 때 예수님을 다시 믿기 시작했다. 제자들은 대부분 예수님 때문에, 복음 때문에 순교했다. 비겁하게 도망가던 제자들이 순교자가 될 만큼 전혀 다른 사람이 되었다. 군중들도 마찬가지다. 떡과 병 고침을 좇아 살다가 예수님을 떠난 사람들이 예수님을 따르기 시작했다. 엄청 많은 사람들이 따르기 시작했다. 환난과 핍박과 죽음과 순교가 있는데도 불구하고 그들의 수는 줄어들지 않았다.

5.

예수를 믿으려면 사회에서 숨어야만 했다. 그래서 카타콤,

지하 묘지 같은 데 숨어 살기도 했다. 나도 카타콤에 가본 적이 있는데, 엄청났다. 내가 갔던 카타콤에는 많을 때는 만 명 가까이 생활했다고 한다. 가이드 말이 카타콤에서 태어나서 카타콤에서 죽은 사람들도 많았다고 한다. 무엇이 사람들을 그렇게 변하게 했을까? 정말 복음을 위하여, 예수를 위하여 자기 목숨을 두려워하지 않는 신앙의 용장들로 바꾼 사건은 무엇일까?

6.

그것이 오순절 성령 강림의 사건이다. 오순절 날 성령 받고 거듭난 이후 저들은 정말로 변하여 새 사람, 다른 사람이 되고 말았다. 비겁하던 사람들이 용감한 사람이 되었다. 자기 목숨 지키겠다고 예수를 버렸던 사람들이 예수님 지키겠다고 자기 목숨을 버릴 수 있는 사람으로 변하였다.

그전에는 동상이몽으로 예수를 믿었는데, 이런 말이 있는지는 모르지만, '동상동몽'이 되었다. 예수님과 같은 꿈을 꾸고, 예수님과 같은 마음을 품고 살아가는 사람이 되니까 전혀 다른 사람이 되어서 그 엄청난 로마의 핍박에도 불구하고 신앙을 지키고 신앙의 자유를 얻어내고, 복음을 방방곡곡에 전하는 놀라운 힘을 발휘하게 된 것이다.

7.

한국 교회에 대부흥이 두 번 있었다고 생각한다. 첫 번째 부흥은 1907년도에 대회개운동으로 시작된 대부흥운동이었다. 길선주 목사님이 부흥회 때 "나는 아간과 같은 놈입니다"라고 자기 죄를 자복한 것이 촉발점이 되어서 많은 사람이 회개함으로 교회에 참된 부흥이 일어났다. 두 번째 부흥은 1970년대 말부터 시작되지 않았을까 싶다. 그래서 80년대 불어닥친 한국 교회의 부흥이 그것이다.

그때가 공교롭게도 내가 신학 공부를 마치고 신학교를 졸업할 때였다. 내가 1978년도에 신학교를 졸업했는데 그때 교회들이 엄청나게 부흥했다. 보통 웬만한 교회들은 배가했고 대형교회들이 생겨나기 시작했다. 그리고 천만 성도를 운운하는 막강한 교회가 되었다.

8.

그런데 두 번째 부흥은 무엇을 통해서 한국 교회에 일어났는가 할 때, 보는 사람마다 판단과 생각이 다르겠으나, 내가 볼 때 오순절 사건과 같은 사도행전에 나타났던 현상은 아닌 것 같다. 한국 교회가 다 성령으로 거듭났기 때문에, 성령을 받았기 때문에 일어난 부흥은 아니었다.

한국 교회의 부흥을 조금 비판적으로 평가한다면 기복신앙과 무관하지 않다. '예수 믿으면 부자 된다, 예수 믿으면 어떤 병에 걸렸던지 다 나을 수 있다, 예수 믿으면 형통한다'고 하는 것들이 한국 교회 부흥에 하나의 불씨 역할을 감당했다. 한국 교회는 동상이몽으로 예수님을 좇던 무리와 같다. 이것은 힘이 없다. 왜냐하면 조금만 자기 생각과 달라지면, 자기 꿈을 이룰 수 없다는 것을 알게 되면, 서슴없이 교회를, 예수님을, 하나님을 버리고 떠날 사람들이기 때문이다.

9.

한국 교회의 초대교회는 그렇지 않았다. 앞에서 승동교회에서 왕손으로 목사가 되었던 이재형 목사님 이야기를 했는데, 이분에게 복음을 전한 엄 영수라는 마부는 나리를 모시고 여행을 다닐 때면 "나리, 예수 믿으시지요?"라며 전도했다고 한다. 그런다고 왕손이 그 말을 듣겠는가. 천민이 하는 말을. 그래서 핀잔을 주었단다. "예수를 믿으면 너 같은 놈들이 양반이라도 된다는 말이냐?" 그때 엄 영수가 한 말이 참 훌륭하다.

"나리, 예수 믿는 도리는 그런 것이 아닙니다. 마부가 양반이 되려고 믿는 것이 아니라 마부 노릇을 더 잘해야 하지요."

단순한 말이지만 얼마나 신앙의 깊이가 깊은지 모른다. 예수 믿는 도리를 제대로 알고 예수를 믿었던 분이다. 우리 초대 한국 교회 어른의 모습이다.

10.

그런데 우리는 어떤가. '예수 믿으면 부자 되나? 예수 믿으면 사업이 잘되나? 예수 믿으면 병이 다 낫나?' 그게 꼭 나쁜 것이라고 얘기할 수는 없지만, 그것 때문에 예수를 믿고 따르면 오순절 이전에 수많은 사람이 예수를 믿는다고 따라다녔어도 결국 예수님이 십자가 지실 때 다 버리고 교회를 떠났던 것과 같은 일이 한국 교회에도 일어나지 않겠는가?

II.

성령으로 거듭나는 것이 참 중요하다. 한국 교회에도 성령운동이 있었다. 그런데 한국 교회의 성령운동은 내가 생각하는 성경적인 성령운동과는 조금 다르다. 영적이고 신비한 현상을 이야기한다.

그러나 성령은 하나님의 영이다. 하나님의 마음이다. 하나님의 뜻이다. 하나님과 같은 꿈을 꾸게 하는 것이 성령의 역사인 줄을 믿는다. 우리는 하나님과 같은 꿈을 꾸는 사람들이 되어야 할 것이다. 하나님과 동상동몽하여 정말 실력 있는 믿음의 사람으로서 끝까지 예수님을 부인하지 아니하고 예수님을 따라가며 살아가는 사람들이 되어야 할 줄 믿는다.

●

수많은 사람이 예수님을 따랐습니다.
그중에는 제자들도 있었습니다.
그런데 예수님이 십자가 지시려고 하는
그 중요한 때에 다 떠났습니다.
하나도 남지 않고 다 떠났습니다.
다른 사람은 다 예수를 부인해도

자기는 결단코 부인하지 않겠다던 베드로까지
결국 예수님을 부인했습니다.
그런데 그러던 사람들이 다 변했습니다.
제자들도, 베드로도 순교하였습니다.
또 교인 중에도 순교한 사람이 얼마나 많은지 모릅니다.
예수님 믿으려면 부귀와 영화와 쾌락,
세상적인 것들 다 포기해야 하는데
카타콤에서 살아야 하는데, 저들은 예수님을 따랐습니다.
오순절 날 성령 받고 거듭났기 때문입니다.
전에는 동상이몽의 신앙이었지만
오순절 날 성령 받은 후에는
예수님과 같은 꿈을 꾸는 사람들이 되었기 때문입니다.

하나님, 하나님의 말씀을 통하여
성령으로 거듭나게 하옵소서.
하나님과 같은 꿈을 꾸는 사람 되게 하여주시옵소서.

48

하나님 앞에서 언제나 홀로

요한복음 19:1-16

1 이에 빌라도가 예수를 데려다가 채찍질하더라 2 군인들이 가시나무로 관을 엮어 그의 머리에 씌우고 자색 옷을 입히고 3 앞에 가서 이르되 유대인의 왕이 여 평안할지어다 하며 손으로 때리더라 4 빌라도가 다시 밖에 나가 말하되 보 라 이 사람을 데리고 너희에게 나오나니 이는 내가 그에게서 아무 죄도 찾지 못한 것을 너희로 알게 하려 함이로라 하더라 5 이에 예수께서 가시관을 쓰고 자색 옷을 입고 나오시니 빌라도가 그들에게 말하되 보라 이 사람이로다 하 매 6 대제사장들과 아랫사람들이 예수를 보고 소리 질러 이르되 십자가에 못 박으소서 십자가에 못 박으소서 하는지라 빌라도가 이르되 너희가 친히 데려 다가 십자가에 못 박으라 나는 그에게서 죄를 찾지 못하였노라 7 유대인들이 대답하되 우리에게 법이 있으니 그 법대로 하면 그가 당연히 죽을 것은 그가 자기를 하나님의 아들이라 함이니이다 8 빌라도가 이 말을 듣고 더욱 두려워 하여 9 다시 관정에 들어가서 예수께 말하되 너는 어디로부터냐 하되 예수께 서 대답하여 주지 아니하시는지라 10 빌라도가 이르되 내게 말하지 아니하느 냐 내가 너를 놓을 권한도 있고 십자가에 못 박을 권한도 있는 줄 알지 못하느 냐 11 예수께서 대답하시되 위에서 주지 아니하셨더라면 나를 해할 권한이 없 었으리니 그러므로 나를 네게 넘겨 준 자의 죄는 더 크다 하시니라 12 이러하

므로 빌라도가 예수를 놓으려고 힘썼으나 유대인들이 소리 질러 이르되 이 사람을 놓으면 가이사의 충신이 아니니이다 무릇 자기를 왕이라 하는 자는 가이사를 반역하는 것이니이다 13 빌라도가 이 말을 듣고 예수를 끌고 나가서 돌을 깐 뜰(히브리 말로 가바다)에 있는 재판석에 앉아 있더라 14 이 날은 유월절의 준비일이요 때는 제육시라 빌라도가 유대인들에게 이르되 보라 너희 왕이로다 15 그들이 소리 지르되 없이 하소서 없이 하소서 그를 십자가에 못 박게 하소서 빌라도가 이르되 내가 너희 왕을 십자가에 못 박으랴 대제사장들이 대답하되 가이사 외에는 우리에게 왕이 없나이다 하니 16 이에 예수를 십자가에 못 박도록 그들에게 넘겨 주니라

I.

앞 장에서도 언급했듯이 마지막 순간에 예수님은 혼자셨다. 제자들도 예수님을 떠났고, 예수님을 따라다니며 '호산나'를 외치던 사람도 다 떠났다. 그런데 예수님은 혼자가 아니라고 말씀해주셨다. '나는 아버지와 함께 있다'라고 말씀하셨다.

2.

나는 무녀독남 외아들로 태어났다. 우리 부모님은 썩 사이가 좋은 부부가 아니었다. 요즘 시대 같았으면 아마 이혼했을지도 모른다. 그때는 이혼하는 법도 잘 모르니까 그냥 같이 사셨는데, 부부간의 큰 정은 없이 사셨다.

그러니 자연히 우리 어머니는 나에 대한 집착이 강했다. 어

머니에게 나는 모든 것이었다. 아들인 동시에 친구였고 남편이었고 애인이었던 나는 우리 어머니에게 거의 하나님이었다. 그만큼 나에게 집착하셨다. 그러니까 그게 나에게는 큰 부담이 되고 힘들었다.

특히 결혼하고 아내가 우리 집에 들어오면서 그 힘듦이 좀 심해졌다. 어느 날 내가 어머니에게 "어머니, 혼자 사세요"라고 말씀드렸더니 우리 어머니가 놀라서 어쩔 줄 몰라 하셨다. 분가하시라는 말이 아니었다. 내가 나가겠다는 말도 아니었다.

3.

나는 어머니에게 이렇게 설명했다. "어머니, 나는 어머니 아들이지 친구도 아니고 애인도 아니고 하나님도 아니에요. 나는 그냥 자식이에요. 어머니, 하나님 믿는 믿음으로 홀로 사실 수 있어야만 나하고 같이 살 수 있어요. 어머니 혼자서 살 수 있는 힘이 없으면 저하고 같이 살기 힘들어요."

그래도 어머니는 이해하지 못하셨다. 나는 그때 그 말이 참 옳은 말이라고 생각했다. 그건 우리 어머니에게만 해당하는 말이 아니라 나 자신에게도 해당하는 말이라는 것을 깨달았다. 내가 아내를 사랑하고 자식들을 사랑하지만, 아내 없이, 자식 없이 하나님 앞에 홀로 있어도 잘살 수 있어야만 아내와 잘살 수 있고 자식과도 잘살 수 있다는 것을 알게 되었다.

4.

그것은 사람뿐만 아니라 돈도, 권력도, 명예도 마찬가지라
생각했다. 좋은 사람, 좋은 친구와 같이 지내는 것 참 좋다.
돈, 가지고 있으면 나쁠 것 없다. 명예도 마찬가지다. 그런데
함께 사는 건 괜찮은데 그것을 의지하는 순간 도를 넘어서게
된다. 함께 살 순 있어도 의지하면 안 된다. 있으면 좋지만 없
어도 살 수 있는 능력이 있어야 있든지 없든지 항상 잘살 수
있지 않겠는가. 그게 신앙인들의 위대한 모습 아닌가.

하박국서의 말씀처럼 무화과나무에 열매가 있든 없든, 외양
간의 소가 있든 없든, 구원의 하나님으로 인하여 기뻐할 수
있는 것이다. 하나님을 의지하고 살기 때문에 돈이 있으면
좋지만 없어도 잘살 수 있는 것이다. 이게 사도 바울에게서
'나는 부한 데도 처할 줄 알고 비천한 데도 처할 줄 안다'라는
말로 표현된 것이다.

5.

돈은 있다가도 없고 없다가도 있는 것이다. 가지고 사는 건
좋지만 의지하고 살면 돈에 따라 내 삶이 왔다 갔다 하지 않
겠는가. 권력도 마찬가지고 명예도 마찬가지다. 권력이 있어
야만 잘사는 사람은 그 권력이 없어지면 못 살지 않겠는가.
에리히 프롬이 쓴 책《소유냐 존재냐》에서 에리히 프롬은 소
유형의 인간과 존재형의 인간을 말했다.

6.

욥기에 보면 하나님이 세상을 두루 살피고 온 사탄에게 "네가 내 종 욥을 주의하여 보았느냐"라며 뜬금없이 욥을 자랑하신다. "세상에 그렇게 악에서 떠나고 순전한 사람 없어. 나를 경외하는 사람이 없어"라고 했더니 사탄이 어깃장을 놓는다. "에이, 욥이 괜히 그런 줄 아십니까? 하나님이 욥에게 많은 소유를 산으로 둘러주셨기 때문이 아닙니까. 하나님 때문에 그런 줄 아십니까? 하나님이 돈을 주셔서 그렇지." 이 이야기가 무슨 의미인가? 욥이 소유형 인간이라는 것이다. 그런데 하나님이 반박하신다. "아니야. 욥이 소유가 많은 것은 사실이지만 그의 삶의 중심은 소유에 있지 않고 나한테 있어." 욥이 존재형의 인간이라는 뜻이다. 그러자 사탄이 시험해보자고 한다.

7.

욥이 소유형의 인간인지 존재형의 인간인지를 구별하려면 소유를 무너뜨리는 수밖에 없다. 그래서 하루아침에 다 무너졌다. 당대의 부자였는데 하루아침에 다 망했다. 나중엔 피부병도 걸리고 자식도 잃고 말도 못할 고난을 겪는다. 그때 그가 소유에 의지하고 살았던 사람이라면 그 삶은 무너졌을 것이다. 소유한 것들을 다 잃었는데 무너지지 않겠는가? 그런데 그의 소유물이 다 무너졌을 때 욥은 무너지지 않았다. 소유물은 가지고 있었던 것이고, 그가 의지했던 분은 하나님이였기 때문에 소유는 다 무너져도 하나님은 움직이지 않으시니까 욥도 흔들리지 않았다.

8.

주님 한 분만으로 만족하는 훈련을 해야 한다. 가족, 소중하다. 자녀, 귀하다. 부부관계, 소중하다. 좋은 친구, 축복이다. 돈, 있으면 좋다. 그게 왜 나쁘겠는가. 권력, 있으면 좋다. 주를 위하여 좋은 기회가 될 수 있으니까 구태여 부인하며 살 필요는 없다. 가지고 사는 건 괜찮다. 그런데 절대로 의지하면 안 된다. 우리는 하나님만 의지하여서 친구가 나를 버려도, 세상 사람들이 나를 도울 수 없는 데 홀로 가 있어도, '나는 혼자가 아니다. 천지를 창조하신 하나님이 나와 함께 있어'라고 고백하고 예수님처럼 그 어려운 가운데서도 꿋꿋이 자기 삶을 지켜나갈 수 있어야 한다.

9.

홀로 아픔과 고통과 절망과 불안과 불행과 싸워야만 하는 사람이 있을 것이다. 돈이 암만 많아도 소용없는 그러한 상황에 처한 사람도 있을 것이다. 좋은 친구들이 있고 가족들이, 자녀들이 아무리 사랑을 주어도, 그 부모가 자식을 아무리 사랑해도 어떻게 해줄 수 없는 그런 한계 밖에서 홀로 모든 일을 감당해야만 하는 지경에 있는 친구들도 있을 것이다. 예수님처럼 하나님 한 분 때문에 그 모든 것을 이겨나갈 힘을 배우고 키울 수 있기를 주의 이름으로 축원한다.

"너희가 다 각각 제 곳으로 흩어지고 나를 혼자 둘 때가 오나
니 벌써 왔도다 그러나 내가 혼자 있는 것이 아니라 아버지
께서 나와 함께 계시느니라 … 세상에서는 너희가 환난을 당
하나 담대하라 내가 세상을 이기었노라"(요 16:32,33)라는 말
씀처럼 이러한 말씀들이 큰 힘이 되어서 하나님을 믿는 믿
음으로 이 모든 세상의 외로움과 아픔을 이겨 승리하는 삶을
살아가기를 바란다.

10.

세상과 함께 사는 것, 괜찮다. 구태여 사람 떠나서 홀로 산속
에 들어가 살 필요는 없다. 세상의 물질, 부귀영화를 꼭 분토
처럼 여겨야만 하는 것도 아니다. 바울의 로마 시민권처럼
잘 쓰면 좋을 것이다. 함께 가지고 사는 것은 괜찮으나, 문제
는 그것에 의지하는 것이다. 돈에 의지하는 순간 우리는 철
저히 무너진다. 사람은 우리가 의지할 대상이 아니다. 아무
리 나를 사랑하는 사람이라도. 그냥 사랑하고 함께 사는 것
뿐이지 우리가 의지할 분은 오직 하나님 한 분뿐이신 줄을
믿는다. 하나님 한 분만이어야 충분하다. 우리가 의지할 것
을 여러 가지로 분산하면 그만큼 우리의 믿음은 연약해지고
말 것이다. 하나님 한 분으로 힘든 세상 능히 이겨 사는 믿음
의 장부들이 되기를 바란다.

수많은 사람이 예수님을 따르며 '호산나'를 외치고
또 3년 동안 예수님을 따라다니며 제자 된 사람들이 있었지만
결국 예수님은 혼자셨습니다.
그런데도 흔들림이 없었습니다.
많은 사람과 함께는 하셨지만,
예수님이 의지하는 분은 하나님 한 분이셨기 때문에
사람을 의지하거나 세상을 의지하지 않았기 때문에
사람이 흔들리고 세상이 흔들려도
예수님은 흔들림 없이 그 힘들고 어렵고 무서운 길을
꿋꿋이 승리하며 걸어가실 수 있었습니다.
하나님, 하나님만 믿고
하나님만 의지하는 삶을 살게 하여주시옵소서.
주님 한 분만으로 만족하며, 주님 한 분만으로 충분하다고
고백할 수 있는 믿음의 실력을 갖추게 하여주시옵소서.

49

우리 속에도 있는 가룟 유다의 DNA

요한복음 19:23-27

²³ 군인들이 예수를 십자가에 못 박고 그의 옷을 취하여 네 깃에 나눠 각각 한 깃씩 얻고 속옷도 취하니 이 속옷은 호지 아니하고 위에서부터 통으로 짠 것 이라 ²⁴ 군인들이 서로 말하되 이것을 찢지 말고 누가 얻나 제비 뽑자 하니 이 는 성경에 그들이 내 옷을 나누고 내 옷을 제비 뽑나이다 한 것을 응하게 하려 함이러라 군인들은 이런 일을 하고 ²⁵ 예수의 십자가 곁에는 그 어머니와 이모 와 글로바의 아내 마리아와 막달라 마리아가 섰는지라 ²⁶ 예수께서 자기의 어 머니와 사랑하시는 제자가 곁에 서 있는 것을 보시고 자기 어머니께 말씀하시 되 여자여 보소서 아들이니이다 하시고 ²⁷ 또 그 제자에게 이르시되 보라 네 어머니라 하신대 그 때부터 그 제자가 자기 집에 모시니라

I.

예수님이 십자가에 못박혀 돌아가신 후 군인들이 예수님의 옷을 나눠 가졌다. 그런데 속옷은 나누기가 어려우니까 제 비 뽑아서 이긴 사람이 가져갔다. 예수님 당시에 교회 지도 자라는 사람들이 교회 이권에 개입하여 성전에서 양도 팔고 비둘기도 팔고 환전도 하여 자기의 잇속을 챙기는 일들이 있었다. 그것이 예수님을 격노케 하여 채찍으로 때리시고 상을 엎으시고 저들을 쫓아내셨던 사건이 있었다.

제자 중의 하나였던 가룟 유다는 예수님을 은 삼십에 팔았다. 우리 인간들이 하나님 앞에 짓는 죄가 수도 없이 많지만, 하나님의 심판대 앞에 섰을 때 가장 수치스럽고 부끄럽고 또 벌 받을 죄가 있다면, 바로 이런 죄가 아닐까? 예수님을 통하여, 주의 몸 된 교회를 이용해서 자기 잇속을 챙기고 세상적인 욕심을 채우고 야망을 키우는 일들이 가장 하나님을 욕되게 하고 하나님 앞에서 큰 벌을 받아야 할 일이 아닐까 하는 생각을 해보았다.

2.

그런데 그런 일들이 성경에 기록된 그 당시에만 있었던 일일까? 교회 역사를 살펴보고 오늘날의 한국 교회를 살펴보면 그렇지 않다. 사람은 동서고금을 막론하고 똑같은 것 같다. 지금도 성전에서 양 팔고, 비둘기 팔고, 환전하듯 자기의 잇속을 챙기려는 사람들이 많다. 전에 교회가 가난하고 어려웠을 때는 도리어 안전했다. 자기 잇속 챙길 일이 세상적으로, 인간적으로 전혀 없었기 때문이다.

교회는 가난했지만 교회의 본질에 충실할 수 있었고, 교인들도 그 본질 때문에 예수를 믿는 사람들이 많았다. 그런데 교회가 커지고 돈도 많아지고 교인들의 숫자도 커지고 건물도 커지고 하니 세상적인 매력들이 들어오기 시작했다. 거기에 빠져서 하나님을 믿는다고 하면서 하나님보다는 다른 데에 더 관심을 가지고, 자기 잇속을 챙기느라 하나님을 팔고 예수님을 십자가에 못박는 일은 지금도 우리 주위에서 늘 일어나는 일이 되었다.

부정적인 이야기를 하게 되어 좀 불편하다. 그래도 교회에 이런 일들이 있다는 것도 알고 또 조심도 해야 할 것 같아서 하기 힘든 이야기지만, 하기 싫은 이야기를 하려고 한다.

3.

언젠가 유튜브 구독자 한 분과 전화 통화를 한 적이 있다. 우리 아들을 통해서 메일을 보냈는데, 말기 암 환자로 병원에서 이제 남은 생명이 그리 길지 않다고 선고를 받은 자매였다. 그런데 그 자매가 전에 다니던 교회 사모님에게서 소위 말하면 신령하다는 전도사 한 명을 소개받았다고 한다. 그 전도사도 중한 병에 걸렸었는데 하나님께 기도해서 기도의 능력으로 나은 후에, 그가 아픈 사람들을 위해 기도하면 치유의 효험이 있다면서 소개해준 것 같다. 그 전도사라는 사람이 그 자매에게 연락하면서 1억을 헌금하라고 요구했다고 한다. 하나님이 그렇게 시키셨다고. 그렇게 하면 하나님이 고쳐주시겠다고 약속하셨다는 이야기를 했다고 한다.

4.

암에 걸려서 극단의 고통을 겪게 되면 그런 말들을 부인하는 게 쉽지 않다. 집을 팔아서라도 1억을 낼 마음이 생긴다. 그 자매가 1억을 헌금한다면 다니고 있는 교회도 어려우니까 5천만 원은 교회에다 헌금하고 5천만 원은 전도사님에게 헌금하면 어떻겠냐고 물었더니 아무에게도 말하지 말고 자기에게만 줘야 한다고 그랬단다. 그 이유가, 자기가 하나님께 응답받았으니까 자기에게 주어야만 기도의 효험이 있다는 것이다. 그 이야기를 듣고 나한테 어떡하면 좋겠느냐는 상담의 글을 보내왔다.

그 메일을 보고 직접 전화해서 이야기했다. 그 사람은 나쁜 사람이라고. 사기꾼이니까 속지 말라고. 1억을 내야만 기도를 들어주실 하나님이 성경 어디에 있느냐고.

5.

극단적으로 이야기하면 가룟 유다만큼이나 나쁜 사람이다. 그런데 참 불행하게도 우리 주변에서, 교회 주변에서 이런 사람들을 심심치 않게 볼 수 있다. 총회장, 노회장 선거를 하게 되면 자기가 몇 표를 몰아줄 수 있으니까 얼마를 달라고 흥정하는 표 장사꾼이 있다는 이야기를 들었다.

교회를 건축하거나 큰 비품을 구매할 때, 업체를 소개해주고 교회에서 선정되도록 자기가 힘을 써주겠다며 수수료를 받아 큰 뒷돈을 챙기는 사람들도 보았다. 다 가룟 유다의 후손들이다. 예수님의 옷을 가져가기 위해 제비뽑던 군인들의 후손들이다. 성전에서 비둘기 팔고 양 팔던 일이 오늘날도 교회 안에서 이루어지고 있는 것이다.

6.

인간적인 욕심을 채우기 위해서 교회에 다니면 안 된다. 예수 잘 믿고 본질에 충실하는 교인이 되도록 힘써야 한다. 부끄럽고 감추고 싶은 교회의 어두운 이야기를 많이 했다. 이런 이야기를 하면 화나고 분노가 생기지 않는가? 어떻게 교회 안에 이런 사람들이 있냐고 화가 나지 않는가? 그런데 우리는 아무 상관이 없을까? 우리는 위험하지 않을까? 우리에게는 그 DNA가 없을까? 그렇지 않다. 우리에게도 그와 같은 기회가 주어진다면 우리도 대부분은 그 길을 가게끔 죄의 유전인자가 이끌 것이다.

그러므로 저들을 비난하고 비판하기 이전에 우리가 조심하자. 우리에게도 가룟 유다의 DNA가 있다. 그러므로 깨끗하게 살자. 그런 유혹에 대해서 담대하자. 미리미리 기도로 준비하자는 것이다.

7.

세상에 죄가 많지만 예수님을 은 삼십에 팔아먹은 죄, 이것보다 부끄럽고 수치스럽고 민망한 죄가 어디 있겠는가. 이다음에 심판대 앞에서 예수님을 만났을 때 예수님의 옷을 벗기던 군인들이 어떻게 얼굴을 들고 예수님을 바라볼 수 있겠는 가. 성전에서 비둘기를 팔고 양 팔던 사람이 하나님 앞에 섰을 때 어떻게 그 하나님의 얼굴을 뵐 수 있겠는가. 우리도 마찬가지다. 하나님 앞에 서게 될 날, 깨끗하고 순전한 마음으로 구별된 삶을 살아 하나님 앞에 상 받고 칭찬받는 우리가 다 될 수 있기를 주의 이름으로 축원한다.

8.

이번 장에서 하기 힘들고 어둡고 부정적인 이야기를 해서 참 마음이 무겁다. 그런데 그 DNA가 우리에게도 있다. 그러니 우리가 큰소리칠 일이 아니다. 늘 이런 이야기를 듣고 스스로 깨우쳐 방심하지 않고 조심하지 아니하면 우리도 모르는 사이에 휩쓸려 그런 일을 하게 되는 것이다. 깨끗한 마음으로 세상의 헛된 욕심, 생각, 신 다 버리고 순수하게 하나님만 잘 섬기다 하나님 앞에 갈 수 있는 우리가 되기를 주의 이름으로 간절히 축원한다.

●

예수님을 팔아먹은 가룟 유다가 있습니다.
성전에서 양 팔고 비둘기 팔고 돈 바꿔주면서
자기 잇속 챙기던 예수님 당시의 교권주의자들도 있었습니다.
예수님이 십자가에 못박혀 돌아가셨는데
옷을 벗기고 그 옷을 탐하여 제비뽑던 군인들도 있었습니다.

그런 일이 오늘날 교회에서도 일어나고 있습니다.
하나님 팔아서 자기 잇속 챙기고, 자기 야망을 챙기고,
자기의 권력을 취하는 사람들이 얼마나 많은지 모르는데
하나님, 우리에게도 그런 기회가 올 때
그것을 물리칠 힘이 부족합니다.
우리에게 강건한 믿음을 허락하여주시사
세상의 헛된 욕심, 생각, 마음, 다 내어버리고
오로지 하나님 한 분만 깨끗하고 순수하고
순결한 마음으로 섬길 수 있게 하여주시옵소서.

50

최고의 것을 주께 드린 사람

요한복음 19:38-42

38 아리마대 사람 요셉은 예수의 제자이나 유대인이 두려워 그것을 숨기더니 이 일 후에 빌라도에게 예수의 시체를 가져가기를 구하매 빌라도가 허락하는 지라 이에 가서 예수의 시체를 가져가니라 39 일찍이 예수께 밤에 찾아왔던 니고데모도 몰약과 침향 섞은 것을 백 리트라쯤 가지고 온지라 40 이에 예수의 시체를 가져다가 유대인의 장례 법대로 그 향품과 함께 세마포로 쌌더라 41 예수께서 십자가에 못 박히신 곳에 동산이 있고 동산 안에 아직 사람을 장사한 일이 없는 새 무덤이 있는지라 42 이날은 유대인의 준비일이요 또 무덤이 가까운 고로 예수를 거기 두니라

I.

예수님이 십자가에 못박혀 돌아가셨다. 그런데 아리마대의 요셉이라고 하는 부자 한 사람이 빌라도에게 가서 예수님의 시체를 요구하고 그 예수님의 시체를 자기 가정 묘로 쓰려고 준비했던, 한 번도 쓴 적이 없는 새 돌무덤에 모셔 장사했다. 이건 참 위험한 일이다. 유대인들은 예수님을 위험인물로 배

척하여 빌라도를 충동질해서 십자가에 못 박아 죽게 하려는 사람들이기 때문에 예수님의 편에 선다는 것은 정말 생존의 위험을 감수하지 않고는 감히 할 수 없는 일이었다. 아리마대의 요셉은 부자였는데 그 위험을 무릅쓴 것이다. 본문에 보면 전에는 유대인들이 두려워서 제자이면서도 나타내지 않았었는데 마지막 순간에는 생명을 걸고, 자기의 모든 것을 걸고 예수님을 자기 무덤으로 모셨다.

이다음에 천국 가서 아리마대의 요셉을 만나게 된다면 큰절이라도 올리고 싶다. 고맙다고, 참 잘하셨다고 인사드리고 싶다. 우리 예수님을 구덩이에 파묻지 않고 새 무덤, 돌무덤, 좋은 무덤에 장사지내 주어서 고맙다는 데 내 마음의 진심이 있다.

2.

예수님은 이 땅에 태어나실 때 말구유에서 태어나셨다. 사람들은 예수님이 말구유에서 태어나신 것을 굉장히 귀한 사건으로 여긴다. 예수님이 겸손하셔서 그렇다고 말한다. 그러나 내 생각은 좀 다르다. 예수님은 말구유에서 태어나지 않으셨어도 겸손하신 분이셨다.

예수님은 왕궁에 태어나셨어도 겸손하신 분이시다. 하나님이 사람이 되신 것인데 꼭 말구유에서 태어나셨기 때문에 훌륭하다는 것은 조금 편협하고 편향된 사고방식이라고 나는 생각한다.

3.

그리고 정확하게 말하면 예수님은 겸손하셔서 말구유에서 태어나신 게 아니다. 예수님은 본래 말구유에서 태어나지 않을 수 있었다. 그 당시 어머니 마리아와 요셉은 방에서 예수님을 낳고 싶어서 여기저기 문 두드리며 쫓아다녔다. 그때 사람들이 방 하나를 내드렸다면 예수님은 방에서 태어나셨을 것이다. 그러니까 엄밀히 정직하게 양심적으로 이야기하자면 예수님이 말구유에서 태어나신 것은 겸손하셔서라기보다는 인간이 매정해서 그런 것이다. 어떻게 막달의 산모가 방을 구하는데 그걸 빤히 보면서도 방을 내주질 않을 수 있는가? 그래서 예수님은 할 수 없이 말구유에서 태어난 것이 아닌가?

4.

예수님이 말구유에서 태어나셨다고 하면 우리는 부끄러워해야 한다. 그런데 악한 사람들이 머리가 좋아서 그것을 겸손과 훌륭함으로 치장하면서 자기의 면책을 구하는 것이다. 내가 안 드린 게 아니라 예수님이 워낙 겸손하셔서 말구유에서 태어나신 거라고. 그것은 자기의 인색함과 매정함을 희석하려는 무의식적인 본능이라고 나는 해석했다.

5.

우리 인간들은 자신들의 인색함과 하나님에 대한 무심함을 감추기 위해서 예수님의 말구유를 띄우고 부풀리고 과장한다. 다시 말해서, 자기들이 인색해서 예수님이 말구유에서 태어나신 것이 아니라 겸손하시고 훌륭하셔서 말구유에서 태어나신 것이라고 속인다.

그렇게 볼 때 나는 예수님이 그냥 흙구덩이에 아무렇게나 파묻힌 것보다 아리마대의 요셉이 모신 새 무덤에 묻히신 것이 좋다. 예수님은 거기에 모셔도 부족한 분이시다. 예수님은 크게 관계치 않으시겠지만, 우리의 도리는 그런 것이 아니다. 예수님은 겸손하셔서 말구유에 태어나실 수 있어도 우리는 예수님을 말구유에서 태어나시게 해서는 안 된다. 예수님이 십자가도 지시는데 구덩이에 묻히셨다고 섭섭해하시겠는가. 그러나 우리는 예수님을 그렇게 모셔서는 안 된다. 핑계하거나 합리화하는 건 안 된다.

6.

나는 가난한 집에서 태어났다. 돈에 여유가 조금도 없는 집에서 태어났다. 나는 종이돈으로 용돈 받은 기억이 거의 없다. 그럴 여유가 없었다. 그래도 우리 어머니가 나에게 매우 좋은 신앙훈련을 시키셨는데 그것은 헌금 훈련이었다. 그 가난하신 분이 내 손에 동전 들려서 예배당을 보내신 적이 없었다. 늘 종이돈으로 그러니까 액수가 큰 돈으로 헌금을 해서 당시 부잣집 친구들 못지않게 헌금을 많이 했었다.

7.

어느 날 우리 집에 외할머니가 오셔서 하룻밤 주무시고 주일에 같이 교회에 가게 되었다. 보통 아이들 예배가 어른 예배보다 좀 더 일찍 시작하니까 내가 먼저 교회에 가려고 성경책을 챙기고 헌금할 돈을 챙기는데 그 돈을 보시고 우리 할머니가 놀라셨다. 종이돈 가져가는 것을 보고 말이다. 할머니가 생각한 것보다 헌금이 크니까 칭찬해주셨다. "너 참 용하구나. 참 잘했다. 하나님껜 그렇게 해야 해." 사실 내가 한 게 아니고 어머니가 주신 것이었다.

그러고는 종이돈을 보시더니 구겨졌다면서 예배당에 갈 시간을 물으셨다. 몇 시까지 가면 된다고 말씀드리니 시간 충분하니까 기다리라고 하시고는 숯불을 피우셔서 다리미로 그 돈을 다려주셨다. 전기다리미가 있던 시절이 아니었기에 풍로에다가 숯불 피워서 그것을 무쇠 다리미에 담고 물 뿌려서 수건 얹고 다려주셨다.

8.

만 원짜리가 다린다고 이만 원이 되는가? 만 원이 구겨지면 9천 원이 되는가? 합리적으로, 이성적으로 생각하니 그건 아무 소용이 없다. 구겨지든 반듯하든 똑같은 만 원인데. 할머니의 생각은 달랐다. 하나님께 드리는 걸 그렇게 정성 없이 드리면 안 된다는 것이다. 그건 나에게 굉장히 중요한 교훈이었다. 하나님께는 작은 것을 드려도 정성껏 가장 좋은 것으로 먼저 드려야 한다는 것이었다.

9.

솔직히 지금은 나도 많이 느슨해졌다. 꽤 오랫동안 그걸 지켜왔었는데 요즘은 온라인으로 헌금을 자주 드리기 때문에 둔해진 것 같다. 이전에는 나도 아이들에게 헌금할 돈을 신권으로 주었다. 늘 아내가 은행에 가서 신권으로 바꿔왔었다. 그래서 침대 협탁 서랍에는 늘 신권이 있었다. 아이들도 그랬고 우리 부부도 늘 하나님 앞에 드리는 헌금은 한 번도 쓰지 않은 새 돈으로 드렸다.

10.

함부로 합리화하지 말라. 예수님은 말구유를 좋아하신다? 아니다. 그렇게 이야기하면 안 된다. 예수님은 우리가 모실 수 있는 가장 좋은 곳에 모시는 것, 나는 그게 신앙이라고 생각한다. 비둘기 한 마리를 잡아도 흠 없고 깨끗한 것을 정성스럽게 잡아야 한다. 양을 잡을 힘이 없으면 비둘기를 잡으면 된다. 하나님은 그것을 가지고 탓하진 않으시는데 내가 할 수 있는 최선, 내가 할 수 있는 가장 좋은 것을 하나님께 드려야 한다는 말이다.

11.

옛날에 《공포의 외인구단》이라는 만화책이 있었다. 나중에

는 영화로도 만들어졌는데, 그 영화의 주제가 중 가사 한 구
절이 마음에 딱 와닿아서 고장난 레코드판처럼 머릿속에서
그 부분만 재생됐다. 지금도 그 영화 주제가에서 그 부분만
안다. "난 네가 좋아하는 일이라면 뭐든지 할 수 있어." 그게
내 마음엔 이렇게 들렸다. '난 우리 하나님이 기뻐하시고 좋
아하시는 일이라면 뭐든지 할 수 있어. 깨끗하고, 가장 좋고,
내가 가장 아끼고, 나에게 가장 소중한 것, 내가 쓰지 않았던
것으로.' 나를 위하여 쓰려고 했지만 하나님께 드림이 더 기
뻐서 하나님께 새 돌무덤을 내어드렸던 아리마대의 요셉 같
은 그런 삶을 살다가 하나님 앞에 가면 좋겠다.

12.

우리 모두 아리마대의 요셉과 같은 사람이 되어서 하나님께
가장 좋은 것을 드리며 살려고 애쓰다가 하나님 앞에 갈 수
있기를 바란다. 함부로 예수님을 말구유에다 모시려고 하지
말고 구덩이에 파묻으려 하지 말고 내가 할 수 있는 가장 좋
고 아름다운 것으로 하나님을 섬길 줄 아는 그런 믿음의 전
통을 세워나가는 우리가 되면 좋겠다.

13.

나는 청년 때부터 예수님의 말구유를 찬송하는 게 싫었다.
내 양심에는 그게 맞지 않았다. '우리가 못돼서 말구유에서
태어나셨지. 예수님은 방에서 태어나고 싶어 하셨는데'라고

생각했다. 그래서 늘 '예수님이 다시 오시면 말구유에 모시지 말고 가장 좋은 방, 내 방을 깨끗이 정돈해서 내어드려야지'라는 마음을 가졌다.

14.

아리마대의 요셉이 예수님을 새 무덤으로 모신 것은 굉장히 위험하고 자신의 모든 것을 감수해야만 하는 용기 있는 행동이었다. 그 용기를 가지고 깨끗한 새 무덤, 돌무덤에 예수님을 모신 게 얼마나 감사하고 좋은지 모르겠다. 나도 그런 사람이 되면 좋겠다.

아리마대의 요셉처럼 예수님에게 돌무덤을 드릴 수 있는, 가장 좋은 것 드릴 수 있는, 깨끗한 것 드릴 수 있는 그런 마음 가지고 예수 믿는 사람 되면 좋겠다.

●

예수님, 십자가에 못박혀 돌아가셨을 때
아리마대의 요셉이라고 하는 용감한 부자가
자기의 모든 위험과 손해를 무릅쓰고
빌라도에게 예수님의 시체를 가져가기를 허락받아
아무도 쓴 적이 없는 새 돌무덤에 예수님을 모셨습니다.
예수님에게 방 한 칸을 내어드리지 않아서
말구유에서 태어나시게 하고서도
부끄러워할 줄 모르고 죄스러워할 줄 모르고

예수님은 말구유를 좋아하신다고

그래서 훌륭하시다며

자기들의 인색함과 매정함을 속이는

그런 어리석음을 범치 않게 도와주시옵소서.

가장 귀하고 깨끗하고 아름다운 것을

하나님께 드리고 싶어 하는 마음을 갖게 하여주시옵소서.

51

부활 신앙으로 죽음을 뛰어넘은 사람들

요한복음 20:1-10

1 안식 후 첫날 일찍이 아직 어두울 때에 막달라 마리아가 무덤에 와서 돌이 무덤에서 옮겨진 것을 보고 2 시몬 베드로와 예수께서 사랑하시던 그 다른 제자에게 달려가서 말하되 사람들이 주님을 무덤에서 가져다가 어디 두었는지 우리가 알지 못하겠다 하니 3 베드로와 그 다른 제자가 나가서 무덤으로 갈새 4 둘이 같이 달음질하더니 그 다른 제자가 베드로보다 더 빨리 달려가서 먼저 무덤에 이르러 5 구부려 세마포 놓인 것을 보았으나 들어가지는 아니하였더니 6 시몬 베드로는 따라와서 무덤에 들어가 보니 세마포가 놓였고 7 또 머리를 쌌던 수건은 세마포와 함께 놓이지 않고 딴 곳에 쌌던 대로 놓여 있더라 8 그 때에야 무덤에 먼저 갔던 그 다른 제자도 들어가 보고 믿더라 9 (그들은 성경에 그가 죽은 자 가운데서 다시 살아나야 하리라 하신 말씀을 아직 알지 못하더라) 10 이에 두 제자가 자기들의 집으로 돌아가니라

I.

은퇴하고 나이 일흔이 되면서 또 암에 걸려서 받은 새로운 소명이 있었다. 이사야서 40장 1절의 "내 백성을 위로하라"

라는 말씀이 나에게 마지막 소명으로 다가왔다. 내 백성을 위로하라. 어떻게 위로할까, 무엇으로 위로해야 하나 고민이 많았는데 암 환우들과 가족들을 위로하는 일은 뜻밖에 어렵지 않았다. 지푸라기라도 잡고 싶은 상황에 있는 우리 암 친구들에게 위로하겠다는 마음만 가져도 그 마음만으로도 저들은 충분히 위로받고, 고마워하고, 감동하고, 감격해서 하나님의 백성들 위로하는 일은 어렵지 않았다. 작은 행동 하나에도 마음의 진심만 담기면 저들은 내가 줄 수 있는 위로보다 훨씬 더 많은 위로를 받곤 했다.

2.

'날마다 기막힌 새벽'을 생각했다. 일어나자마자 근심, 걱정, 우울에 사로잡히기 전에 말씀의 은혜로 생각을, 마음을 먼저 선점하자는 생각은 정말 우리 젊은이들이 이야기하는 것처럼 신(神)의 한 수, 하나님의 한 수 같았다. 준비는 충분치 않지만 날마다 말씀을 읽고 은혜를 나누고 좋지 않은 목소리로 같이 찬송하자 하나님이 우리에게 충분한 은혜를 주시고 또 그 은혜로 우리 가족들이 위로받고 힘을 얻는 놀라운 일이 일어났다. 암 환우들과 보호자를 위한 CMP 집회도 서둘러서 연 집회임에도 불구하고 많은 분들이 힘을 얻고 위로를 얻어서 도리어 이 사역이 내 삶에 큰 보람이 되고 기쁨이 되었다.

3.

그런데 나는 뭔가 시원치가 않았다. 무언가가 늘 목에 걸려 있는 것과 같은 느낌이 있었다. 그래서 좀 갑갑하고 답답한 부분이 있었다. 위로가 완벽하지 않다는 생각이 자꾸 들어서이다. 더 완벽한 위로는 없을까.

내가 바라는 완벽한 위로는 이제는 더 이상 위로가 필요없는 지경에 이르는 것이다. 어떤 위로를 전했더니 그게 너무 차고 넘쳐서 '목사님 이젠 더 위로 안 해도 돼' 하면서 위로가 필요 없는 사람이 되는, 그 위로가 욕심이 났다. 그게 뭘까 하는 생각을 늘 하며 살았다.

4.

한번은 후배 목사가 제작한 영화 시사회에 다녀온 적이 있다. 〈제자, 옥한흠〉이라는 옥한흠 목사님에 대한 다큐멘터리 영화를 제작했던 김상철 감독이 새로운 영화를 제작했다고 시사회에 초청해주어서 다녀왔다. 〈부활: 그 증거〉라는 영화였다. 그 영화가 나는 너무 좋았다. 그래서 영화가 끝난 후에 내가 할 수 있는 최고의 말로 칭찬해주었다. 후배 목사이기도 해서 편한 말로 "넌 이제 영화 그만해도 되겠다. 이 영화한 편으로 충분하다"라고 얘기해주었다. 내 마음엔 솔직히 그랬다. 그 영화가 그렇게 참 좋았다.

5.

삶과 죽음의 문제를 다루고, 부활의 문제를 다루는데, 그 영화에 한국 최고의 지성인 이어령 교수님이 나온다. 그는 마지막에 사랑하는 딸 때문에 예수를 영접하고 크리스천이 되었다. 이어령 교수님도 암 투병 중이시다 보니까 그 분의 한 말씀 한 말씀이 참 기가 막혔다. 아주 절묘했다. 또 천정은 자매라고 암에 걸려서 예수를 믿기 시작한 자매가 나왔다. 85차 항암을 했다고 하는데도 얼마나 사람이 밝고 늦게 예수를 믿은 사람인데도 예수 믿는 도리에 대해서 어쩌면 그렇게 정통하고 있는지. 그래서 그 이야기를 들으면서 내가 크게 감동하고, 은혜를 받았다.

6.

더 이상 위로가 필요 없는 완벽한 위로는 무엇일까. 부활이 답이었다. 부활이 답이었다. 사실은 진즉부터 알고 있었다. 부활을 이야기해야 한다는 것. 그런데 그게 힘들었다. 부활을 이야기하려면 전제가 있지 않은가. 죽음.
암의 고통에 시달리는 우리 친구들에게 부활을 이야기해줘야 하는데, 부활을 이야기하려고 하면 죽음을 받아들여야 하니까 그 죽음을 이야기하는 것이 너무 힘들어서 말을 해도 힘이 없었고, 조금 피해 다니는 면이 없지 않아 있었다. 그게 힘들어서 용기 있게, 담대하게 부활을 잘 전하지 못했었다.

7.

영화를 보면서 용기를 얻고, 답을 얻었다. 피할 수 없는 일이다. 정면으로 돌파해야만 위로가 필요 없는 지경까지 이르겠다는 확신을 얻었다. 사랑하는 우리 암 친구들과 보호자들에게 해주어야 할 완벽한 위로의 말은 부활이라는 것을 깨달았다. 부활을 알게 해줄 수 있다면, 믿게 해줄 수 있다면 더 이상의 위로는 필요 없겠다는 생각을 깊게 했다.

8.

생명은 태어날 때부터 죽음과 연결되어 있다. 태어날 때부터 생명은 죽음을 통해서 시작된다. 아이를 낳는 산모의 산고와 산통이 죽음과도 같지 않은가. 그 죽음 같은 고통을 통해서 귀한 생명을 얻는 것이다. 그러니까 생명은 죽음을 통해서 나온다.

그리고 아기는 태어나기 전에는 탯줄을 통해서 태호흡을 한다. 양수 속에 있으면서도 태로 호흡한다. 태어나는 순간 폐호흡이 시작되는데 폐호흡이 되기 위해서 태호흡을 끊어야한다. 탯줄을 끊어야 한다. 탯줄이 끊어지는 것은 호흡이 끊어지는 것인데, 그건 죽음이지 않은가. 태호흡을 끊는 죽음을 통해서 폐호흡으로 숨 쉬는 새로운 생명이 시작되는 것이다.

9.

부활도 마찬가지가 아닐까. 폐호흡이 끊어지는 날, 그때 우리가 알지 못하는 부활의 호흡이 시작되는 것이다. 죽음이 없는, 아픔이 없는 영원한 나라의 새로운 생명의 호흡이 시작되는 것이다. 우리는 그것을 믿는다.

부활을 이야기하지 않고도 위로할 수 있다. 그런데 그 위로는 꼭 예수 믿는 사람이 아니어도 할 수 있다. 믿음이 없어도 할 수 있다. 그런데 우리가 부활 없이 누구를 위로한다면 그것은 기독교인이 아니다. 기독교는 부활을 이야기하면서 완벽한 위로가 시작되는 것이다.

10.

내가 좋아해서 자주 인용하는 하박국서 말씀이다. "비록 무화과나무가 무성하지 못하며 포도나무에 열매가 없으며 감람나무에 소출이 없으며 밭에 먹을 것이 없으며 우리에 양이 없으며 외양간에 소가 없을지라도 나는 여호와로 말미암아 즐거워하며 나의 구원의 하나님으로 말미암아 기뻐하리로다"(합 3:17,18).

무화과나무의 열매가 있으면 그건 좋은 것이다. 열매 있는데 왜 나쁘겠는가. 그런데 없어도 상관없다. 구원을 얻었으니까. 외양간의 소가 있으면 좋지만 없어도 상관없다. 구원, 부활, 천국, 하나님나라를 내 마음에 가지니까 이 세상에서의 모든 상황을 그냥 뛰어넘을 수 있는 것이다.

II.

진정한 완벽한 위로는 뛰어넘음이다. 부활이 우리에게 그것을 준다. 기독교는 부활의 종교이다. 부활이 없다면 기독교는 사상이지 종교가 아니다. 나도 죽음이 무섭다. 그러나 피할 수는 없다. 하나님을 믿는 믿음으로 피하지 말고, 꼬리 내리지 말고, 직면하고, 정면으로 돌파해서 부활의 생명을 가지고 우리 현실, 이 현 상황을 뛰어넘어 더 이상의 위로가 필요 없는 강인한, 강건한 하나님의 백성들이 다 될 수 있기를 주의 이름으로 축원한다.

예수님이 부활하셨다. 우리도 부활할 것이다. 부활 속에 우리의 소망이 있고, 우리의 생명이 있고, 우리 삶의 승리가 있다. 부활의 신앙으로 삶과 죽음과 모든 것을 뛰어넘는, 그리고 영원한 세계를 시작하는 승리의 삶이 우리에게 충만하기를 바란다.

●

예수님이 부활하셨습니다. 우리도 부활할 것입니다.
아이가 태어날 때 태호흡을 끊어야
폐의 호흡이 시작되듯이
태의 호흡이 끊어진 순간 폐호흡이 이루어져
새로운 삶의 방식이 이어지듯이
우리는 이 폐의 호흡이 끊어지는 순간
영원한 부활의 호흡이 이어질 것을 믿습니다.

부활을 믿으면 죽음을 넘어설 수 있습니다.

고통도 이겨낼 수 있습니다.

부활의 신앙을 확고히 하면

위로받지 않아도 되는

강인한 삶을 살 수 있게 될 것입니다.

위로받는 사람이 아니라

위로하는 사람이 될 줄을 믿습니다.

우리 사랑하는 암 환우 친구, 가족들에게

이 굳건한 부활의 신앙을 허락하여주시사

산고와 같은 통증과 고통과 아픔과 죽음을

단번에 건너뛸 수 있도록,

승리할 수 있도록 축복하여주옵소서.

52

제자들을 바꾼 힘, 주님의 부활

요한복음 21:15-22

15 그들이 조반 먹은 후에 예수께서 시몬 베드로에게 이르시되 요한의 아들 시몬아 네가 이 사람들보다 나를 더 사랑하느냐 하시니 이르되 주님 그러하나이다 내가 주님을 사랑하는 줄 주님께서 아시나이다 이르시되 내 어린 양을 먹이라 하시고 16 또 두 번째 이르시되 요한의 아들 시몬아 네가 나를 사랑하느냐 하시니 이르되 주님 그러하나이다 내가 주님을 사랑하는 줄 주님께서 아시나이다 이르시되 내 양을 치라 하시고 17 세 번째 이르시되 요한의 아들 시몬아 네가 나를 사랑하느냐 하시니 주께서 세 번째 네가 나를 사랑하느냐 하시므로 베드로가 근심하여 이르되 주님 모든 것을 아시오매 내가 주님을 사랑하는 줄을 주님께서 아시나이다 예수께서 이르시되 내 양을 먹이라 18 내가 진실로 진실로 네게 이르노니 네가 젊어서는 스스로 띠 띠고 원하는 곳으로 다녔거니와 늙어서는 네 팔을 벌리리니 남이 네게 띠 띠우고 원하지 아니하는 곳으로 데려가리라 19 이 말씀을 하심은 베드로가 어떠한 죽음으로 하나님께 영광을 돌릴 것을 가리키심이러라 이 말씀을 하시고 베드로에게 이르시되 나를 따르라 하시니 20 베드로가 돌이켜 예수께서 사랑하시는 그 제자가 따르는 것을 보니 그는 만찬석에서 예수의 품에 의지하여 주님 주님을 파는 자가 누구오니이까 묻던 자더라 21 이에 베드로가 그를 보고 예수께 여짜오되 주님

이 사람은 어떻게 되겠사옵나이까 22 예수께서 이르시되 내가 올 때까지 그를 머물게 하고자 할지라도 네게 무슨 상관이냐 너는 나를 따르라 하시더라

I.

인간을, 우리 사람을 힘들게 하고 초라하게 만드는 것들이 있다. 참 많이 있다. 나는 그중의 하나가 용기 없음, 비겁함이라고 생각했다. 내가 볼 때 우리 아버지는 정말 용기 있는 분이었다. 두려워할 줄 모르고, 해야 할 말을 할 때는 대담하게 하시고 행동하시는 분이었다. 어려서는 그런 모습이 참 보기 좋았다.

좀 나이 들어 청년이 되면서 그렇게 산다는 게 절대로 쉽지 않다는 걸 알게 되었다. 나는 겁이 났다. 그래서 조금 두려웠다. '아버지처럼 살지 못하면 어떡하나. 비겁한 사람이 되면 어떡하나. 그 모습을 자식에게 보여주면 어떡하나'라는 생각을 실제로 많이 하면서 살았다.

2.

예수님의 제자들은 그런 면에서 참 비겁한 사람이었다. 예수님을 배반하고 다 도망가지 않았는가. 성경에 보면 어떤 청년은 홑이불을 두르고 있다가 잡히니까 그 이불을 벗어 던지고 벌거벗은 몸으로 도망했다고 나온다(막 14:51,52 참조). 많은 제자가 예수님을 버렸다. 다른 사람은 몰라도 나는 아니

라고 자신했던 베드로도 예수님을 저주하며 부인했다. 성경의 역사가 여기에서 끝났다면 예수님의 제자들은 하나님나라에서 어떻게 얼굴을 들고 다닐 수 있었을까?

3.

참 비겁한 사람이었고, 그 삶의 마지막 장면들은 초라하고 구차하고 부끄러웠을 것이다. 그런데 그런 제자가 다 변하였다. 180도 변했다. 나중에는 거의 다 순교했다. 예수님이 베드로에게 하신 본문 말씀 속에도 예언이 있는데 베드로가 어떠한 죽음으로 하나님께 영광을 돌릴 것을 이야기하신 것이었다. '젊어서는 스스로 띠 띠고 다녔지만, 늙어서는 남이 너에게 띠 띠우고 원하지 않는 곳으로 데려갈 것이다.' 후에 베드로는 십자가에 거꾸로 달려 순교했다고 하지 않는가. 그렇게 사람들이 돌변했다.

그리고 다 진짜 사도가 되었다. 제자가 되었다. 어느 정도 용기 있던 사람이 더 발전한 게 아니라 용기 없던 사람들이 완전히 180도 달라졌다. 그런 일은 그냥 일어나지 않는다. 뭔가 분명한 사건이 있었기 때문에, 그것 때문에 이루어졌을 것이다.

4.

앞에서 〈부활: 그 증거〉라는 영화 이야기를 했는데, 이어령 교수님이 그 영화에서 이렇게 말씀하셨다. "정황적인 증거가 있다." 제자들이 그렇게 변한 데는 뭔가 있다는 것이다. 그냥 변했을 리가 없다는 것이다. 딱 집어 모르지만, 정황은 있다. 그게 부활이다. 그 전과 후가 180도 달라질 때 그 사이에 무슨 사건이 있었는가 하면 제자들이 부활한 예수님을 만났다는 것이다. 눈으로 보았다는 것이다. 전에는 귀로 듣기만 했던 것인데 눈으로 확인하고 나니까 부활을 안 믿을 수가 없었을 것이다.

부활을 믿으니까 죽음이 두렵지 않게 되었다. 그러니까 도망가지 않았다. 순교했다. 그리고 정말 끝까지 당신의 양을 먹이는 충성스러운 주의 종이 될 수 있었다. 예수님의 부활을 목도하지 못했다면 그런 일은 일어날 수 없었을 것이다.

5.

사람을 구차하고 초라하게 만드는 것 중의 또 하나는 욕심이다. 욕심이 끼면 사람이 우스워진다. 욕심부리고 죄짓는 걸 보면 사람이 초라해진다. 욕심 때문에 죄짓고, 욕심 때문에 몹쓸 짓하고 그래서 부끄러운 삶을 산다. 제자들도 그렇지 않았는가. 욕심 때문에 누가 더 높으냐를 가지고 싸움질하지 않았는가. 예수님의 제자들이 보통의 우리와 똑같은 초라한 모습이었는데 사도가 되었다.

6.

초대교회는 정말 근사했다. 예수 믿는 모든 사람의 삶이 완벽하고 훌륭했다. 정말 천국 시민 같았다. 그것이 그냥 됐을까? 아니다. 훌륭한 스승들이 있어서 가능했다. 훌륭한 지도자가 있어서 그들의 가르침을 받고 그들의 교훈을 얻고 그들의 삶을 본받으려 하다가 그렇게 되었다. 그게 누구인가? 제자들이다. 제자들은 정말 훌륭한 사도였다. 그들의 지도력과 영향력이 엄청난 삶의 변화를 이끌어내었다. 전에는 누가 더 높으냐를 가지고 싸움질하던 어린아이 같은 사람들이었는데 어떻게 그런 삶의 성숙함이 나타났을까? 그런 지도자가 될 수 있었을까? 그것도 부활이다. 정황적인 증거가 뚜렷하다.

부활을 본 후에, 하나님의 나라에 대한 내세의 소망이 확실해진 후에 세상의 것에 대한 미련을 버렸다. 사도 바울의 고백과 같이 예수 그리스도를 아는 지식이 가장 고상하기 때문에 세상의 자랑을 배설물처럼 여길 수 있게 되니까 삶이 그렇게 근사해지는 것이다. 품위 있게 되는 것이다. 아름다워지는 것이다. 많은 사람에게 그리스도의 사도로서의 선한 영향력을 끼칠 수 있는 사람이 되었다.

7.

아무리 오래 교회에 다녀도, 아무리 목사, 장로라 칭송받아도 부활의 확신이 없으면 사람이 우스워진다. 비겁해지고, 악랄해지고, 초라해지고, 욕심부려서 죄짓게 된다. 그렇게 살까 봐 두렵다. 얼마 남지 않은 삶 열심히 살아서, '뷰티풀랜딩' 하고 싶다. 소프트랜딩이 아니라 꼭 뷰티풀랜딩 하고 싶다. 그러기 위해서 선택이 아니다. 필수, 없으면 안 되는 신앙, 그것은 부활의 신앙이다. 내세에 대한 소망이다. 그래야만 용기를 가질 수 있고, 그래야만 깨끗한 양심을 가져서 수치 당하지 않고, 부끄러움 당하지 않고 하나님의 백성답게, 꿋꿋하게, 아름답게 살아갈 수 있다.

8.

이것으로 요한복음을 마친다. 복음서의 결론, 우리 신앙의 마지막 확고한 결론은 부활이다. 부활의 신앙을 가지고 이 세상에 살면서도 세상을 초월한 용기 있고, 담대하고, 깨끗하고, 흠 없고, 또 자녀들에게나 세상 사람들에게 칭송받는 아름다운 삶을 살아가는 우리가 다 될 수 있기를 주의 이름으로 축원한다.

●

아무리 교회를 오래 다녀도
목사요, 장로요, 권사요, 직분을 자랑하여도
부활이 믿어지지 않으면 세상 사람과 똑같아집니다.
비겁해지고, 초라해집니다. 욕심 사나워지고 죄짓게 되고
그래서 수치스러운 존재가 됩니다.
부활하신 예수님을 만나기 전에 제자들도 그랬습니다.
그런데 부활을 목도한 후에
제자들은 다른 사람이 되었습니다.

베드로도 순교했습니다.

모든 사도가 거의 다 순교하였습니다.

진짜 제자가 되고 사도가 되었습니다.

훌륭한 사도가 되어서

그의 제자들인 교인들은 천국 시민이 되었습니다.

저들이 만들어낸 세상은 놀라웠습니다.

이 모든 일의 정황적인 증거는 부활이었습니다.

하나님, 우리에게 부활의 신앙을 허락하여주시사

부활 없는 사람처럼 비겁하게, 추하게, 초라하게,

부끄럽게, 세상을 살지 않고

하나님의 백성답게, 당당하게, 훌륭하게,

아름답게 살아가게 하옵소서.

날기새 3 : 예수님 식대로 살기

초판 1쇄 발행	2022년 10월 21일
지은이	김동호
펴낸이	여진구
책임편집	이영주 정선경
편집	최현수 안수경 김도연 김아진 정아혜
책임디자인	노지현 ┃ 마영애 조은혜 이하은
홍보·외서	진효지

마케팅	김상순 강성민 허병용	마케팅지원	최영배 정나영
제작	조영석 정도봉	경영지원	김혜경 김경희 이지수

303비전성경암송학교 박정숙 최경식
이슬비전도학교 / 303비전성경암송학교 / 303비전꿈나무장학회

펴낸곳	규장

주소 06770 서울시 서초구 매헌로 16길 20(양재2동) 규장선교센터
전화 02)578-0003 팩스 02)578-7332
이메일 kyujang0691@gmail.com 홈페이지 www.kyujang.com
페이스북 facebook.com/kyujangbook 인스타그램 instagram.com/kyujang_com
카카오스토리 story.kakao.com/kyujangbook
등록일 1978.8.14. 제1-22

ⓒ 저자와의 협약 아래 인지는 생략되었습니다.
이 출판물은 저작권법에 의해 보호를 받는 저작물이므로 무단 전재와 무단 복제를 할 수 없습니다.

책값 뒤표지에 있습니다.
ISBN 979-11-6504-380-3 03230

규┃장┃수┃칙

1. 기도로 기획하고 기도로 제작한다.
2. 오직 그리스도의 성품을 사모하는 독자가 원하고 필요로 하는 책만을 출판한다.
3. 한 활자 한 문장에 온 정성을 쏟는다.
4. 성실과 정확을 생명으로 삼고 일한다.
5. 긍정적이며 적극적인 신앙과 신행일치에의 안내자의 사명을 다한다.
6. 충고와 조언을 항상 감사로 경청한다.
7. 지상목표는 문서선교에 있다.